21세기 연세 인문학 총서 Ⅶ

사회 속의 인문학

이승종 외

연세대학교 대학출판문화원

21세기 연세 인문학 Ⅶ

사회 속의 인문학

2019년 7월 31일 1판 1쇄

지은이 이승종·백영서·백문임·위완링·차혜원·안드레아 나네티·정슈안
송민·허고은·프랜시스 본드·그레이엄 존 패튜즈·크리스토퍼 술러
펴낸곳 연세대학교 대학출판문화원
주소 서울시 서대문구 연세로 50
등록 1955년 10월 13일 제9-60호
전화 02) 2123-3380~2
팩스 02) 2123-8673
전자우편 ysup@yonsei.ac.kr
웹사이트 http://press.yonsei.ac.kr
인쇄 화신문화(주)
ISBN 978-89-6850-356-6(93800)

값 16,000원

발간사

〈21세기 연세 인문학〉을 발행하며

지식의 대통합을 지향하는 학문의 통섭 혹은 융·복합에 대한 요구가 거세지고 있다. 그 요구의 핵심은 학문들 사이의 소통 단절 내지는 소통 부재를 극복하자는 데 있다. 근대 이전에는 보편적인 학문이 가능했다면, 세계의 탈주술화가 시작된 근대 이후 학문이 더욱 세부적으로 분화되고 전문적인 경향을 띠게 되었음은 부인할 수 없는 사실이다. 이제 그와 같은 개별화와 전문화에 대한 비판적 성찰의 목소리가 높아지면서 넓게는 인문학과 자연과학 간의 소통이 시도되고 있는 상황이다.

그러나 인문학이 사회과학, 자연과학, 예술분야 등과 소통해야 한다는 요구에 부응하는 것보다 더욱 시급한 문제가 있다. 그것은 바로 인문학 자체 내의 대화 부재를 극복하는 일이다. 서로간의 대화가 불가능할 정도로 전공이 세분화되고 그로 인한 소통 단절의 경향은 넓게는 어학과 문학 간의 상호 낯섦에서뿐만 아니라 국문학, 중문학, 일문학 같은 동아시아 관련 학문들 사이의 소원한 관계에서도 드러난다. 이런 현상은 영문학, 독문학, 불문학, 노문학 같은 국가 단위의 외국문학 분야에서는 물론 사학과 철학에서도 마찬가지다. 정약용, 이광수, 공자, 루쉰, 플라톤, 촘스키, 소쉬르, 칸트, 하이데거, 셰익스피어, 괴테, 보들레르, 도스토옙스키 등은 오래 전부터 개개 전공자만이 탐구하고 향유하는 지식의 대상으로 여겨지고 있을 뿐이다. 이렇듯 인문학 내에서 개별 학문이 전문화되는 경향은 한편으로 연구 분야의 심오한 과학적 탐구라는 뜻에서 반가운 일로 여겨졌지만 다른 한편으로 인문학 자체 내의 소통 부재라는 결과를 낳고 말았는데, 이러한 양면성은 인문학 자체가 안고 있는 불편한 진실이 아닐 수 없다.

이제 인문학이 걸어 나가야하는 길이 무엇인지를 모색하지 않을 수 없으며, 그 새로운 전환의 일환으로 〈21세기 연세 인문학〉을 발행하고자 한다. 〈21세기 연세 인문학〉이 여러 상이한 학문이 함께 모여 사유의 일치와 불일치를 주고받는 실험적 대화 공간으로 정착될 것임을 우리는 기대한다.

연세대학교 문과대학

100주년 기념사업

〈21세기 연세 인문학〉 편집위원회

발간사

『사회 속의 인문학』을 발행하며

『사회 속의 인문학』이라는 제목의 이 책은 인문학의 사회적 역할이라는 인문학자들의 진부하지만 중요한 문제의식에 대한 소박하지만 실천적인 모색의 결과다. 태어난 과정을 굳이 밝힌다면, 2017년부터 시작된 싱가포르 남양이공대의 인문사회·예술대학과 연세대학교 문과대학의 일련의 다각적 교류가 낳은 결실 중 하나이기도 한데, 이 교류 역시, 인문학의 지역적 역할과 확산성에 대한 양교의 인문학 연구자들의 고민이 서로 만나면서 시작되었다고 해도 과언이 아니다. 2017년 남양이공대의 K. K. 루크(K. K. Luke)학장이 연세대학교 문과대학을 방문하였을 때, Luke 학장과 백영서 당시 문과대학장은 양교가 학문과 교육의 여러 영역에서 활발하게 교류함으로써, 아시아 인문학연구자들의 대화와 협업을 이뤄내고, 지역과 세계가 서로를 변화시키는 장의 증언이 되어보자는 취지에 공감하여 교류 협약을 맺었다. 두 대학의 첫 행사로 양교 인문학연구자들의 공동심포지엄을 2018년 2월에 개최하기로 하고, 그 주제를 '사회 속의 인문학'으로 결정하였다.

싱가포르 남양이공대에서 개최된 공동 심포지엄의 주제, '사회 속의 인문학' (Humanities in Society)은 두 학교의 인문학자들이 우리 시대 인문학의 위치와 의미에 대해 숙고해온 방식을 예시한, 매우 시의성 있는 주제였다.

이틀 동안 양교의 인문학분야 교수들이 참여하여 논문발표와 열띤 논쟁을 벌인 교류의 장으로서 역할하였고, 같은 분야의 연구자들이 각각의 세션을 구성하면서 대화하고 배울 수 있는 채널이 만들어졌다.

의료언어학 분야에서 환자와 의사의 언어적 소통을 담화분석의 방법으로 연구한 연세대학교의 이승희교수와 남양이공대의 Lim Ni Eng (林尔嵘)교수의 발표는 의료담화분석의 주요 요소인 의사-환자를 중심으로 한 대화가, 이 대화상황을 규정하는 문화적 맥락 속에서 갖게 되는 다층적 의미를 포착했다. 나아가서, 환자-의사의 소통에 깊게 배여 있는 언어적이며 비언어적인 현상들을 분석함으로써, 양교의 연구진이 아시아적인 맥락에서 의료담화의 분석틀을 구축해나갈 수 있는 가능성을 제시하였다. 문학분야의 백문임교수와 위완링 (C.J. Wee Wan-ling)교수의 논문은 그 주제와 연구대상이 서로 다르지만, 동아시아 혹은 아시아지역의 정치, 경제적 변모와 그로 인한 문화생산 현상이 세계라는 보편적 공간과 긴장과 조응의 관계를 형성하는 과정을 추적하였다. 역사학분야의 차혜원교수와 안드레아 나네티 (Andrea Nanetti), 슈안 정 (Siew Ann Cheong)교수는 역사 속의 특정 개념이, 또 역사연구의 디지털방법론이 갖는 우리 시대의 의미를 제시한다는 점에서 과거와 현대가 흥미롭게 만나는 장을 제공했다. 차혜원교수의 글이 특정 개념과 도덕적 실천방식이 갖는 오늘 날의 의미를 해석하고 있다면, 나네티교수와 정교수의 글은 디지털인문학의 연구방법론이 오늘 날의 역사연구자들에게 요구하는 새로운 질문들과 오래 된 교훈들에 대한 점검의 필요성, 빅데이터로 대상화된 역사적 사료들에 대한 상상의 방식 등을 논의한다. 역시, 디지털인문학영역의 발표인 송민교수와 프란시스 본드 (Francis Bond), 그레이엄 매튜즈 (Graham John Matthews)교수의 발표는 디지털화된 연구생태계가 인문학 연구방법론과 내용을 변화시키는 양상을 예시하고 있다. 서구 근대 서간체 글에서 주로 등장하는 감정적 언어와 오늘 날의 감정적 언어의 사용양상 및 맥락을 데이터를 분석하여 보여주고 있는 송민교수의 글이, 문학의 언어와 양식 속에서 감정이 부상하는 패턴을 사유하게끔 자극하고 있는 반면, 본드와 매튜즈교수의 글은 제사(epigraph)의 사용에 대한 데이터분석을 통해서 짧은 제사가 여러 문화권에 영향을 미치는 양상을 보여주면서 제사를 통한 정전에 대한 접근과 대륙간, 문화간 문학의 영향관계를 추론해내는 시도를 보여준다. 철학분야의 이승종교수와 크리스토퍼 술러 (Christopher Suhler) 교수의 발표는 그 주제나 방법론은 조금씩 다르지만, 철학적 개념과 미학적 개념, 혹은 철학적 개념과 공학적 개념의 접점에서 우리 시대를 조망할 수 있는 새로운 사유방식이 가능해짐을 시사하였다.

학술발표 역시 작품 전시처럼 시·공간적 의미화의 차원이 담겨 있기에, 그 현장을 벗어나면 시의성과 잠재적 영향력이 사장되기 쉽다. 이 저술은 이러한 현장의 성과가 가진 시의성을 놓치지 않으려는 시도로서, 연구 환경과 목표, 대상이 현격하게 달라진 이 시대 인문학의 요구에 대한 답을 찾고자 하는 시작이다. 또한, 과거와 전통 속의 질문과 주장들이, 늘 현재적인 자극과 독려로 이어지길 희망하며 기획된 것이기도 하다. 그런 의미에서 이 책을 시작하는 백영서 교수의 「인문학의 효용과 사회인문학」은 동아시아와 동남아시아에 위치한 학자들의 대화가 시사하는 인문학적, 사회적, 역사적 의미를 성찰하게 한다. 제도로서의 학문과 실천 (운동)으로서의 학문을 통합하여 직시하는 역사학자의 시선, 로컬이라는 공간과 담론이 글로벌이라는 (추상적) 공간, 그 힘들의 장과 조우하고 길항하며 만들어내는 새로운 사유의 길들에 대한 인문학자의 해석이 이 책을 읽는 이정표의 역할을 하리라 생각한다.

이 책에 수록된 대부분의 글들은 당시 심포지엄에서 발표되었던 원고를 수정하거나, 일부가 발표·출판 된 논문의 원 글을 모은 것이다. 그 가운데는 국제학술지에 이미 발표되었던 글들도 있으며, 또 심포지엄에서는 발표되었으나 이 책에 수록하지 못한 글들도 있다. 당시 심포지엄에서 영어로 발표되었던 글은 이 책을 위해 모두 한글로 다시 쓰였거나 번역되었고, 이미 출판되었던 글은 저작권을 가진 해당기관의 승인을 얻어 재수록함을 밝힌다. 긴 글의 번역은 연세대학교 영어영문학과 박사과정에 재학 중인 문광립, 박효원 두 분이 맡아 주었다.

끝으로 양교의 학술교류가 성사되도록 애써주신 남양이공대의 K. K. 루크교수와 백영서교수, 그리고 이 교류와 저술을 위한 기금을 제공해주신 연세대학교 문과대학에 감사드린다.

2019년 5월

『사회 속의 인문학』 기획위원을 대표하여,

신경숙 (연세대학교, 영어영문학과)

목차

인문학의 효용과 사회인문학
- 학술의제와 사회의제의 순환작용

백영서(연세대, 전 사학과)

1. 한국과 싱가폴을 잇는 인문학

한국에서 일본이나 중국 및 대만에 가려면 두 시간 정도 걸리는 것과 비교하면, 서울과 싱가폴 간의 비행시간은 세 배의 시간이 든다. 이것이 동북아와 동남아의 거리를 상징한다. 이 물리적 거리는 종종 심리적·문화적 거리를 조성한다. 바로 이 거리를 좁히기 위해 얼굴을 맞대는 체험이 연세대 문과대학과 남양이공대학의 인문학부가 공동으로 주관하는 이번 회의의[1] 첫 번째 의의라고 생각된다. 그런데 서로 다른 주체(subject)가 만날 때 분명한 접촉점, 다른 말로 하면 공통의 과제(project)가 있어야 생산적인 논의를 할 수 있다. 이번 회의의 주제인 '사회 속의 인문학(Humanities in Society)'은 바로 공통의 과제

---

1 이 글은 2018년 1월 12일. 연세대 문과대학장으로서 인사말을 겸한 기조발표용 원고를 대폭 확장한 것이다. 현장감을 살리기 위해 일부 표현은 그대로 두었다.

에 해당한다. 필자는 이것이 두 번째 의의라고 생각한다.

그런데 이 두 가지 의의를 하나로 연결하는 키워드는 글로컬리즘(glocalism)이 아닐까한다. 이것은 지역(local)에서 전지구(global)에 이르는 공간성의 다양한 규모, 특히 지방적인 것(local)과 지역적인 것(regional)과 전지구적인 것(global)를 하나로 연결시켜 생각하고 행동하는 능력을 의미한다. 이 개념은 지구화 과정에서 조성된 위계구조 속에 처한 각자의 위치를 자각하고 그것을 상대화함으로써 인문학, 더 나아가 대학의 의미를 다시 생각하는 데 자극이 될 것으로 기대한다.

지구화 과정에서 조성된 위계구조 속에 처한 각자의 위치를 자각하자고 말했는데, 이것이 세계대학평가에서 각 대학이 몇위를 차지하는가를 의식하자는 의미가 아닌 것은 물론이다. 사실 현재의 대학은 학문과 교육의 공동체로서의 근대대학의 이념이 소멸되고 관료적인 기업체가 되었다고 해도 지나친 말이 아닐 것이다. 싱가폴의 남양이공대학과 한국의 연세대학도 이미 이에 해당하거나 그 방향으로 개편되고 있지 싶다. 바로 그렇기 때문에 국가와 시장 및 대학의 상호작용에 대한 성찰이 그 어느 때보다 필요하다. 여기서 대학이 본래 이념으로서의 학문과 교육의 공동체라는 의미에서 공동으로 소유하고 운영되어야 하는 자율적인 영역이라는 것, 다시 말해 공유의 관점에서 파악될 필요가 있다는 관점을 견지하자고 제안하고 싶다. 달리 말해, 국가나 자본의 통제와 지배에 맞서는 새로운 패러다임으로 제기되고 있는 공유영역(commons) 담론을 오늘날 대학문제와 관련지어 논의해볼 필요가 있음에 주의를 환기시키고 싶은 것이다.

최근 들어 공유영역 패러다임은 단지 자연자원만이 아니라 사회의 다른 부문에까지 확장되고 있고 자율적인 공동체의 이념과 결합하여 그 가능성이 모색되고 있다. 아울러 일부에서는 공유영역이 자본주의의 사유화 모델을 대체할 수 있는 공유모델의 창출을 위한 인식과 실천 그리고 운동을 통칭하는 범주로 떠오르고 있다. 최근 한국에서 문학을 포함한 넓은 분야로 이 패러다임이 적용되고 있는 만큼[2] 대학을 공유영역으로 보려는 논의가 나타난 것도 자연스럽다.[3] 그런데 공유영역으로서의 대학이라는 발상을 대학 현실에 대한 인식과 그 극복을 위한 실천과 결합시켜보면, 과연 현재의 대학의 현안들에 어떤 대응이 가능한 것인지 질문하지 않을 수 없다.

이 질문에 제대로 답하기 위해서는 현재 대학이 직면한 위기의 진단에 근거해 다양한 논점을 다뤄야 한다.[4] 그러나 여기서는 이 회의의 취지에 맞게 인문학의 효용에 한정해 논의를 전개해보려고 한다.

2. 인문학의 유용성을 둘러싼 논란: 일본 사례

다시 한번 강조하기니와, 이번 회의의 주제로 '사회 속의 인문학'에 초점을 맞춘 것은 아마도 두 학교가 공통으로 직면한 '인문학의 위기와 그 극복의 길'에 대한 관심 때문일 것이다. 그 문제는 다른 말로 바꾸면, 인문학의 사회적 유용성(또는 무용성)에 대한 질문이 될 것이다.

인문학이 과연 유용한 것인가란 질문을 둘러싼 논쟁이 여러 사회에서 제기되고 있다. 중세에는 신이라는 초월적 권위에 의해, 근대에는 국민국가를 정당화하는 국민문화(national culture)의 형성에 기여하기에 그 유용성이 인정되었지만, 신자유주의적 지구화의 위세에 압도당한 오늘날의 대학 안의 인문학은 경쟁력과 시장논리말고는 어디에서도 그 유용성을 보장받을 수 없다. 자본과

---

2 『창작과비평』 2018년 여름호 특집 "문학이라는 커먼즈"에 실린 글들 참조.

3 윤지관, 「사립대학은 누구의 것인가: 커먼즈 이념과 관련하여」 『대학: 담론과 쟁점』, 2019년 제1호 (통권7호)

4 위의 『대학: 담론과 쟁점』, 2019년 제1호의 특집 "커먼즈 이념과 사립대학의 소유 문제"에 여러 주요 쟁점이 다뤄져 있다.

시장논리에의 종속을 피하려면 우리 인문학자 스스로 인문학의 유용성에 대한 설명책임 또는 담론전략을 감당해야 하지 않을까.

필자가 싱가폴 학계 사정을 잘 모르기에 싱가폴도 그러하지 않을까 짐작할 뿐인데, 한국 학계에서는 인문학의 유용성 문제를 둘러싼 논의가 계속 되어왔고, 대안적 인문학에 대한 다양한 구상과 실천도 또한 활발하다. 여기서는 이에 대해 언급하기보다, 이런 논의가 한국만의 것이 아니란 점을 보여주기 위해 일본의 관련 논쟁을 소개해보겠다.

일본에서 일어난 인문학의 유용성에 대한 논란을 잠깐 돌아보자. 2000년대 초 국립대학법인화 무렵부터 문계학부(文系學部, college of liberal arts)의 폐지 또는 축소문제가 거론되다가 특히 2015년 6월 8일자로 문부성이 국립대학법인의 조직개편안을 시달하였다. 단순하게 설명하면, 그 핵심은 국립대학의 '미션 재정의'(redefine) 요구로서 문계학부를 폐지하거나 사회적 요청이 높은 분야로의 전환에 적극적으로 노력하라는 것이다. 필요하면 문과와 이과의 통합까지 추진하기를 요구한 것이다. 일본이 직면한 인구감소와 경제상황에 대응하기 위해 내려진 이 지시가 즉각 대학 안팎에서 격렬한 논란을 불러일으킬 것은 쉽게 예상할 수 있는 결과였다.

그 많은 반응 가운데 필자가 주목한 것은 인문학은 과연 "무엇에 도움이 되는가"를 둘러싼 논란이다. 여기서 그것을 상세히 소개할 여유가 없으므로 그중 요시미 순야(吉見俊哉)와 무로이 히사시(室井尙)의 논쟁만 잠시 살펴보려고 한다.[5] 요시미 순야는 인문학은 어떤 것에도 도움이 안된다는 '상식'을 그대로 받아들여서는 안되고, 긴 시간대로 보면 인문은 사회적 효과가 있음을 적극 설명할 책임이 있다고 주장한다. 말하자면 유용론자인 셈이다. 그런데 그가 말하는

---

5 일본에서 이뤄진 관련된 논의의 대립은 吉見俊哉, 『'文系學部廢止'の衝擊』, 東京: 集英社, 2016과 室井尙, 『文系學部解體』, 東京: KADOKAWA, 2016 참조.

유용성은 결코 단기적 시간에서의 '목적수행형' 유용성이 아니라 가치를 창출하는 '가치창조형' 유용성이다. 그렇기에 단기적으로 국가나 산업을 위해 도움이 된다는 차원의 것이 아니라, 인류나 지구사회를 위하는 것, 즉 글로벌 가치와 개별 사회를 매개하는 역할을 의미한다. 10년, 20년, 혹은 30년이나 50년이라는 긴 시간대에서 사물을 사고하는 능력을 키워주는 것이고, 현재 우리가 당연하다고 생각하고 있는 가치관이나 목적을 의심하면서 그러한 가치관을 상대화하고 그 안에서 해체하는 역할을 수행하는 것이다.

이에 대해 무로이 히사시는 일본 정부가 주도하는 대학개혁이 오히려 대학 내부의 자생적 혁신 노력을 위축시킨다고 비판하면서, 인문학이 무언가에 도움이 되지는 않지만 그렇다고 해서 무의미한 것은 아니고 반박한다. 말하자면 무용론자인 셈이다. 그는 유용성을 설명하려는 노력이 오히려 반대편의 패러다임에 말려들 위험을 안고 있다고 지적하면서, 장기적 시간대의 유용성이라는 것을 도대체 어떻게 입증할 수 있는지 묻는다. 그는 '무용의 용'을 강조하면서, 심지어 무언가 실패했더라도 그것조차 일정한 역할을 했다고 보는 입장을 취한다. 그는 인문학이 생산하고 가르치는 지식은 '문맥적 지식' '역사적 지식'으로서 가치가 있다고 본다. 대학의 존재이유는 '무지와의 싸움' 또는 '무사고(無思考)와의 싸움'에 있으니만큼, 전문영역에 갇히지 않고 다양한 영역을 횡단하며 융합하는 지적 활동이 필요하다는 점에는 동의하나, 그것은 어디까지나 대학의 자발적인 선택으로 추진하지 않으면 아무런 의미가 없다고 역설한다.

필자는 인문학의 (긴 시간대에서의) 유용성을 설명할 책임이 있다고 본다는 점에서 요시미 순야의 입장에 가깝다. 그렇기 때문에 인문학자가 연구와 교육 영역에서 그 점을 입증하려는 노력을 해야 한다고 본다. 예를 하나 들면, 그가 인문학 교육 현장에서 학생이 급변하는 사회에 유연하게 대응하기 위해 두 개의 칼을 사용할 수 있게 도우라는 주장을 지지하는 것도 그 때문이다. 즉 문과나 이과를 넘나드는 이중전공(double major)제 또는 주전공-부전공(majorminor)제를 학생들이 채택하도록 요구하자는 제안도 적극 고려해볼 만하다.(이미 우리 대학에서도 학생이 선택하는 형식으로 이 제도가 부분적으로 시행되고 있긴 하다.) 그러한 교육과 연구 영역에서의 제도개혁을 대학이 자발적으로 추진한다면 더 바람직할 나위가 없다. 우리의 이번 모임은 바로 그런 자발적 노력의 일부인 것이 분명하다.

그런데 요시미 순야가 장기 시간대만 강조한 것처럼 보이는 것에 대해서는 이견이 있다. 인문학은 일반적으로 가치나 문명 같은 장기적인 과제에 집중하는 경향이 있지만, 필자는 시간대(time span)를 단-중-장기로 나누어 각각의 과제를 적절히 식별하되 그것들을 동시에 사고하면서 일관된 (또는 적절히 배합하여) 실천으로 연결시키는 작업이 긴요하다고 본다. 그럴 때 인문학의 유용성은 좀더 설득력을 갖게 될 것이다.

이러한 필자의 입장이 논쟁적일 수 있지만, 아래에서 사회인문학이란 개념을 통해 좀더 구체적으로 설명해보고 싶다.

3. 비평운동으로서의 사회인문학

2008년부터 연세대 국학연구원의 인문한국(HK) 사업으로 추진된 '21세기 실학으로서의 사회인문학' ('Social humanities as the real learning (silhak) of the twenty-first century')이란 10년간 과제는 평소 필자가 구상하고 실천해온 학문관과 일치하는 것이기에 그 책임자로서 동료들과 협력하여 기껍게 일해왔다. 그 사업을 통해 필자 자신의 학문론을 좀더 정교하게 다듬고 더 널리 소통하는 동시에 실천의 길을 가는 여건을 확보할 수 있었다. 여기서 말하는 필자의 학문관이란 제도 그리고 운동으로서의 학문을 가로지르는 것을 의미한다.

'제도로서의 학문'이라는 말에는 두 가지 의미가 섞여 있다. 하나는 학문에 대한 제도적인 접근(연구방법으로서의 접근)을, 다른 하나는 제도권 학문을 가리킨다. 필자가 제도로서의 학문이라고 할 때는, 학문에 대한 제도적 접근이라기보다는 제도권의 학문을 주로 염두에 두었다. 즉 제도로서의 학문이란 대학 또는 학회나 학술지라는 제도 안에서 이루어지는 지식의 생산과 전파를 주로 가리킨다.

이에 비해 '운동으로서의 학문'이란 제도로서의 학문의 이념, 관행, 제도 그리고 (이것을 지탱해주는) 지배적 사회현실의 폐쇄성을 비판하면서, 다수 민중을 향해 열린 학문을 생활세계에 기반해 수행하려는 지향을 의미한다. 그런데 좀더 깊이 들여다보면, 운동으로서의 학문에는 적어도 두 개의 의미가 중첩되어 있다. 넓은 의미라면 제도권 안에서든 밖에서든 제도권의 주류 학술 담론과 제도를 변화시키려고 하는 탈제도적인 흐름을 모두 포괄할 수 있다. 좁은 의미로는 사회운동의 한 영역으로서의 학술운동이 있다. 예를 든다면 가까이는 1980년대 한국에서 활발했던 민족민중운동의 일부로서의 학술운동, 좀더 거슬러 올라가면 해방 직후의 진보적인 '과학운동', 그리고 일제강점기 경성제국대학이라는 제도 밖에서 수행된 ('과학적 조선학'을 포함한 넓은 의미의) 조선학운동이 그런 사례에 해당한다.

이렇게 두 가지 의미가 중첩된 것이 운동으로서의 학문이다. 그러니 비제도권에서 이뤄지는 모든 지식활동이 곧 운동으로서의 학문이 아닌 것은 물론이다. 제도 밖에서 이뤄지는 지식활동이라 하더라도 기존의 주류 학술 이념과 관행·제도 그리고 그 기반인 사회현실에 대한 비판적 기능을 감당하지 않는 한 결코 운동으로서의 학문이 될 수는 없다. 요컨대 필자는 제도로서의 학문과 운동으로서의 학문을 대립적으로 보지 않고 통합적으로 보려고 한다. 운동 속에서 제도를 보고 제도 속에서 운동을 보는 형태로 제도와 운동의 관계를 한층 더 역동적으로 파악하자는 것이 필자의 기본 취지이다. 말하자면 제도의 안팎은 이중전략의 공간인 셈이다. 이와 같이 제도로서의 학문과 운동으로서의 학문이 서로 충돌하면서 협력하는 역동적 영역은 '학문의 운동화, 운동의 학문화'라고 간결히 요약될 수 있다.

이런 문제의식은 필자가 처음 제기한 것이 아니다. '제도로서의 학문', '운동으로서의 학문'이라는 용어 자체가 그대로 쓰이진 않았지만 이런 문제의식을 공유하고 실천한 역사적 사례로는 (위에서 말한) 식민지 시기 조선학운동, 해방 직후의 과학운동 및 1980년대의 학술운동이 있었다. 그런데 학술운동의 주역들이 1990년대부터 제도권에 다수 진출하면서 대체로 학술작업의 비판적 기능이 약화 내지 쇠퇴했다는 게 일반적인 평가이지 싶다. 제도권 밖에 있다가 그 속으로 들어갈 때 얻는 것도 있지만 잃는 것이 더 많을 수 있다는 지적은 수긍할 만하다. 그중 하나가 바로 비판적인 능력, 운동성 같은 것을 잃어버리는 것이다. 이것이 제도의 메커니즘에 익숙해져서 알아서 조율하고 스스로 온건해지게 된 탓임은 두말할 나위도 없을 터이다. 바로 이 지점에서 새로운 학문은 '논(論)' 또는 '연구(studies)'의 형태를 유지하는 '비평적 운동'이어야 한다는 주장도 새겨둘 일이다.

필자를 비롯한 동료들이 사회인문학을 들고 나온 것은 바로 이런 이유에서이다. 우리 사회에서 목도하고 있는 대로 대학 안에서 수행되는 인문학의 위기와 대학 밖에서 나타난 대중적인 인문학 붐이라는 모순된 현상에 대한 대안이 다름 아닌 사회인문학이라고 믿는다. 이 과제를 수행하는 과정에서 제도라는 개념을 끊임없이 문제 삼아야 하는 제도적 실천으로서의 해체 곧 (데리다가 말한) '탈제도적 제도'인 대학의 본질을 구현하는 데 다소나마 기여하리라고 기대하고 있다.[6]

그런데 '사회인문학'이란 용어를 처음 듣는 사람은 단순히 인문학과 사회

---

6 이상은 졸저, 『사회인문학의 길』, 창비, 2014, 5-10면 내용을 대폭 압축한 것이다.

과학의 결합을 꾀하는 것으로 오해하는 경우도 있다. 그러나 사회인문학은, 학문의 분화가 심각한 현실에 맞서 파편적 지식을 종합하고 삶(또는 인간의 다양한 가능성)에 대한 총체적 이해와 감각을 길러주며 현재의 '삶에 대한 비평(criticism of life)'의 역할을 제대로 하는 총체성 인문학 곧 학문 그 자체이다. 그 특징을 좀더 세목화하면 아래와 같다. 사회인문학은 첫째 성찰 즉 인문학이 사회적 산물임을 확인하는 자기 역사에 대한 성찰과 사회에 대한 이중적 성찰, 둘째 소통 즉 학문간 소통과 국내외 수용자와의 소통, 셋째 실천 즉 제도의 안팎에서 소통의 거점 확보를 중시하되 문화상품화가 아닌 사회적 실천을 주된 과제로 삼는다.

사회인문학은 대학 제도 안에 또하나의 분과학문을 추가하는 것이 아니라, 어떤 분과학문에도 적용될 '태도로서의 인문학'을 의미한다. 그렇다고 하더라도 새로운 학문영역인 한은 그 연구대상이 명확하지 않으면 안 될 것이다. 바로 위에서 사회인문학의 주된 과제로 사회와의 소통 및 사회적 실천성을 강조한 바 있다. 달리 말하면 인문학의 사회성과 사회의 인문성의 복원을 추구하는 것이므로, 사회적 의제가 핵심 연구대상이 되는 것은 자연스럽다. 그래서 사회적 의제를 학술적 의제로 삼는 것과 연구 성과를 끊임없이 공공의 비판과 토의에 붙여 연구에 반영하는 것이 중요해진다.

또한, 독자적 방법론이 요구된다. 사회인문학은 사회과학, 더 나아가 과학기술학(science and technology science, STS)적' 탐구와의 결합을 꾀하면서 학술 의제에 따라 그것이 요구하고 허용하는 범위에서 동원된 분과학문들의 방법론을 선별적으로 수용하여 변용한다. 그리고 각 과제들의 연구 과정에서 체득된 방법론들의 전략적 융합을 시도하고, 중범위 수준의 이론화를 추구하는 것을 핵심으로 삼는다. 새로운 학문영역이기에 아직 완결된 것이 아니라 실천 과정에서 채워지는 내용에 의해 그 틀도 수정될 하나의 방법론이자 시각이다.

그런데 학술계가 대학 안에만 있는 것이 아니라 아이디어를 주고받는 열린 공간이라고 넓게 보면서, 대학 안 연구소에 소속한 사회인문학 수행 주체가 좀 더 적극적으로 생각한 것은 사회의제를 학술의제로 삼고 그 연구 결과를 사회에서 검증받아 다시 학술의제를 조정하는 순환과정이다. 그 과정에서 설정되고 또 조정되는 의제를 통해 학술계의 흐름의 방향을 잡거나 트는 역할을 수행하는 것이 고유한 일감이라고 생각했다.

이에 대해서는 이미 간행한 필자의 책에서 상세히 설명한 바 있으므로 여기서 더 논의하지 않겠다.[7] 그 대신에 현실에 비평적으로 개입하는 방식으로 사회의 현장감있는 (actual) 이슈를 학술 의제로 삼고 그 학술의제가 사회문제를 다시 보는 데 활용되는 방법의 일단을 점검해보고자 한다. 그 하나의 사례로서 2018년 1월 싱가폴에서 회의를 열었을 때는 2018년 한국사회의 트랜드에 어떻게 대응할 것인가를 제시한 바 있다. 『연세대학교 뉴스레터』 2018년 신년호에는 단과대학 학장들이 예상하는 각자의 학문 분야의 2018년 학술 트렌드를 보여주는 키워드와 그에 대한 대응책이 실려 있다. 그 기고 요청에 응해 당시 문과대 학장이었던 필자는 다음의 세 가지 키워드를 제시했다. (물론 개인의 의견일 뿐이지 문과대 교수들 전체의 합의된 의견은 아니었다.)

먼저 디지털 아나키즘이다. 블록체인 기술을 처음 응용한 비트코인이 국가와 자본의 한계를 비판하며 출발했고, 현재 투기라는 관점에서만 주목되나, 앞으로 국가나 자본의 보증 없는 신용시스템 논의로 진전될 가능성이 크다. 한국에서 2016년 말과 2017년 초 진행된 촛불혁명 과정에서 직접민주주의(특히 숙의민주주의 deliberative democracy)의 가능성을 블록체인 기술에서 찾는 시도도 나온 바 있다. AI 논의와 맞물려 우리가 마주하지 않을 수 없는 주제이다.

---

7 위의 졸저, 특히 1부에 수록된 글 및 白永瑞,『橫觀東亞:從核心現場重思東亞歷史』 臺北:聯經出版社, 2016, 233-294면; 『共生への道と核心現場: 實踐課題としての東アジア』 東京: 法政大學出版部, 2016, 199-259면. 사회인문학 프로젝트 수행의 성과에 대해서는 졸문, 「사회인문학의 방법과 태도」, 연세대학교국학연구원 인문한국사업단, 『사회인문학 백서』, 새물결, 2018 참조.

그 다음은 생명지속적 발전(life-sustainable development)이다. 한국이 급속히 저성장시대로 들어가면서 미래가 없기에 지금 이 순간의 나의 작은 행복에 집중하겠다는 세태가 '소확행(小確幸)'이란 낯선 어휘와 함께 번지고 있다.[8] 이런 상황에서 국가주의나 성장제일주의 패러다임을 넘어 (인간만이 아닌) 모든 생명을 유지하고 북돋는 일을 기본으로 삼고 이에 합당한 발전의 길을 찾는 대안적 문명관이 절실한 시점이다.

마지막으로 사회적 영성(social spirituality)이다. 점점 거세지는 각종 혐오발언과 반지성주의 등에 대처하기 위해서는 기존의 인권이나 자유권 담론을 넘어서는 남의 이해를 위한 더 깊은 차원의 능력이 요구된다. 세계적으로 제도권 종교가 쇠퇴하는 데 비해 종교를 넘어 사회 다방면에서 영적 갈망과 이를 위한 영성 훈련이 점점 더 주목되고 있다. 한국 사회에서는 세월호사건(2014년)과 촛불혁명을 거치면서 관계적이고 구조적인 의미가 강조된 '사회적 영성' 개념이 부각되었다. 다양한 양상의 소수자에 대한 포용과 페미니즘 논의에서 제기된 사회적 공정성이나 공감의 지속성을 보장하는 키워드이기도 하다.

위와같은 추세는 2018년에 돌출된 사회현상이 아니기에 '최신의 지식'이나 '최신의 기술'에 의존한 단기적 처방만으로 대응할 수 없다. 그것을 역사와 문맥 속에서 파악하는 일이 중요하므로 긴 안목에서 사고하는 능력을 키워주는 인문학 본연의 가치창조적 역할이 필요하다. 이 점에서 볼 때, 위와 같은 추세는 인문학이 줄곧 다뤄온 오래된 과제 즉 '좀더 인간다운 삶'에 대한 문제가 새롭게 드러난 것일 수도 있다. 그러나 오래된 문제라 하더라도 익숙한 시각에서 관행적으로 다룰 때 적실성이 약해지기 쉽다. 여기서 (위에서 언급한) 단-중-장

---

8 小确幸은 村上春樹의 随筆集『ランゲルハンス島の午后』, 2002에서 유래했다고 한다. 이것이 대만에서 유행하더니 어느새 한국에서도 한자어로 된 낯선 어휘임에도 그대로 유행되고 있다. 대륙에서 발신하는 중국몽을 거부하면서 대만의 '小確幸', 즉 일상의 '작지만 확실한 행복'에 대한 충일감을 부각하는 새로운 사조의 대두에 대한 분석은 별도의 글로 준비중이다

기로 나누어 각각의 과제를 적절히 식별하되 그들을 동시에 사고하면서 일관된 (또는 적절히 배합하여) 실천으로 연결시키는 작업의 중요성을 다시 한번 강조하고 싶다. 인문학자가 익숙해온대로 장기적 전망에만 치우친 나머지 현실에 밀착한 단기과제나 중기과제와 결합하겠다는 긴장감을 유지하지 못한다면, 불가피하게 추상화하고 관념화하는 오류에 빠지기 쉽다.

4. 역사학의 효용: 동아시아 상호혐오감정 분석

이상에서 설명한 내용만으로는 현실에 비평적으로 개입하는 방식으로 사회의 현장감있는 이슈를 학술 의제로 삼고 그 학술의제가 사회문제를 다시 보는 데 활용되는 길이 잘 보이지 않을지도 모르기에, 필자의 전공영역인 역사학에 한정해 논의를 좀더 진전시켜보겠다.

"아빠, 도대체 역사란 무엇에 쓰는 것인지 좀 설명해주세요." 마르끄 블로끄(Marc Bloch)의 『역사학을 위한 변명』(Apologie pour l'histoire ou métier d'historien)의 서장 첫 대목이다. 저 유명한 구절을 필자가 1970년대 초 대학에 들어가 역사학도로서 처음 읽고 깊은 감명을 받았는데 아직도 그 기억이 생생하다. '역사학의 위기'가 피부로 느껴지는 오늘날이야말로 다시 한번 역사학을 위한 변명이 필요한 때가 아닐까 싶다.

분과학문으로서의 역사학(제도로서의 역사학)의 위기는 크게 보면 인문학 전체의 위기의 일부이다. 신자유주의의 지구적 규모의 위세 속에 시장만능주의가 학술계를 압도하면서 인문학의 유용성에 대해 회의적인 분위기가 팽배하니 역사학이 그에 영향받는 것은 불가피하다. 그런데 인문학 전체가 직면한 위기상황 이외에도 역사학이 특히 감당해야 할 부담은 동아시아 국가간 역사분쟁, 그리고 그와 연동되어 격화되는 각 사회 내부의 역사분쟁이다. 이같은 지구적 · 지역적 · 일국적 차원에 걸친 세 겹(三重)의 위기 상황에서 역사학은 과연 어떻게 그 효용을 설명할 수 있을까?

필자는 제도로서의 역사학이 직면한 위기 상황을 극복하는 길로 '공공성의 역사학'을 제안한 바 있다. 이 구상은 '21세기 실학으로서의 사회인문학'이란 새로운 학술프로젝트의 일환으로 제기된 것이다.[9] 필자의 전공 영역인 역사학에서 출발하지만 '공공성'을 매개로 자기 갱신하는 학술활동이 여러 분과영역에서 나타나 서로 어우러지며 기존의 분과학문 구조를 재편해나갈 때 사회인문학의 구현은 앞당겨질 것으로 기대하였다. 이에 대해 여기에서 다시 말하기보다 그 핵심은 '비평적 운동'의 특성을 유지함으로써 자신의 존재이유를 인정받는 데 있음을 강조하고 싶다. 즉 역사연구자가 현실에 비평적으로 개입하는 방식으로 사회의 현장감있는 이슈를 학술 의제로 삼고 그 학술의제를 다시 사회로 가져가는 일이 무엇보다 중요하다.[10] 이것을 통해 역사학의 유용성을 드러낼

---

9 위의 졸저(2014)의 서장, 1장, 4장 및 拙著, 『共生への道と核心現場: 實踐課題としての東アジア』, 222-239면; 『橫觀東亞:從核心現場重思東亞歷史』, 233-253면.

10 역사학의 유용성을 강하게 표방하는 방법으로 역사학과 정책을 연관시킨 '역사정책학'이란 발상도 있다. 필자는 한중관계사 속에서 한중관계의 바람직한 미래를 구상하고 실천할 '교훈'을 얻고자 공동연구를 추진하면서 이러한 작업을 '역사정책학'이라 부르자고 제안한 바 있다. "역사로부터 시사를 얻겠다는 문제의식을 공공정책 차원에 적용하여 본격적인 학문적 탐구의 대상으로 삼는 것을 뜻한다. 단순히 어떤 정책의 역사적 배경에 대한 정보를 소개하는 데 그치지 않고, 현재의 정책적 선택지를 다양하게 생각하기 위해 과거를 적극적으로 활용하려는 새로운 방식을 말한다. 그 구체적인 하나의 방법은, 참고하려고 하는 선례를 둘러싼 '역사적 전제'—국제관계이든 국내 여러 조건이든—의 차이를 명확하게 하는 '전제들의 비교'를 진행하고, '역사의 유추'의 사례와 '현재 직면하는 문제' 간의 유사성과 이질성을 밝히는 '유추의 해석'을 시도하는 정도로 우선 생각해보았다." (274면)
그런데 공동연구를 진행하는 과정에서 참여자 사이에 이에 대한 우려도 제기되어 역사정책학을 강하게 내세우기보다 (학술논문이 아닌) 역사비평식 서술 형태를 염두에 두려고 노력했다. "역사비평이라 하면 사료를 사려깊게 읽는 동시에 무엇이 참다운 실천으로 이끄는가를 가치판단하는 책임이 중요하고, 현실에 개입하는 것을 의미한다고 필자는 생각한다. 역사연구자라면 모름지기 역사를 바라볼 때 당대의 참여자의 눈과 오늘의 관찰자의 눈을 동시에 가지려고 노력해야 할 것이다. 요컨대 '이중의 눈'(겹눈)을 가지려고 한다는 것이다. 여기서 특히 강조하고 싶은 것은, (굳이 역사정책이란 용어를 쓰지 않더라도) 적어도 역사비평이라면 정책을 생산하는 장에서 중시하는 현실의 맥락에 대해 가능한 한 깊고 넓게, 그리고 비판적으로 이해해야 한다는 점이다. 특히 이해관계가 엇갈리는 정책을 역사와 연결시킴으로써 어느 쪽이 혜택을 보는지 예의주의할 필요가 있다. 그러기 위해서는 어떤 문제가 형성된 맥락, 과정 그리고 그것이 발현된 차이를 구조적으로 인식하는 것이야말로 역사학의 방법론적 특징이니 잘 살려야 한다."

수 있지 않을까 기대한다.

여기서는 그 가능성을 점검해보기 위해 지금 동아시아 여러 사회에 팽배한 상호혐오감정이란 이슈에 주목하고자 한다. 그것은 역사와 영토 분쟁으로 말미암은 현실의 문제이지만 더 깊이 따져보면 청일전쟁(1894년) 직후로까지 거슬러 올라가는 연원을 갖는 동아시아 분단구조의 산물이다. 이에 대해서는 아래에 다시 설명될 터인데, 여기서는 그 분단구조의 한 축(곧 한국-대만-일본)으로서 지금 동아시아 국가간 그리고 이것과 연동된 각 사회 내부의 상호혐오감정을 자극하는 여러 요인들 중 하나인 '중국요인'부터 다루고자 한다.[11] 그러나 그 현상 자체에 대한 분석보다는 거기에 작동하는 인식틀인 '제국담론', 즉 중국을 어떻게 볼 것가에 영향 미치는 하나의 논쟁적인 담론과 연관시켜 분석하는 것을 주 목적으로 하겠다.

이것은 역사연구자가 동아시아 현실의 생생한(actual) 이슈에 개입하는 동시에 그럴 때의 연구자 자신의 일상생활을 검증하는 방법 · 시각을 문제로 삼음으로써 역사학의 현장성(actuality, 또는 역사연구자의 아이덴티티)을 확인하는 이중의 과정이다.[12]

중국에 대한 혐오감정, 더 깊이 들어가보면 (제국으로서의) 중국을 보는 눈은 각 사회 내부의 역사분쟁(더 나아가 발전모델)과 연결되어 있다. 중국에 대한 혐오감정과 그 바탕이 되는 (제국으로서의) 중국에 대한 한국 · 일본 · 대만에서의 논란을 그 맥락, 과정 및 차이에 중점을 두고 점검해보면, 세 사회에서

(291면) 현실에 비평적으로 개입하여 역사학의 유용성을 설명할 수 있는 길이 바로 여기에 있다고 생각한다. 백영서 정상기 편, 『내일을 읽는 한중관계사』, 알에이치코리아, 2019.

11 동아시아인 간의 상호 혐오감정이라면 당연히 중국 대만 일본의 혐한(嫌韓) 감정 및 중국 한국의 반일(反日) 감정도 포함되므로 그에 대한 분석도 가해져야 하나 이 글에서는 거기까지 다루지 못했다. 다음 기회로 미룰 수밖에 없겠다.

12 歷史學硏究會編, 『歷史學のアクチュアリティ』, 東京: 東京大學出版會, 2013, 특히 서문과 岸本美緖의 글에서 시사받음.

각각의 온도차가 분명히 존재한다.

한국에서는 2016년 7월 8일 한미양국이 사드(THAAD, 고고도미사일방어)를 한반도에 설치하기로 공표하자 그 찬반을 둘러싸고 한국 안에서 논란이 일어났는데, 그 과정에서 '친중'과 '친미'의 편가르기식 여론몰이가 벌어졌다. 특히 사드를 철회하기 위해 중국이 한국에 다각도로 압박하자 혐중의 풍조가 드세졌다. 한국에서는 이런 혐중풍조가 아직은 (적어도 일본에 비해) 심각한 수준은 아니다. 관련 학계에서도 이렇다 할 논쟁으로 표면화되지는 않고 있다. 그러나 상황의 변화에 따라 한국 대중이 청일전쟁 이래 갖게 된 중국에 대한 부정적 역사기억—한국근대사에 나타난 중국인식의 세 유형의 하나인 '천한 중국' 인식 유형—이 되살아나고 중국 위협론의 기반이 되기 쉽다. 이런 대중정서를 한국의 일부 정치가나 언론이 (북핵 등으로) 악화된 남북관계를 빌미로 더욱 부채질하면 할수록 중국위협론이 그만큼 더 확산될 수 있다. 최근 들어 대중들 특히 젊은 층의 중국에 대한 부정적 인식이 점차 확산되는 조짐이 보여 우려된다.

일본에서는 중국이 일본인의 아이덴티티를 구성하는 타자로서 일본 근현대사에서 중요한 역할을 맡아왔다. 그렇기 때문에 중국 요인이 전후 일본의 민주주의 문제와 쉽게 얽혀든다. 그래서 대만 · 중국문화 연구자 마루카와 테츠시(丸川哲史)와 일본사상사연구자로서 대만과 중국 문제에 대해 발언하는 코야스 노부쿠니(子安宣邦) 사이에 중국의 노벨평화상 수상자인 류 샤오보(劉曉波)에 대한 평가와 제국담론을 둘러싸고 논쟁이 벌어지기도 했다.[13] 중국 요인의 배후에 있는 제국담론에 대한 논쟁이 일본의 민주주의관 내지 발전전략, 더 나아가 세계관의 차이에서 연유하는 것이다. 그런데 이같은 중국연구자의 논쟁에 드러

13 丸川哲史, 「일본 매스미디어의 혐(嫌)중국과 중국의 '민주'」. 『일본비평』(서울대 일본학연구소), 6호, 2012.2, 丸川哲史, 『思想課題としての現代中國:革命 · 帝國 · 黨』.平凡社, 2013; 子安宣邦, 「일본지식인과 중국문제」. 『일본비평』(서울대 일본학연구소), 6호, 2012.2, 子安宣邦, 『帝國か民主か:中國と東アジア問題』, 東京: 社會評論社, 2015 참조.

난 중국관과는 달리 일반 대중 사이에서 악화된 중국 이미지는 우려할 만한 상태라고 보는 시각도 있다. 이것은 1990년대 이래 버블경제의 붕괴로 인해 자신을 상실하고 과거를 미화해 마음의 안정을 찾으려는 사람들 사이에서 부분적으로 나타난 것으로 지적된다.

대만에서는 2010년대 들어와 한층 더 피부로 느껴지는 중국의 영향력을 비판적으로 논의하는 데 동원되는 '중국요인'이 대만 논단의 중요한 쟁점이 되었다. 이와 더불어 대륙에 대한 대만인의 자부심이 때로는 대륙 정권과 인민을 문명의 시각에서 경시하는 태도로 나타나고 대만에 반중(反中) 공중(恐中) 풍조를 격발시켰다. 그것이 대국의 중국몽과 대비되는 소확행 사조로 표출되기도 한다. 그런데 그에 그치는 것만은 아니다. 중국몽 담론을 전유하여 대만이야말로 그것을 실현할 수 있는 자격을 갖춘 것이라는 담론도 대두하고 있다. 제국담론을 거부하기는커녕 오히려 (전과 달리) 중화문화를 대만에서 적극적으로 논의하는 방식으로 재구성하려고 시도한다. 그 일단을 '1949년 예찬론'을 둘러싼 논의에서 찾아볼 수 있다. 유학연구자인 양루빈(楊儒賓)이 그의 저서[14]에서 1949년에 중화민국이 대만으로 패퇴한 것을 실패나 치욕으로 해석하지 않고, 대중화(大中華) 역사의 맥락에서 창의적으로 재해석하고 나서 파문을 일으켰다.

이상의 검토를 정리하면, 중국에 대한 혐오감정이 대만에서 열띤 논쟁의 대상이 되고 있는 데 비해, 한국은 잠재적인 논쟁의 단계에 있고, 일본은 논쟁이 부분적으로 표출되었다. 그러나 세 사회에서 중국요인과 그것을 설명하는 인식틀인 제국담론이 논란을 야기하고 있음이 분명하고, 그 논란은 제각기의 발전전략과 직결되어 있다. 또한 중국요인에서 파생되는 반중 감정과 인식을 해소하기 위해서라도 균형잡힌 중국지식과 그것을 생산하는 중국연구자와 소비하는 대중의 쌍방향적인 공공토론이 요청되고 있다는 공통점도 있다.

---

14 楊儒賓, 『1949禮讚』, 臺北: 聯經出版, 2015.

중국 지식을 생산하는 중국연구자와 소비하는 대중의 쌍방향적인 공공토론을 끈질기게 수행하면서 공중론(恐中論)이나 혐중론(嫌中論)을 넘어서려면 우리가 역사적 현상을 보는 틀(프레임)을 바꾸지 않으면 안된다. 이와 관련해 두 일본인 연구자의 발언이 떠오른다.

하나는 일본에서 반중감정이 고조되는 중일수교 40주년(2012년)을 지켜보면서 히라노 켄이찌로(平野健一郎)가 공표한 성찰적인 발언에 담긴 진지함이다. "나의 연구와 교육의 태반은 포스트 1972년의 언뜻 보기에 안정적인 일중관계의 시기와 겹친다. 비교적 안온한 분위기 속에서 지적 호기심에 따라 연구하는 자유를 누렸다. 그러나 그 자유는 일중수교회복이 실현된 뒤의, 일종의 허구 아래 얻어진 것이었을지도 모른다고 하는 반성, 의문이 있다."[15]

이와 더불어, 2012년 서울에서 열린 동아시아사연구포럼의 심포지엄에서 야마무로 신이찌(山室信一)가 오자끼 호쯔미(尾崎秀實)의 발언을 소개하면서 역설한 제안이 떠오른다.[16] 그때로부터 80년 전 오자끼가 당시 일본 중국연구자들이 대중의 중국인식의 혼란을 의도적으로—각자의 이익을 도모하거나 일본의 대륙정책을 위해—방치한 것에 대해 깊이 우려한 사실을 상기하면서, 현재 일본에서도 이러한 사정과 맥락이 존재한다고 진단했다. 아울러 그러한 인식의 혼란을 극복하기 위해서는 '주제나 방법론의 세분화라는 막다른 골목'에서 벗어나 '공통의 과제 설정'과 '분석 개념의 공유'가 우선적으로 상호 양해되어야 한다고 역설한 바 있다. 필자는 야마무로 신이찌의 주장에 적극 호응한다. 그래서 필자의 관심사인 동아시아 분단구조란 인식틀을 시론적으로 제안해보고자 한다. 이미 위에서 그 중요성을 강조한 바 있는데 아래에서는 그 요지를 간략히

---

15 高原明生 菱田雅晴 村田雄二郎 毛里和子,『日中關係なにが問題か: 1972年體制の再檢證』, 東京: 岩波書店, 2014에 수록된 平野健一郎,「發題」, 2면.

16 山室信一,「曼荼羅としての中国—日本からの眼差し」. 그 번역본이 동북아역사재단 편,『連動하는 동아시아문화』, 역사공간, 2017에 수록됨.

소개해보겠다.

동아시아 분단구조는 한국의 일부 학자들이 제기한 '동아시아 분단체제'론의 문제의식에 근거하되 필자가 다소간 변형한 것이다. 동아시아 분단체제를 지금까지 작동시켜온 지정학적 긴장, 정치사회체제의 이질성 및 역사심리적 간극이란 세 요소 가운데 역사심리적 간극을 중심으로 개념화한 것이 필자의 '동아시아 분단구조'란 발상이다.[17]

동아시아 분단구조는 지난 백여년간 형성된 '중국과 그 나머지' 그리고 '일본과 그 나머지' 사이에 존재하는 역사감각과 인식론적 차원의 분단선을 가리킨다. 동아시아의 역사심리적 간극은 청일전쟁 이래 식민과 냉전의 역사 경험이 중첩되면서 확대 재생산되어 오늘에까지 영향을 미치고 있다. 특히 서구를 추종한 근대화(즉 부국강병)에 성공한 일본제국이 보여준 '선진'(일본)과 이에 대한 '후진'(중국)의 저항이라 할 중국 혁명으로 조성된 역사관이나 이데올로기의 심각한 차이가 이 지역의 심리적 갈등과 정서적 분단을 지속시킨다.

동아시아에서 조성된 역사감각과 인식론적 분단구조가 시기별로 지정학적 긴장이나 정치사회체제의 이질성과의 결합 양상이 변함에 따라 리드미컬한 변주되어 오는 과정에서 상호혐오감정과 그 바탕인 중국을 보는 시각도 굴절을 보여왔다. 1990년대 이래 동아시아분단구조가 해체의 단계에 들어갔으나, 아직 그 대안이 자리잡지 못한 상태에서 최근 '신냉전'이 거론될 정도의 위기상황에 직면해 상호혐오감정이 부추겨지고 있다. 동아시아에서 상호혐오감정을 자

---

17 이삼성이 제출한 동아시아 분단체제론은 세계사적인 탈냉전 상황에서도 동아시아에 여전히 존재하는 대분단체제 곧 중국과 미일동맹 사이의 분단과 이같은 지역 차원의 대분단체제와 긴밀하게 연결되면서도 그 자체의 독자성을 가진 소분단체제들(한반도의 분단, 중국의 양안관계, 베트남 분단, 일본과 오끼나와의 분단 등)로 구성된 중층적 구조를 거시적 관점에서 설명하는 개념이다. 그런데 필자는 동아시아 분단체제론의 문제의식에 상당 부분 공감하면서도 지금으로서는 그것을 전적으로 받아들이는 데 유보적이다. 그래서 필자는 그보다 '동아시아 분단구조'란 발상을 선호한다. 이에 대한 좀더 상세한 설명은 拙稿,「沖縄」という核心現場から問う東アジア共生の道」『平和研究』(日本平和学会) 第46号, 2016.7. 99-101, 108면 참조.

극하는 요인들의 하나인 '중국요소'에 중점을 두되—다른 하나는 '미국요소'(및 그 하위파트너인 '일본요소')이겠지만 이 글의 범위를 벗어나 구체적으로 다루지 못했다—, 그것을 바라보는 데 작동하는 프레임인 제국담론의 맥락, 과정 및 각 사회에서의 발현의 차이를 구조적으로 인식하는 것, 그리고 그 인식을 통해 상호혐오감정을 역사화 · 상대화하는 것이야말로 역사학의 방법론적 특징을 잘 살리면서 현실에 비평적으로 개입하여 역사학의 유용성을 설명할 수 있는 길이 아닐까 싶다.[18] 그 작업을 수행하는 동안 역사학자 자신이 영위하는 일상생활의 현장에 대한 자기비판적 성찰도 이뤄질 것이다.

그같은 역사학의 효용은 (단순한 기능적 차원의) 실용이 아니라 (동아시아 사상사의 공유자산인) '실학'을 의미한다.[19] 필자가 이 글에서 현재 자신에게 절실한 문제인 상호혐오감정과 제국론을 중심으로 동아시아 현실에 대한 구조적이고 실천적인 인식을 추구하는 작업을 시도한 것은 실학의 정신을 계승한 것이고 그것이 곧 역사학의 새로움을 성취하는 방법이라고 믿어서이다. 그리고 역사적 효용을 경험하는 일이 단지 학계 내부에 머물지 않고, 일반 대중과 공유될 때 역사적 사고를 일상화하는 '역사하다'(doing history)가 확산되는 것이다.[20] 이 작업이 당장 커다란 사회변화를 일으키지 않더라도 현실 정책을 정당화하기 위해 (단순화하거나 오도하는 방법으로) 과거를 신화화하거나 가정하는

---

18 역사학의 방법론적 쟁점과 그것의 공공정책에의 적용 가능성에 대해서는 Simon Szreter, "History and Public Policy", in *The Public Value of the Humanities*, ed., by Jonathan Bate, London: Bloomsbury, 2011, 223-224면 참조.

19 동아시아사연구포럼 국제학술회의, "東アジアにおける歴史認識と歴史教育: 人文・社会科学の課題と可能性"(京都: 2016. 11. 4-5)에서 발표된 山室信一, 「역사학과 인문 · 사회과학의 현재, 그리고 기대의 지평으로」(나중에 『동방학지』, 제178집, 2017에 수록됨) 참조. 그는 이 발표문에서 실학은 기존의 학문이나 학술제도를 비판하고, 스스로의 학문을 사회적으로 유용성과 유의성을 지닌 학문임을 주장하는 때에 쓰여왔던 '對抗學知'로서 제시된 개념이라고 설명한다.

20 그에 대한 설명은 졸저, 『사회인문학의 길』, 46면 및 拙著, 『共生への道と核心現場: 實踐課題としての東アジア』, 220면; 『橫觀東亞:從核心現場重思東亞歷史』, 252면 참조.

움직임의 확산을 저지할 수는 있을 것이다. 이 글이, 아래 인용문에서 홉스보움이 말하는 "눈가리개를 없애주거나 조금 들어올리는" 효과를 냈다면, "역사란 무엇에 쓰는 것인지"라는, 위에서 인용된 마르끄 블로끄의 질문에 조금은 답한 것 아닐까.

> "선동적 역사와 이데올로기로서의 역사는 자기를 정당화하는 신화가 되는 경향을 내장하고 있다. 근대 민족과 민족주의의 역사가 입증해주는 것처럼, 이것보다 더 위험한 눈가리개는 없다.
> 이러한 눈가리개를 없애려고 노력하는 것, 혹은 적어도 눈가리개를 조금 들어올리거나 이따금 들어올리는 것이 역사가의 직무이고, 역사가가 그러한 일을 하는 한 사람들이 배우려들지 않을지라도 그로부터 현대사회에 도움이 되는 어떤 것을 말해줄 수 있다."[21]

그리고 이같은 효과를 내는 역사학의 매력에 대한 증언이 대학이라는 제도의 안과 밖 이곳저곳에서 이어져갈 때, 지구적 · 지역적 · 일국적 차원에 걸친 세 겹의 위기 상황에 직면한 역사학은 '한결같되 나날이 새로와지는'(法古創新) 인문학으로서 희망의 동력을 얻게 될 것이다. 그것이 바로 '비평적 운동'의 특성을 갖는 사회인문학으로 가는 길이다.

사회인문학으로 가는 이 길에서 싱가폴의 동료 학자들과 글로컬리즘이라는 키워드를 매개로 서로의 경험을 나눈다면 훨씬 빨리 목적지에 도달하는 보람을 맛볼 것이 분명하다.

---

21 Eric Hobsbawm, *On History* (London: Abacus, 1998), 47면. 강성호역, 『역사론』, 민음사, 2002의 번역문도 참조하였다.

젠더 패러디
- 영화 〈불한당: 나쁜 놈들의 세상(2017)〉 팬덤의 경우[1]

백문임(연세대, 국어국문학과)

[사진 1] 2019년 5월 홍대앞 지하철역, 〈불한당〉의 주연 배우 설경구의 생일을 맞아 팬들이 붙인 전광판. "19670514 해피 꾸꾸데이. 꾸꾸친구들이 설경구 배우님의 생일을 축하합니다." "꾸꾸"는 설경구의 별명이다.

---

1 이 글은 *Gender and Media* (잠정적 제목)라는 책을 위해 2017년 여름 작성한 원고의 일부와 2018년 5월 암스테르담에서 개최된 ASAP("As Slowly As Possible": A Symposium of the Association for the Study of the Arts of the Present)의 발표문("Slow Expansion of Screening: Female Fandom of *The Merciless*(2017)")과 2019년 2월 셰필드대학에서의 발표문("Investigating Inter-Male Intimacy and Female Fandom of *The Merciless*(2017)")을 한국어로 옮기고 수정, 증보한 것이다.

1. 밀레니얼 여성 관객들

2019년 5월 14일 현재, 두 편의 한국영화를 둘러싼 논의가 달아오르고 있다. 하나는 5월 9일 개봉한 〈걸캅스(정다원 감독)〉가 젊은 여성 관객들의 뜨거운 지지를 받으며 그 유명한 '영혼보내기(표를 예매, 결제한 후 극장에 가지 않는 것)' 현상을 일으키고 있다는 것이고, 다른 하나는 2017년 5월 17일 개봉했던 〈불한당: 나쁜 놈들의 세상(변성현 감독)〉의 팬인 '불한당원'이 개봉 2주년을 맞아 대관(貸館) 행사를 준비 중이며 거기에 참석할 주연 배우 설경구의 만 51세 생일을 축하하는 트위터 메시지가 실시간으로 계속 업로드되고 있다는 것이다. 이 대관 행사에 허용된 598개의 좌석을 선점하기 위해 단 2분 만에 3388명이 신청서를 제출했다고 하는데,[2] 〈불한당〉과 설경구의 팬들 역시 주로 젊은 여성들이다.

이 젊은 여성 관객-팬들은 현재 한국 문화 시장의 가장 큰 소비자로서, 영화만이 아니라 문화계 전반에서 위력적으로 두각을 나타내는 중이다. 특히 2016년부터 강남역 살인사건, '# ○○계_내_성폭력' 운동, '#미투(Me Too)' 운동을 계기로 성차별과 여성혐오 이슈에 민감하게 반응하며 비판의 목소리를 내면서, 출판계와 공연계 등에 페미니즘 열풍을 불러일으킨 주역이다. 영화 〈VIP(박훈정 감독, 2016)〉를 '여성혐오 영화'라 낙인찍으며 불매운동을 벌이고, 여성들이 서사를 이끌어가는 〈미쓰백(이지원 감독, 2017)〉에 대해서는 손익분기점을 넘게 하기 위해 단체, 중복 관람을 넘어 '영혼보내기'를 했던 것도 이들이다. 혹자는 "사회에서 그간 상대적으로 발언권이 잘 주어지지 않았던 젊은 여성들이 자신들의 영향력을 가장 제대로 발휘할 수 있는 효과적인 전략이자 선택"으로

---

2 임수연, 「〈불한당: 나쁜 놈들의 세상〉 2주년 대관 행사를 가다」, 『씨네21』, 2019년 5월 30일. http://www.cine21.com/news/view/?mag_id=93110&utm_source=naver&utm_medium=news 접근: 2019년 7월 2일 오후 12시12분.

이런 소비패턴을 구축하고 있다고 말한다.[3]

그런데 〈걸캅스〉와 〈불한당〉은 얼핏 공통점이 거의 없는 영화처럼 보인다. 전자는 흔치 않은 여성 투탑(two top)의 액션 코미디인 반면, 후자는 남성 투탑의 액션 느와르이다. 이 작품들을 지지하는 관객층이 젊은 여성이라는 점은 공통되지만, 〈걸캅스〉의 팬들은 2018년 〈허스토리(민규동 감독)〉와 〈미쓰백〉의 팬덤인 '허스토리언', '쓰백러'의 연장선상에서[4] 여성감독 혹은 여성 주인공의 영화들을 지지하고 후원하는 관객들일 것이고, 〈불한당〉의 팬들은 남성 캐릭터간의 소위 '커플링'을 유희해 온 비엘(Boys' Love: 이하 비엘) 전통에 친숙한 관객들로 보인다. 두 영화의 관객층이 얼마나 겹치는지 알 수는 없으나, 이들에게는 성적 차이가 사회적 차이로 환원되지 않는 유토피아를 열망한다는 공통점이 있을 것이라 추측된다. 그래서 여성 주인공이 서사를 이끌어가는 영화를 요구하는 관객들이 〈불한당〉과 같은 영화에 호의적일 수 있고, 비엘러(BL-er)[5]들은 〈걸캅스〉와 같은 영화를 지지할 수 있다. 이 글에서는 일단 〈불한

---

3 이유정, 「'영혼이라도 보냅니다'... 영화사에 기록될 '미쓰백' 현상: 스크린 너머의 '여성 연대'를 보여준 영화 〈미쓰백〉」, 『오마이뉴스』 2018.12.10./http://star.ohmynews.com/NWS_Web/OhmyStar/at_pg.aspx?CNTN_CD=A0002494712; 접근: 2019년 4월 28일 오전 11시 6분.

4 영화진흥위원회는 〈미쓰백〉과 〈허스토리〉가 "여성서사를 열정적으로 지지하는 여성 관객을 가시화하고 새로운 관객 운동의 흐름을 만들었다는 측면에서 의미가 크다"고 평가했다. 〈미쓰백〉은 여성 감독이 만든 여성 서사일 뿐만 아니라 핵심 창작인력 과반수에 여성이 참여한 영화로서, 관객들의 지지로 손익분기점을 넘겼고, 〈허스토리〉는 그간 주목받지 못했던 중, 장년 여성들을 입체적인 캐릭터로 그려내며 호응을 얻었다. 한편, 영화진흥위원회는 2018년 공개된, 순제작비 30억 이상의 실사영화 39편 중 벡델 테스트(Bechdel test: 여성인물의 비중이 얼마나 되는지, 그리고 여성인물이 남성서사에 종속되지는 않는지를 객관적 수치를 통해 볼 수 있는 성인지(性認知) 테스트)를 통과한 영화는 25.6%인 10편(〈국가부도의 날〉, 〈도어락〉, 〈마녀〉, 〈상류사회〉, 〈스윙키즈〉, 〈완벽한 타인〉, 〈인랑〉, 〈치즈인더트랩〉, 〈허스토리〉, 〈협상〉)에 불과하다는 결과도 발표했다. 영화진흥위원회, 「2018년 한국 영화산업 결산」, 2019년 2월 18일, 77-94쪽. http://www.kofic.or.kr/kofic/business/board/selectBoardDetail.do?boardNumber=2#none. 접근: 2019년 6월 30일, 오전 7시33분.

5 이 글에서는 비엘을 창작하거나 즐기는 향유자들을 "비엘러"라 부르기로 한다. 이들을 가리키는 여러 단어들("동인녀", "야오녀(야오이를 즐기는 사람들)," "후조시(부녀자(婦女子)를 자조적으로 뒤튼 단어인 부녀자(腐女子)의 일본어 발음)")이 있지만, 최근 들어 비엘이 하위문화에서 주류문화로 확대됨에 따라 좀더 중립적이고 자기긍정적인 뉘앙스를 띤 "비엘러"가 자주 쓰이고 있다.

당〉의 경우에 초점을 맞추어 보자.

2. 새 영화사를 쓰는 '불한당원'

2018년 5월 19일과 20일, 서울의 롯데시네마 월드타워와 부산의 영화의 전당과 같은 프리미엄 영화관에서 영화 〈불한당〉이 상영되었다.[6] 이 상영회는 여러 모로 특별한 것이었는데, 그 이유는 첫째, 〈불한당〉은 이미 개봉된 지 1년이 된 영화였다는 점, 둘째, 제작사인 CJ E&M이 개최한 공식적인 "Thanks You Again" 행사(5월 17일에 있었다)와는 별개로 팬들에 의해 마련되었다는 점, 마지막으로 이 팬들은 일부러 한국의 가장 큰 영화관들을 빌려 행사를 열었다는 점 때문이다. 더욱이 이 '불한당원'들은 〈불한당〉이 개봉된 후 1년 동안 의식적으로 70회 이상 극장을 빌려 〈불한당〉을 상영하는 행사를 해왔고, 영화 개봉 1주년을 맞아 별도의 대대적인 행사를 마련한 것이었다. 특정한 한국영화를 둘러싼 이런 팬덤은 역사적으로 희귀한 것이어서, 〈불한당〉의 조연배우 김희원은 "'불한당원'은 한국영화계의 새 역사를 쓰고 있다"[7]고 언급하기도 했다.

이 팬덤은 칸느영화제에 초청되는 등 개봉 전 많은 기대를 모았던 〈불한당〉이 개봉 2주차부터 예기치 못했던 이유로 흥행에 실패[8]하게 된 데 대한 아쉬움

---

6 한편, 이 글의 초고 집필이 끝난 후 진행된 2주년 기념행사는 2019년 5월 18일 롯데시네마 월드타워점에서, 응원 상영은 같은 달 25일 부산 롯데시네마 부산본점에서 이루어졌다.

7 「"팬덤史 새 패러다임"… '불한당,' 개봉 1주년 기념 상영회 성료」『ENEWS24』, 2018.5.18:http://enews24.tving.com/news/article?nsID=1288304: 접근: 2018년 10월 21일, 오후 4시 59분.

8 영화가 개봉된 뒤 변성현 감독의 옛날 트위터 메시지가 SNS에 유포되면서 논란이 되었던 일을 말한다. "홍어"와 같은 단어를 둘러싼 오해는 얼마 후 감독 친우의 해명 등을 통해 사그라들었지만, 개봉 직후 흥행 동원 성적으로 이후의 운명이 결정되는 현행 시스템의 속성상 이미 때는 늦어 있었다. 관객들의 보이콧으로 초반에 극장을 잃었던 〈불한당〉은 결과적으로 93만명 정도의 성적으로 그 막을 내려야 했다. 변성현 감독은 논란을 일으킨 데 대해 사과한 후 약 1년간 대외활동을 멈추기도 했다.

에서 촉발되었다. 팬들은 자발적으로 모여 대관을 하고 배우와 스탭들을 초청하여 행사를 진행하고 굿즈를 만들었다. 이것도 영화 팬덤에서는 흔치 않은 일이었지만[9], '불한당원'은 일정한 규모의 멤버가 모여 이루어진 고정된 폐쇄집단이 아니라 상당히 유동적으로 움직이고 그 팬의 유입도 2년여에 걸쳐 꾸준히 이루어진, 매우 유니크한 케이스라 할 수 있다. 또 주연을 맡았던 배우 설경구에 대한 지극한 조공 등 팬활동으로 그가 "지천명 아이돌"이라는 별명을 얻게 된 현상은 여러 언론의 주목을 받기도 했다. 한국에서 아이돌 팬덤은 물론 짧지 않은 역사를 갖고 있지만, 특정 영화나 배우에 대한 팬덤이 형성되어 이렇게 오랫동안 지속된 것은 설경구의 경우가 유일한 것으로 보인다. 더욱이 마이너한 취향의 팬들로부터 충성어린 지지를 받는 소위 '컬트영화'와 달리 〈불한당〉은 현재 한국영화 산업에서 가장 인기있는 장르 중 하나인 액션 느와르가 아닌가. 이런 이유로, 개봉된 2017년부터 2주년을 넘긴 2019년에 이르기까지 〈불한당〉을 한국영화계의 큰 자극으로 만든 주인공은 바로 불한당원, 즉 주로 20대와 30대 여성으로 이루어진 영화 팬덤이라고 할 수 있다.[10]

이때 이미 개봉된 영화를 부가판권 시장, 즉 TV나 모바일, 인터넷 등을 통해서가 아니라 메이저 극장들을 대관함으로써 반복 관람하는 팬 행위는 주목할 필요가 있다. 왜 이런 방식으로 팬심을 표현하는가? 우선, 이들은 개봉시 93만 정도의 관객만을 모아 상업적으로 철저히 실패한 〈불한당〉의 극장 입장 관객수를 천천히나마 '늘리려' 하는 것인데, 이는 개봉 첫 주말의 관객수를 근거로 개봉관 수를 확대 혹은 축소하는 철저한 상업논리에 저항하고자 하는 것

9 〈불한당〉 이전의 영화 팬덤으로는 〈아가씨(박찬욱 감독, 2016)〉의 '아갤러'와 〈아수라(김성수 감독, 2016)〉의 '아수리언'을 들 수 있다. 이들은 계획에 없었던 O.S.T. 앨범과 시나리오의 발간을 이끌어내기도 하고 대관상영을 이어가는 등 한국영화사에서 처음으로 영화 팬덤 현상을 일으켰다.

10 온라인이나 모바일 게시물들을 보면 10대 팬들도 적지 않은 것 같은데, 〈불한당〉은 청소년관람불가 등급 판정을 받은 영화이다.

이다. 〈불한당〉이 극장에 걸려있는 동안 팬들은 이미 최소한 18회의 대관행사를 열었고, 극장에서 이 영화가 사라진 후에도 2년여간 그것을 지속했다. 한 팬이 말하듯 그들의 "덕질"은 "상업적 영화산업에 저항하고 상업적으로 실패한 영화를 부활시키고자" 하는 의미를 지닌다.

둘째로, 이들의 팬덤은 최근 한국영화 팬덤의 새로운 트렌드인 '반복' 관람과 관련된다. 소위 "N차 관람"이라 불리는 이 반복 행위는 동일한 영화를 보는 자신의 행위를 충성스러운 팬 행위로서 의미부여하면서 그 증거들(예컨대 100회 이상 극장에 갔다는 것을 보여주는 영화 티켓들)을 SNS를 통해 공유하기도 한다. 흥미로운 것은 이 반복 관람을 통해 팬들이 한 작품을 매우 자세하고 꼼꼼하게 분석함으로써 그들 자신의 해석의 아카이브를 구축하게 된다는 것이다. 문화평론가 김선영은 불한당원들이 프리미엄 극장을 대관하는 이유 중 하나는 그런 극장들이 시각효과와 청각효과를 뛰어나게 구현하기 때문이라고 본다. 이런 관람 행위는 어떤 면에서는 물리적인 극장 공간에서 이루어지던 원초적인 영화 관람 경험을 복원하는 것처럼 보이기도 한다. 즉 영화가 상영되는 공간의 설비와 환경과 관객에 따라 그 상영의 질과 내용이 차별화되는 과거의 '현전성'을 재발견하는 면이 있는 것이다. 그리고 주인공들의 '촉촉한 눈빛'이나 미세한 음향효과 등이 새로 포착되면 그것은 다시 새로운 해석으로 이어지면서 팬 아카이브를 풍부하게 만든다. 〈불한당〉의 경우 이 아카이브는 매우 촘촘해서, 예컨대 팬 행사에 초청된 게스트는 그가 아무리 영화 전공자이고 전문가라 해도 이 팬 아카이브의 해석들을 미리 숙지해오지 않으면 곤란에 처하게 된다. 즉 이들은 "N차 관람"에 기반하여 웬만한 전문가들을 뛰어넘는 디테일에 대한 지식과 해석을 구축해놓은 것이고, 이 아카이브는 현재도 여전히 업데이트되고 있다.[11]

---

11 2018년 한국영상자료원에서 변성현 감독과 관객의 GV를 지켜본 권혜림 기자는 이렇게 말한다. "개봉 직후부터 지금까지 극장에서, 그리고 IPTV, VOD, DVD 등을 통해 적어도 수십 번씩 영화를 관람한 관객들은 온라인 공간에 영화를 만든 감독과 출연한 배우들조차 혀를 내두르게 만든 다양한 해석들을

세 번째로, 〈불한당〉 대관행사는 여성 팬덤의 자기-권능화(self-empowerment)가 공식화되는 과정이었다. 이들은 오랜 아이돌 팬문화에 기반한 퍼포먼스들(강남역이나 홍대역 전광판 헌정하기라든가 영화제에서 투표하기 등)을 통해 스스로를 가시적으로 드러냈다. 또 머그컵이나 팔찌, 키홀더, 의상 등을 제작해서 나눠 갖는 데 만족하지 않고 마침내 영화 대본과 콘티, DVD는 물론 블루레이까지 제작, 출시되게끔 영향력을 키웠다. 최근에는 CGV 아트하우스에서 "설경구 특별전"을 개최하도록 했다. 이렇게 팬들은 '언더월드'가 아니라 '오버월드'에 스스로를 가시화하면서 영화산업과 담론에 영향을 미치게 된 것이다.

3. 섹슈얼리티를 유희/지배하기

[사진 2] 〈불한당〉의 재호(설경구 분)와 현수(임시완 분). 사진 제공: 한국영상자료원

"자기는 멍도 이쁘게 든다"

"자기야, 나 왔대이"

내놨다. 인물의 작은 행동과 눈빛, 의상은 물론이고 조명의 변화, 상처입은 신체의 부위, 인물이 누운 벤치의 색상, 계절을 앞서간 곤충의 울음소리까지. 영화의 모든 순간들이 시처럼 독해됐다. 영화가 지닌 문학성과 미술성이 2차 창작을 통해 최대치로 발현됐다. '인기'라는 단편적 단어로는 설명되지 않는 현상이다." 「'불한당', 영화가 관객의 예술이 되는 법: 감독도 감탄한 해석들… 난이도 최상의 GV」, 『조이뉴스24』, 2018.3.21., 접근: 2019년 7월 23일 오후 9시 39분.

불한당원들이 좋아하는 이 대사들은 재호(설경구 분)가 현수(임시완 분)에게 던지는 것들이다. 첫 번째는 감옥에서 자기보다 덩치가 훨씬 큰 상대를 제압한 현수를 눈여겨보고 밤에 현수의 숙소에 들른 재호가 하는 말이고, 두 번째는 이제 출소하여 재호의 조직원이 된 현수가 최선장 무리들 속에서 혼자 분투하고 있을 때 재호가 지원군으로 등장하며 하는 말이다. 한국의 성인 남성끼리 "이쁘게", "자기야"라는 표현을 거의 사용하지 않는다는 점을 염두에 둘 때, 한 중년의 갱스터가 똘끼 가득한 경찰에게 던지는 이 대사들은 충분히 인상적이다. 그리고 바로 이 지점이 얼핏 전형적인 범죄 느와르 영화가 그다지도 여성 관객들에게 사랑을 받고 있는 이유 중 하나이다.

우선 이 영화는 오랜 비엘 전통에 친숙한 여성들, 그리고 2000년대 중반부터 한국영화 관객의 큰 비중을 차지한 젊은 여성들에게 어필한다. 위의 '달콤한' 대사들 외에도, 재호와 현수의 커플링 자체가 명백히 비엘러를 타겟으로 삼고 있다. 일반적으로 공(攻)과 수(受) 사이에 X 마크로 표시를 하는 이 공수 커플링은 비엘의 가장 엄격한 틀로 알려져 있다.[12] 강공X꽃수, 중년공X미소년수 등등 다양한 커플링이 있을 수 있는데, 한 관객은 재호와 현수의 외모와 성격을 빌어 "두툼공X지랄수"라 부르기도 한다. 그런데 영화 〈불한당〉 자체에는 어디에도 명백히 둘 사이의 성적인 관계가 묘사되어 있지 않다. 예컨대 스테픈 달튼(Stephen Dalton)은 칸영화제에서 이 영화가 상영되었을 때 "현수와 재호 사이의 동성애적인 긴장은... 직설적으로 표현되기보다는 희미하게만 암시되었다"[13]고 평가했는데, 비엘에 익숙한 여성 관객들은 이 둘의 관계를 동성애적인

---

12 일본 비엘의 "攻め[세메]", "受け[우케]" 커플링에 기원을 둔 것으로, 동성애적 관계에서 "탑(top)", "바텀(bottom)"에 해당되는 역할로 흔히 설명되지만 반드시 거기에 제한되지만은 않는다. 어쨌든 비엘에서 공/수의 엄격한 분할을 전제하고 있고 그것을 기반으로 비엘이 창작, 소비되는 것은 분명하다. 비엘의 이런 "역할놀이"에 주목하여 그 섹슈얼리티의 의미를 분석한 연구로 이현지의 「한국 BL 소설의 섹슈얼리티 연구: 오메가버스(Omegaverse)를 중심으로」(연세대 석사논문, 2018)를 참조하라.

13 Stephen Dalton, "*The Merciless* ('*Bulhandang*'): Film Review," *The Hollywood Reporter*, May

것으로 읽어내면서 영화의 내러티브를 확장하는 감정적 효과에 초점을 맞춘다. 조폭의 리더와 언더커버 형사라는 적대적인 위치는 재호와 현수의 관계에 큰 장애가 되지만, 이 장애는 오히려 둘의 관계를 탐색과 의심으로부터 신뢰로, 나아가 로맨틱한 사랑으로 드라마틱하게 진전시키는 쾌락을 제공하게 된다. 더욱이 "직설적으로 표현되기보다는 희미하게만 암시되"는 관계는 비엘러들에게는 아주 익숙한 것이다. 즉 주류 텍스트들에서는 전혀 성적이지 않거나 성적인 것이 희미하게 암시되기만 하는 관계로부터 언제나 흥미로운 지점을 읽어내고 그것을 확장시켜 새로운 창작을 하는 것이 이들에게는 적극적인 상상력 개입 행위이자 실천이기 때문이다. 이 독자/관객들은 오리지널에서는 제기되지 않거나 실현되지 않았던 성적인 가능성들을 다양한 '2차 창작(원작의 설정과 인물을 차용한 창작물)' 작품들에서 구현한다. 이 '2차 창작'은 오리지널을 보완하는 것일 때도 있고 거기에 대한 대안을 제시하는 것일 때도 있는데, 중요한 것은 오리지널 스토리에 부합하든 하지 않든 두 명의 남성 인물들간의 친밀감이나 사랑에 초점을 맞춘다는 사실이다.

예컨대 몇몇 '2차 창작'들은 〈불한당〉의 비극적 엔딩을 해피 엔딩으로 바꾸면서라도 두 주인공의 감정을 그려내려고 한다. 영화에서 현수는 마침내 재호를 자기 손으로 살해하게 되는데, 그건 자신의 어머니를 죽게 만든 자가 바로 재호라는 것을 깨달았기 때문이다. 그런데 미열이 "패러디"라 범주화한 '2차 창작'에서 현수는 자신이 원수인 재호를 사랑한다는 사실을 깨달으며 그를 목 졸라 죽이는 데 실패하고 계속 그와 관계를 이어나가게 된다.[14] 변성현 감독이

25, 2017, http://www.hollywoodreporter.com/review/merciless-review-1007581; 접근: 2017년 8월 16일.

14 미열, 「[패러디] 불한당/재호현수」 2017년 8월 15일, http://blog.naver.com/lee16611/221074131441; 접근: 2017년 10월 5일 오전 10시 16분.

말했듯 영화 〈불한당〉에는 "로미오와 줄리엣"[15]같은 비극적 운명이 인물들을 사로잡고 있어서, 현수는 자기가 믿었던 유일한 사람을 처단해야 하는 상실감에 빠지고, 재호는 현수의 복수를 어쩔 수 없이 받아들여야 하는 고통에 휩싸인다. '2차 창작'자들은 여기에서 재호와 현수의 고통을 '이루어질 수 없는 사랑'의 아픔으로 적극적으로 해석하는 것이다.[16]

이런 해석-창작들은 얼핏 지배적인 남성성과 부상(浮上)하는 남성성 사이의 경쟁 및 상호 매혹을 다루면서, 다른 한편으로는 동성사회적 욕망의 연속체 내에서 사회적인 것과 에로틱한 것 사이의 솔기없는 미끄러짐을 표현하기도 한다. 예컨대 일련의 브로맨스(bromance) 영화들에서 '아저씨'(지배적인 남성성)와 '꽃미남'(부상하는 남성성)의 버디 관계는 비엘러들에게는 아주 쉽게 '공수'관계로 독해된다. 이 남성들간의 외모와 사회적 지위(혹은 정치적 위치)의 격차가 큰 것은 둘 사이의 드라마틱한 관계를 형성하는 데 도움이 되어서, 종국에 그것을 극복하는 쾌락을 더 강하게 만든다. 한 비엘러는 말하기를, '수'는 언제나 '공'을 미치게 만드는 자기 자신의 매력을 잘 인지하지 못하기 때문에 '공'의 구애를 받게 되고 또 결국 '공'을 지배하게 된다고 한다. 이렇게 '수'가 '공'을 리드하고 지배하는 양상은 〈의형제(장훈 감독, 2010)〉에서 꽃미남 배우 강동원이 연기한 지원이나 〈불한당〉에서 아이돌 스타 임시완이 연기한 현수의 캐릭터에서 완벽히 구현된다. 이 영화들을 비엘로 독해/변형하는 것은 한편으로는 영화의 (대부분) 동성사회적인 결말을 패러디한다는 점에서도 전복적이지만, 다른 한편으로는 주류 대중문화의 경쟁적인 남성성들을 갖고 놀면서 궁극적으로 섹

15 「〈불한당〉 감독, '누아르 아닌 멜로 접근… 『로미오와 줄리엣』 참고」, 『뉴스1』 2017년 5월 2일, http://news1.kr/articles/?2984180: 접근; 2018년 10월 10일 오후 10시05분.

16 이 비극성을 강조하기 위해 사건의 무대를 오메가버스(Omegaverse), 즉 오메가 계급과 베타 계급 사이의 '각인(성관계를 의미)'이 금지된 장르로 옮겨놓은 '2차 창작'들도 있다. 공백, 「그해: 재호현수 오메가버스 망상」 2017년 6월 22일, http://blog.naver.com/8dndus/221034730252 ; 접근: 2017년 8월 30일 오전 09시 53분.

슈얼리티의 자기지배에 대한 여성의 욕망을 드러낸다는 점에서 흥미진진하다.

서구의 슬래쉬(slash)와 달리 '공X수'라고 하는 엄격한 규칙을 갖고 있는 비엘은, 유교적 가부장제가 여전히 지배적인 동아시아 국가들에서 유행한다고 알려져 있다. 비엘에 대해 페미니스트적 관점에서 비판이 제기된다는 건 쉽게 예상 가능할 것이다. 즉 능동적 남성성을 구현하는 '공'과 수동적 여성성을 함의하는 '수'가 배타적인 관계를 맺는 비엘은 가부장적 사회의 이성애규범적인 관계를 추수하고 또 재생산한다는 비판 말이다. 하지만 '공'과 '수' 사이의 동력학은 단순히 남성/여성, 능동/수동의 이분법으로 환원되지 않으며, 다양한 전복적 변주들을 만들어낸다. 비엘 연구자 한유림은 지적하기를, 비엘의 초점은 이성애규범성이 정해놓은 방향을 따르지 않는 여성적 이상 혹은 자기 정체성을 자리매김하는 데 있다고 한다. 즉 비엘러들은 여성적이고 수동적인 '수'와만 동일시하는 게 아니라 남성적이고 능동적인 '공'과 동일시하기도 하고 때로는 둘 다와 동시에 동일시한다는 것이다.[17] 나아가 비엘러는 오히려 자기 자신의 감정적, 성적 실험의 대행자인 캐릭터들의 관계를 만들고 조정하는 전지적인 관찰자 (때로는 '화분시점'이라 불리는[18])와 동일시하기도 한다. 그 대행자들은 남성의 신체로 형상화되는데, 그 이유 중 하나는 남성(만)이 자기의 성적 파트너와 동등할 수 있기 때문이다. 즉 여성을 등장시켰을 때 (불)필연적으로 성적으로 남성에게 종속되는 것으로 그리게 되는 이성애규범성을 회피하기 위해 여성 신체를 배제 혹은 최소화하고 남성의 신체에만 초점을 맞춘다는 것이다.

---

17 한유림, 「2,30대 여성의 아이돌 팬픽 문화를 통해 본 젠더 트러블」, 서울대학교 대학원 석사논문, 2008.

18 비엘에서 독자/관객들이 스스로의 위치를 '공'과 '수'의 침실에 놓인 화분으로 놓는다는 의미의 용어이다. 성적 쾌락에 직접 참여하기보다는 관음(觀淫)하는 자의 위치성을 강조한다는 점에서 "BL 텍스트 자체의 형식이자 BL을 보는 독자의 방식"이라 규정되기도 한다. 이 화분시점에 대한 분석은 비이커, 「후조시, 상냥하게 가르쳐 줘 제3화: 화분시점의 즐거움, 정말인가요?」, 『페미니스트 저널 일다』, 2017년 5월 25일, http://www.ildaro.com/sub_read.html?uid=7884; 최종 접근: 2019년 6월 30일 오후 10시 28분.

하지만(따라서) 비엘에서의 관계가 동성애규범성을 따르는 것도 아니다. 비엘에서 다루는 (아름다운) 남성들의 관계는 게이 로맨스를 재현하는 것이 아니라 동등한 파트너끼리의 친밀한 관계를 극화하는 것이기 때문이다.[19] 이런 점에서, 비엘은 성적 차이가 사라진 세계에 대한 여성의 욕망을, 남성의 신체를 통해 드러내는 유력한 수단이라 할 수 있다. 이것을 쥬디스 버틀러(Judith Butler)를 빌어 "젠더 패러디"라 말할 수 있을텐데, "비록 이런 패러디적인 스타일에서 다뤄지는 젠더 의미들이란 분명 헤게모니적이고 여성차별적인 문화의 일부임이 분명하지만, 그럼에도 불구하고 그것들은 그 패러디적인 재맥락화를 통해 탈자연화되고 유동화된다."[20]

4. 브로맨스 데이터베이스를 비엘링(BL-ing)하기

한국영화의 재현 면에서 남성이 압도적이라는 사실은 최근 많은 비판을 받아왔다. 자국 영화의 점유율이 50%를 넘나드는 상황이 오랫동안 지속되고 있고 그 시장규모는 세계 5위 정도인 한국에서, 이렇게 남성 인물들을 중심에 놓는 경향은 (2017년 유행했던) '브로맨스'를 다룬 영화들에서 정점에 이르렀다.[21] 한국영화에서 브로맨스는 전통적인 동성사회적 결속관계를 나타내는 '의리'(남자들의 세계에서 가장 칭송받는 가치로서, 일반적으로는 위계질서와 여성교환을

---

19 미조구치 아키코, 김효진 역, 『BL 진화론: 보이즈 러브가 사회를 움직인다』, 길찾기, 2018.

20 Judith Butler, *Gender Trouble: Feminism and the Subversion of Identity* [kindle], Routledge, 1990, Page 187-188 · Loc 3299-3312 of 4612.

21 한편 2018년도에는 상업영화 77편 중 핵심 창작 영역에 여성이 참여한 영화편수는 전년 대비 증가했고, 특히 감독과 주연은 최근 5년간 가장 높은 비율을 기록했다. 여성 감독 영화와 여성 주연 영화에 대한 평균 관객 수 역시 증가했는데, 영화진흥위원회에서는 이것을 "분명 최근 여성 서사를 지지하는 관객 운동의 부상이 산업에 조금이나마 영향을 미친 결과"라고 추정한다. (영화진흥위원회, 앞의 글, 77쪽)

수반한다)에다 '남남케미' 트렌드를 차용해 넣은 것이다. 여성 관객들은 이렇게 남성 중심적인 재현 상황을 가리켜 "알탕영화," "아재브로"라 칭하기도 했다.

얼핏 여성들의 이런 비아냥거림은 앞서 말했던 팬 문화, 즉 주류 영화의 동성사회적 특성을 동성애적 카테고리로 전유하는 것과 모순되는 것처럼 보인다. 나는 두 명의 남주인공들의 관계, 즉 영화에서 전통적인 '의리'로 포장되는 그들의 관계를 숱한 '2차 창작'들이 동성애적 관계로 변형할 때, "사회적인 것과 에로틱한 것이 자연스럽게 넘나"듦으로써, 동성사회적 연속체를 방해하는 호모포비아를 제거하는 효과가 있다고 본다. 좀더 나아가, 최근 한국영화의 브로맨스 현상 자체가 이런 여성 관객들의 취향을 반영한 것 혹은 거기에 반응한 것이기도 하다고 본다.[22] 2005년 〈왕의 남자(이준익 감독)〉가 예기치 않게 성공한 데에 젊은 여성 관객들의 티켓 파워가 숨어있다는 사실이 밝혀진 이래로, 한국 영화산업은 남성 스타들의 멀티 캐스팅에 신경을 쓰면서 그들 사이의 친밀한 관계 즉 '남남케미'를 프로모션해 왔기 때문이다. 〈불한당〉의 투자회사 실무자도 털어놓았듯이, 브로맨스 영화의 유행은 "단독 주인공보다는 두명 혹은 그 이상의 남성을 선호하는" 여성 관객들의 기호에 대한 반응이기도 하다. 이것이 최근 한국영화에서 남성 캐릭터의 '과대' 재현과 여성 캐릭터의 '과소' 재현을 낳은 하나의 원인인 셈이다.

브로맨스 현상에 대한 페미니스트들의 비판은 예측 가능하다. 예컨대 평론가 손희정은 남성 지배적인 영화들에 대해 젊은 여성 관객들이 '소비자'로서만 호명되는 것을 비판하는데,[23] 이는 이 관객들이 생산과정에 개입하고 영향을 미친다는 사실을 간과하고 있다. 일단 여성 관객들은 남성중심적 영화들 중 자신

---

22 구체적인 논의는 다음을 참조. 백문임, 「브로맨스 vs '형제' 로맨스: 포스트 밀레니엄 남성은 친밀성을 꿈꾸는가」, 연세대 젠더연구소 편, 허윤·손희정 기획, 『그런 남자는 없다』, 오월의 봄, 2017.

23 손희정, 「페미니즘 리부트: 한국영화를 통해 본 포스트페미니즘과 그 이후」, 『문화과학』, 2015 봄.

들의 취향에 맞는 것을 선택하고 마초적인 영화에는 등을 돌린다. 그래서 〈불한당〉의 경우 비엘 하위문화에 예민한 감독과 제작자들이 그 취향을 반영한 것과 같이, 주류 영화산업과 비엘 전통 사이의 협상의 결과물이 나오기도 하는 것이다. 박스 오피스에서 실패한 이 영화를 팬덤이 부활시킨 것도 그에 대한 긍정적인 응답이라 할 수 있다. 이런 이유로, 브로맨스 영화에 대한 여성 팬덤과 페미니스트 비평 사이의 덜컹거림에 대해서는 좀더 세밀한 고찰이 필요하다.

"브라더"와 "로맨스"를 결합시킨 신조어로서 브로맨스는 〈한번도 못해본 남자(The 40-Year-Old Virgin, dir. Judd Apatow)〉가 히트한 2005년경부터 미국의 미디어에 안착하기 시작했다. 동성사회성과 동성애 사이를 역동적으로 오가는(즉 이성애자 남성간의 친밀한 관계를 다룬다는) 그 특성 덕택에, 브로맨스는 일찍이 관객만이 아니라 이론가들의 관심을 끌었다. 마이클 드안젤로시스(M. DeAngelosciis)에 의하면 브로맨스 현상이 독특한 이유는 친밀하지만 성적이지는 않은 남성 유대라는 개념이 섹슈얼리티에 대한 관심을 지속적으로 수반하기 때문이다. 다시말해 브로맨스는 (일찍이 R.W.코넬이 지적했듯[24]) 동성사회적인 관계에서 파생되기 마련이지만 오랫동안 그것이 동성애로 '오해' 받을까 두려워 타부시되고 억압되었던 친밀성을 실험하는 새로운 경향인 것이다. 1990년대에 동성애가 가시적으로 대두함에 따라 21세기 대중문화는 동성사회적 유대에 내재한 친밀한 남성관계 및 이성애를 동시에 문제삼기 시작했다. 즉 이 현상은 이성애자 남성문화에 만연하게 될 수도 있는 "새로운 친밀감"을 어떻게 관리할 것인가 하는 새로운 불안감과도 관련된다. 따라서 마이클 드안젤로시스도 지적하듯이, 브로맨스 현상 자체가 "아직도 만연해 있는 문화적 호모포비아에 대한 만병통치약이라고 생각하는 것은 문제적"[25]일 것이다. 다만

---

24 R. W. 코넬, 안상욱·현민 역, 『남성성/들』, 이매진, 2013.

25 Michael DeAngelosciis, "Introduction," Michael DeAngelosciis, ed., *Reading the Bromance*,

브로맨스는 그 사회-문화가 성적 차이를 얼마나 받아들일 수 있는가를 보여주는 시금석의 하나일 뿐이다.

내가 말하고 싶은 것은, 한국 영화에서의 브로맨스 현상의 경우 의례 성적 차별을 수반하게 되는 성적 차이로부터 탈출하고자 하는 여성 관객/비엘러의 요구를 문화적, 경제적으로 수용하고자 하는 영화산업의 (불가피한) 노력의 결과라는 점이다. 『웹소설 작가를 위한 장르 가이드 9: 보이즈 러브(BL)』의 작자인 이미호와 프모리가 브로맨스를 비엘의 일종으로, "아직 동성애를 용인하기 어려워하는 일반인에게 긍정적으로 어필하면서도 비엘의 감정과 조화를 담아낼 수 있는" 것이라고 지적한 것처럼[26], 브로맨스 영화가 제공하는 친밀하지만 동성애는 아닌 남-남 관계는 (적어도 비엘러들에게는) '플레지르(plaisir)'를 제공한다고 할 수 있다. 롤랑 바르트의 '플레지르'와 '주이상스(jouissance)' 개념을 대중문화로 확장한 피스크에 의하면, '주이상스'가 사회 질서를 무시하는 쾌락을 생산하는 것인 반면 플레지르는 사회적으로 생산된 것으로서 그 뿌리는 지배적인 이데올로기를 벗어나지 않으며 사회적 정체성이나 인정(認定)과 관련되어 있다.[27] 비엘 문화가 좀더 특별히 카니발적인 계기들과 관련되는 반면 주류 문화의 브로맨스 영화들은 사회적 정체성과 타협하는 일상생활에서의 플레지르와 관련된다 말할 수 있을 것이다. 후자는 이성애규범성이라는 지배 이데올로기에 부합하는 쾌락이지만 동시에 그 이데올로기 및 주체성들에 반대하거나 그것을 조절하는 쾌락을 제공하기도 하는 셈이다. 이렇게 볼 때 〈불한당〉은 주류 영화문화 내에서 탑클래스 남성 배우들을 내세운 (개봉 당시 한국에서 그 유행의 정점에 달했던) 브로맨스 영화로 자기 위치를 잡으면서도 비엘 하위문

Wayne State University Press, 2014.

26 이미호 · 프모리, 『웹소설 작가를 위한 장르 가이드 9: 보이즈 러브(BL)』, 북바이북, 2017. 27쪽.

27 J. Fiske, *Understanding Popular Culture*. Routledge. 1989.

화의 함의를 강하게 풍겼다는 점에서 흥미로운 사례다.

한편, 〈불한당〉은 '의리'라 부르는 전통적인 동성사회적 유대를 반복하는 것처럼 보이면서도 동성애 코드를 노골적으로 차용함으로써 일부 퀴어 관객들의 찬사도 이끌어냈다. 하지만 이 영화의 마케팅 전략이 줄곧 이 영화를 브로맨스로, 즉 "동성애가 아니라 (남남)케미를 의미" 한다고 주장하기 때문에 퀴어 관람성과 갈등을 빚는 측면이 있었다. 퀴어 비평가들이 브로맨스 현상을 비판하는 이유는 두 가지이다. 하나는 브로맨스 현상이 한국 사회에 만연한 호모포비아를 보이지 않게 만든다(즉 마치 한국사회가 동성애에 호의적인 것처럼 보이게 만든다)는 점에서 기만적이기 때문이고, 다른 하나는 동성애를 희화화할 우려가 있기 때문이다. 예컨대 퀴어 비평가 김경태는 한국에서 대중적으로 용인되는 게이는 예능 프로그램에서 자기 자신을 희화화하는 사람들이거나 자신의 기능을 셰프와 같이 한정된 직업에 묶어두는 사람들 뿐이라고 지적하면서, 동성애자가 법적인 지위를 전혀 가질 수 없는 한국 사회에서는 이들만이 가시화된다고 말한다. 그는 브로맨스 현상은 동성애자들에 대한 이런 억압이 마치 사라진 것처럼 보이게 만들거나 나아가 그 억압과 공모한다고 비판한다.[28] 즉 브로맨스는 강제적 이성애 사회에서 억압받는 동성애자들이 처한 '현실의' 조건은 외면하면서 '허구의' 묘사를 통해 동성애를 착취한다는 것이다.

하지만 나는 비엘러들에게 브로맨스 영화를 비롯한 브로맨스물들은 현실을 반영한 텍스트로서가 아니라, 아즈마 히로키가 포스트모던한 현상의 특징으로 분석했듯이, 차용과 변형과 패러디를 위한 텍스트로서 존재한다고 본다. 퀴어 평론가들이 브로맨스에서 현실 게이의 재현이 얼마나 올바른가 여부에 초점을 맞출 때 그들은 거대 서사(내부의 심층)가 표상(표면의 외피)을 결정한다고 하는 전통적인 개념에 기대고 있는 셈인데, 아즈마 히로키는 그것을 근대의 "트리

28 김경태, 「벽장 밖으로 나온 동성애자들, 브라운관에 갇히다」, 『문화과학』, 2015년 가을호.

형 모델(혹은 투사 모델)"이라고 부른다. 현대에 접어들며 이 모델은 포스트모던한 "데이터베이스형 모델(혹은 읽어내기 모델)"에 의해 대체된다.

> "그 알기 쉬운 예가 인터넷이다. 거기에는 중심이 없다. 즉 모든 웹페이지를 규정하는 감춰진 커다란 이야기가 존재하지 않는다. 그러나 또한 그것은 리좀 모델과 같은 표층적 기호의 조합만으로 성립하는 세계도 아니다. 오히려 인터넷에서는 한편으로는 부호화된 정보의 집적이 있고, 다른 한편으로는 유저의 읽어내기에 따라 만들어지는 개개의 웹페이지가 있는 별종의 2층구조가 있다. 이 2층구조가 근대의 트리모델과 크게 다른 것은 거기에서 표층에 나타난 겉모습(각각의 유저가 보는 페이지)을 결정하는 심급이 심층이 아니라 표층에, 즉 감춰진 정보 자체가 아니라 읽어내는 유저 쪽에 있다는 점이다. 근대의 트리형 세계에서는 표층이 심층에 의해 결정되었지만, 포스트모던의 데이터베이스형 세계에서 표층은 심층만으로는 결정되지 않고 그 읽어내기에 따라 얼마든지 다른 모습을 나타낸다."[29]

유저들의 "읽어내기"에 의해 표층이 얼마든지 다른 모습으로 드러난다고 할 때, 일련의 브로맨스 영화들은 특정한 캐릭터가 다양한 상황을 파생시킬 수 있는 데이터베이스를 비엘러들에게 제공한다고 할 수 있다. 나아가 마치 〈불한당〉에서 파생된 재호×현수(혹은 현수×재호) '2차 창작'물이 "학원물" 데이터베이스나 "조폭물" 데이터베이스와 연루되어 전개되듯이, 다양한 데이터베이스들은 서로 교섭할 수 있다. 즉 브로맨스 영화는 비엘러들이 동성사회적 내러티브를 친밀한 관계들로 전유할수 있게 하는 유용한 자료가 되는 셈이다. 따라서 이런 팬 작업에 친숙한 여성 관객들은 브로맨스 영화의 재현이 실제 현실과 얼마나 유사한가 혹은 개연성을 지니는가에는 별로 관심이 없을 지도 모른다. 오히려 이들은 자신들

29 아즈마 히로키, 이은미 역, 『동물화하는 포스트모던: 오타쿠를 통해 본 일본 사회』, 문학동네, 2007, 69-70쪽.

이 능동적으로 가공할 수 있는, 즉 '읽어내기' 실천을 할 수 있는 요소들을 찾아내기를 더 즐길 것이다. 주류문화의 브로맨스를 비엘로 변형시키는 행위 자체가 관객으로서 그리고 창작자로서 이들의 실천성을 오히려 강화해주기 때문이다.

이렇게 볼 때, 비엘러들에게 좀더 환영을 받는 것은 의식적인 게이 영화보다는 브로맨스 영화일 수 있다. 왜냐하면 "동성애자일 수도 있는 남성들 사이의 친밀성이지만 그 친밀한 관계는 이들의 성적 정체성에 의해 규정되지는 않는"[30] 어떤 다중의미성을 갖는 건 브로맨스이기 때문이다. 한국의 브로맨스 영화들이 대개 '의리'라는 전통적 동성사회적 결속을 확증하면서 마무리되기는 하지만, 그 셋팅이나 요소들은 팬들의 '읽어내기'에 열려있고, 고유의 규칙과 코드를 지닌 다른 평행 세계로 이식 가능하다(비엘러들은 자신이 창작한 또다른 세계를 '평행세계'라 부른다). 엘리자베스 월지는 이런 세계를 가리켜 "남성 친밀성의 세계인 건 맞지만 현대 동성애의 세계인 것은 아니다"라고 말한다.[31] 한국 브로맨스 영화들은 "직설적으로 표현되기보다는 희미하게만 암시"되는 방식으로 동성애를 다루는 데이터베이스를 제공한다는 점에서, 주류 대중문화가 비엘 하위문화와 타협한 결과물이라 할 수 있다.

5. 적과의 동침?

「한규지원」

아무것도 하기 싫어 우리는 그늘을 찾았다. 우리의 한낮은 늘 그런 식이었다. 모두가 존재하는 곳에서 비껴나 변두리에 서서 중앙을 넘어다보고, 그늘에 앉아

---

30 Elizabeth Woledge, "Intimatopia: Genre Intersections Between Slash and the Mainstream," Karen Hellekson and Kristina Busse (ed.), *Fan Fiction and Fan Communities in the Age of Internet*, McFarland & Company, Inc.,Publishers, 2006, Loc 1456-1465 of 4193.

31 Elizabeth Woledge, ibid., Loc 1474 of 4193.

햇볕을 훔쳐보고, 적막 속에서 타인의 소란에 귀 기울이는. 저기서 좀 앉아 쉬자. 몸 늘어지면 아무것도 못해. 날이 너무 덥네요.사장님. 우리는 암호로 말했다. 그늘을 고집하면서도 그 이유는 결코 말하지 않았다. 더위 때문인지 밝음 때문인지 알 수 없었다. 알기 싫었다. 우리는 빛 아래서 제대로 고개 들 수 없는 인간들이었다. 지원아. 늘어질 대로 늘어진 껌처럼 지원의 이름은 나오다 말고 혀끝에 달라붙는다. 송지원. 앵두알 같은 머릿방울로 머리를 양갈래로 묶은, 초등학생 여자애 같은 이름이었다. 실상은, 나보다 키가 머리 하나는 더 큰 시꺼먼 사내놈이지만. 나보다 싸움도 더 잘하지만. 하지만 나는 안다. 그 이름처럼 어린 소녀, 최소한 소년 정도는 송지원 속에 잠들어 있다. 지구 반대편에 발 딛고 사는 이처럼 그 소녀 혹은 소년은 우리의 한낮에는 그늘 밑에서 잠들어 있다가, 우리가 모두 눈을 감을 때에 눈을 떴다. 발소리를 죽이고 살금살금 2층으로 올라온 지원이 잠들어 있(을 것으로 예상되)는 나를, 한참을 물끄러미 내려다보다가, 수리검으로 목이라도 딸 요량인가 참지 못하고 내가 눈을 뜨려는 찰나에, 내 손등을 건드리던, 그 긴 손. 그 길다란 손 안에 숨은 어린애의 손. 손 잡는 것도 무서워서 겨우 서로의 새끼손가락만 걸고 마는 것처럼 조심조심 손등을, 온기만 스칠 위치에서 쓰다듬다가 송지원은 황급히 제 소파로 내려가곤 했다. 우리의 한밤은 그런 식이었다. 우리의 인생은 그런 식이었다. 무엇이든 들킬까봐 지레 입술을 사려물고 햇볕을 피해 꾸물대며 그늘로 들어가는 삶. 그조차 들킬까봐 더위를 핑계 삼아 아무렇지 않은 척 입을 벌리고 웃는 삶. 우리의 날들은, 우리의 인생은, 우리의 사랑은 그런 식이었다.
(첫 번째 문장은 쏜애플 '시퍼런 봄'의 첫줄 가사 '아무것도 하기 싫어 우리는 그늘을 찾았네'를 인용함.)[32]

이 인용문은 「한규지원」이라는 제목의 연성 비엘 2차창작으로서, 남북한 브로맨스 영화라 이름붙일 수 있을 〈의형제〉를 패러디한 것이다. 영화의 두 장

32 「한규지원」, 『2.5D(영화/드라마)/2차 연성』, https://blog.naver.com/dms1432/220591002148, 최종접근: 2019년 5월 12일 오후 9시 25분.

면, 즉 전직 국정원 직원 한규(송강호 분)와 북한 간첩 지원(강동원 분)이 서로 의심하며 그늘에서 휴식을 취하는 장면과, 한규의 오피스텔에서 동거하며 밤에 서로를 감시하는 장면을 엮으면서, 작가인 올리아는 한규를 나레이터로 차용하여 간절하고 애매한 장면들로 변형시켰다. 영화에서 냉전이 두 주인공을 가깝게 만들었다는 상황. 즉 서로를 의심하면서 유용한 정보를 빼내려 관찰하고 마침내 동업자가 되고 동거인이 되게 되는 흥미로운 상황을 가공한 것이다. 올리아는 이들이 의도를 갖고 서로에게 접근했던 것이 예기치 않게 친밀감을 낳게 되는 상황(일거수일투족을 감시한다든가)의 아이러니를 캐취하여, 세상에 용인되지 않는(심지어 서로에게마저 숨겨야하는) 비밀스러운 동성애적 관계로 변형시켰다. 원작의 첩보활동이 갖는 '비밀'을 동성애의 '비밀'로 코드전환함으로써, 올리아는 효과적으로 엘리자베스 월지가 남성간 "인티마토피아(Intimatopia)"라 불렀던 것, 즉 남성간의 사랑과 친밀성을 위한 환타지 세계를 구축한다.

이 이야기가 한규를 나레이터로 채용했기 때문에, 지원이 말하고 행동하는 모든 것의 의미는 한규에 의해 독해가 된다. 나아가 지원의 내면에 잠재되어 있는 어린 소녀 혹은 소년마저도 한규에게 간파된다. 비엘에서 '공'의 이름이 먼저 표기되고 '수'의 이름이 이어진다는 점을 고려하면 「한규지원」이라는 이 작품의 제목은 한규를 '공'으로 상정하고 있다. '수'의 생각을 꿰뚫어보고 그들의 금지된 사랑을 슬픈 태도로 묘사하는 '공'. 하지만 비엘에서 '공'이 반드시 모든 상황을 통제하지는 않는 일련의 인티마토피아 '2차 창작'에서, 한규는 지원의 치명적 매력에 사로잡혀 허우적대는 것으로 묘사되기도 한다. 위의 작품에서 한규가 자고 있을 때 그의 침대맡에 와서 그를 내려다보고 터치도 하는 지원을 묘사한 설레이는 장면처럼, 다른 2차 창작물에서도 '수'로서 지원이 주도적 역할을 하는 묘사를 쉽게 찾아볼 수 있다. 나아가 「지원한규」라 표기함으로써 지원을 '공'의 위치에 놓는 작품들에서는 '수'인 한규로 하여금 하릴없이 '공'인 지원의 성적 헤게모니에 복종하도록 그리기도 한다. 영화 〈의형제〉에서 수갑이 등장하는 장면, 즉 외출한 지원이 북한 동지들을 데리고 한규에게 들이닥칠지도 모른다는 가정 하에 한규가 그들을 제압하여 수갑을 가스파이프에 채우는 리허설 장면을 차용한 「빼앗기다」라는 작품에서는, 지원이 성적인 전희를 위해 한규의 손에 수갑을 채운다.[33] 이렇게 볼 때, (탈)냉전 시대라는 정치적 조건이나 버디물 혹은 언더커버 액션물이라는 장르적 관습, 수갑과 같은 소품 등은 모두 다 비엘러들에게 적대감, 상호 관찰, 거기에 수반되는 친밀성, 나아가 성적 관계를 제공하는 데이터베이스가 되는 셈이다.

데이터베이스가 점점 다양하고 풍부해짐에 따라, 원작의 주요 인물들만이 아닌 다양한 커플링이 등장하기도 한다. 예컨대 〈불한당〉 2차 창작에서 주인공 재호와 조연 캐릭터 병갑을 커플링하거나 재호와 여성 캐릭터 천팀장을 커플링하는 식이다. 이 둘이야말로 재호와 현수의 깊은 관계를 알고 있을 뿐만 아니라 지속적으로 그들을 감시해온 사람들이라는 점을 염두에 둘 때, 관객-창작자들이 이 관찰자/감시자로서의 조연 캐릭터들과 쉽게 동일시한다는 점은 이해가 된다. 때로는 재호를 짝사랑하는 병갑에 연민을 느끼고 또 때로는 현수의 신체에 장착한 모니터링 기계를 통해 끊임없이 현수를 감시하는 천팀장의 관음증과 동일시하면서, 비엘러들은 2차 창작의 다중적인 유희 속에서 주이상스를 다중화하고 있는 셈이다.

---

33 러브리키(rikizoro), 「[지원한규] 2. 빼앗기다」, https://blog.naver.com/rikizoro/100100105094/ 접근: 2019년 5월 12일. 오후 9시 41분.

6. 결론을 대신하여: 리얼리즘 vs 패러디

[사진 3] 〈걸캅스〉. 사진 제공: 한국영상자료원

(극장 및 메이저 포털의) 〈걸캅스〉와 (대관 및 트위터의) 〈불한당〉으로 뜨거운 2019년 5월의 현재로 다시 돌아와 보자. 한국영화의 산업현장과 재현 면에서 여성이 주변화되어 있거나 차별적인 위치에 놓여왔다는 문제의식이 광범위한 공감대를 형성하면서 여성 감독이 만들었거나 여성 주인공들로 이루어진 영화들에 지지를 보내는 행위와, 지난 30여년간 여성이 생산하고 여성이 향유하는 거대한 하위 문화로 형성된 비엘 문화는, 상호 적대적이거나 모순될 이유가 없다. 중요한 것은 생물학적인 여성 감독이 만든다는 사실이나 생물학적인 여성의 재현이 많이 이루어진다는 사실 자체에 있는 것이 아니라, 성적 차이가 성적 차별로 환원되지 않는 유토피아적 상상력이 개재되는가 여부일 것이다.

동아시아 대중 음악의 동시대적 순간[1]

위완링(남양이공대)
C. J. W.-L. Wee

2011년 9월 16일, 여전히 유명한 일본 "보이" 밴드, SMAP ("Sports, Music Assemble People")-이들은 1972년과 1977년 사이에 태어나고 1988년에 데뷔했다[2]-가 북경의 노동자 체육관에 등장했을 때, 약 4만명의 관중들이 이들의 최초의 해외 공연을 보기 위해 운집했다. 우리가 살아가는, 화려한 대중 가요에 열광하는 이 시대에 이는 지극히 평범한 광경일 지 모른다. 그러나 놀라운 것은 그 해 5월에 이들에게 중국에 와서 공연해 줄 것을 부탁한 사람이 다름 아닌 중국의 최고 리더 중 한 사람인 원자바오 총리였다는 점이다.

---

1 이 글은 현재 출판 진행중인 *Sound Alignment: Popular Music in Asia's Cold Wars*, ed. Michael Bourdaghs, Paola Lovene, and Kaley Mason (Durham, N.C.: Duke UP, in press)의 한 챕터의 수정본을 번역하여 수록한 것임.

2 SMAP는 1990년 초반에 동아시아와 동남아시아에서 일본의 TV드라마와 대중음악 일류를 불러 일으킨 장본인들 중 하나다. 이 밴드에서 가장 잘 알려진 멤버는, 이론의 여지는 있을 수는 있지만 키무라 타쿠야다. TV배우로도 잘 알려진 그는 SMAP가 베이징에 갔을 때, 중국CCTV와 홍콩 피닉스TV 등 많은 방송국들의 인터뷰 요청에 임하기도 했다. 이들의 기획사는 2016년 8월에 이 그룹이 그 해 말에 해체를 할 것이라고 발표해 세상을 놀라게 했다.

그 전에도 여러 번 SMAP의 중국 공연이 추진됐지만 하나같이 성사되지 못했다. 원래 2010년 9월에 상하이에서 하기로 돼 있었던 공연도 일본해경이 중국 저인망 어선을 나포한 것과 관련한 정치적 문제로 인해 중국측이 취소 했다. 이 어업 분쟁은 두 주요 동아시아 국가들간에 벌어지는 주요 "내부적" 투쟁 중 하나로서 중국과 일본은 영토 분쟁과 논쟁을 초래하는 일본의 역사 교과서 문제를 놓고 지속적으로 다툼을 벌이고 있다.[3] 2011년 3월 일본의 대지진과 쓰나미 이후 중국이 제공한 지원에 대한 일본의 감사를 전하기 위해 정해진 이 콘서트의 주제는 "최선을 다 해 일본, 고마워 중국, 아시아는 하나"였다.[4]

"아시아는 하나"라는 마지막 구절은 일본과 지금은 새로 강대국으로 부상하고 있는 중국간의 연대를 호소하기 위해 고안된 것이 명백한데, 이 두 나라는 2차 세계 대전 이전부터 냉전시대에 걸쳐서 계속해서 해결되지 않은 갈등을 벌여 왔었다. 그러나 동시에 그것은 도발적이기도 했다. 왜냐하면 그것은 일본의 예술사가인 오카쿠라 카쿠조(1862-1913)의 유명한 (혹은 악명 높은) 선언을 직접 인용한 것이기 때문이다. 이 선언은 1903년 영어로 쓰여진 그의 저서, 『동양의 이상-일본예술을 중심으로(The Ideals of the East, with Special Reference to the Art of Japan)』에 등장한다.

> "아시아는 하나다. 비록 히말라야 산맥으로 나뉘어져 있지만, 이 분할은 단지 두 개의 강력한 문명의 존재를 부각시킬 뿐이다. 그것은 공자의 공동체철학을 가진 중국과 베다의 개인주의를 가진 인도인이다. 그러나 눈으로 뒤덮인 이 경계지역

---

3 SMAP는 2010년 상하이 엑스포에도 출연하기로 돼 있었는데, 추후 주최측에서 팬들이 너무 몰려들어 행사가 혼잡해질 것을 우려해 취소했다.

4 "Japan Pop Band SMAP in Rare Beijing Concert," *BBC News Asia-Pacific*, 16 September 2011, 〈http://www.bbc.co.uk/news/world-asia-pacific-1494563?print=true〉 accessed 19 September 2011; "Wen 'Sincerely Welcomes' SMAP's Beijing Concert Fri.," *Kyodo News*, 15 September 2011, 〈http://english.kyodonews.jp/news/2011/09/115129.html〉 accessed 19 September 2011.

조차 한 순간이라도 "절대자"와 "보편자"를 향한 대평원처럼 넓은 사랑을 가로막지 못했는데, 이것은 모든 아시아인종이 물려 받은 공통적 사고 경향이다. 이는 지중해와 발트해에 살고 있는, 특정 지식에 머물고 삶의 결과보다는 수단을 찾기를 좋아하는 해양인들과 구별되는 것이다."[5]

오카쿠라의 "아시아"에 대한 사고가 추후 일본 군부에 의해 동북아와 동남아의 식민지 확장을 정당화하기 위한 사상적 원류로 쓰여졌다는 사실과 별도로, 아시아는 하나라는 그의 고도문명적인 이상은 (이는 상업적-산업적 수단성에 입각한 사고와 대조되는 것이기도 했는데) 의도하진 않았을지도 모르지만 엄청난 아이러니를 빚어내며, 하나의 외교적 위약효과로 변질됐다. 이 위약효과는 아시아 국가들이 공유하는 상업적 대중 문화와 연결돼 있는데, 이 대중 문화는 역설적이게도 오카쿠라의 문명적 성향과 상충하는 것이다.

이 에세이는 "지역화" (regionalizing)하고 있는 동아시아 대중 음악의 출현을 살펴볼 것인데, 이는 적어도 부분적으로는 1960년대 냉전의 아시아를 지역간의 경제적 교환을 통해 정상화하려고 했던 미국의 시도가 야기한 결과다. 그러한 경제적 프로세스는 추후 드러나듯이 지역 내 세워진 여러 군사 시설들을 축소하고 일본 경제의 영향을 다시 동북아와 동남아 지역으로 확장하는 것을 뒷받침 할 것이다. 그 결과 발생한 1980년대 "동아시아의 기적"적 경제 발전은 현대적 문화 형성이라고 하는 지역적 욕망을 뒷받침했고 이는 다시 경제의 부흥을 동반했다. 1990년대 동아시아와 동남아시아에 불었던 일본 대중문화의 예기치 않은 확산과 그 뒤를 이어 1990년대 후반부터 불었던 한국 대중문화 붐—둘 다 원래부터 아시아 전 지역의 청중을 타깃으로 삼은 것은 아니었

5 Kakuzō Okakura, *Ideals of the East: The Spirit of Japanese Art* (1904; Mineola, NY: Dover, 2005), 1.

다—은 문화적 주체성의 진보적이고 초지역적인 변화와 함께 나타났다. 비록 이 대중문화적 현상이 다양한 발전 단계에 있는 아시아 국가들의 정치적 경제적 의제들과 전적으로 연결된 것은 아닐지라도 말이다. 이들 대중문화에 나타나는 이미지들은 화려한 도시적 아시아의 이미지들이고, 문화적 본질주의 혹은 이국적인 아시아로서의 이미지는 여기에 없다.

역사가 브루스 커밍스(Bruce Cumings)는 1960년대 이후의 아시아의 문화적 비일관성에 대해 이렇게 기록하고 있다: “미국 대중문화의 지배와 결합한 채 잔존하는 적대성과 식민주의, 그리고 전쟁은 흔히 아시아가 공유한다고 하는 전통적 유교적 유산을 뛰어 넘는 위력을 가진다. 그리고 동북아 대중 문화를 민족건설 및 미국 스타일의 팝송과 비디오가 결합된 잡동사니로 만드는 경향이 있다.”[6] 커밍스가 지역의 전통 문화와 (아직도 해결되지 않은) 식민지 시대의 파편들에 대해 하는 말은 물론 옳다. 이 전통문화와 식민지 시대의 미해결 잔해들은 1868년 아시아 최초의 근대 민족국가인 일본의 외형으로 나타났고, 1937년부터는 태평양전쟁으로 발현했다. 이 적대성들은 미국의 전후 정책에 의해, 그리고 1949년 중국의 “패전” 그리고 한국전쟁으로 인해 고착화됐다. 그럼에도 불구하고, 우리는 동시대적 문화 감수성이라고 추정되는 것의 도래를 목도하고 있는지 모르는데 이는 오래 전부터 미국 대중 문화를 흡수했을 뿐만 아니라 지금은, 특히, 새로운 중산층 젊은이들로 하여금 앵글로색슨 대중 문화와 겨룰 준비가 돼 있는 다양한 아시아의 대중 문화 형식들의 다면적인 소비로 끌어들이고 있다. 1960년대 지역적 경제적 교환을 촉진시켰던 경제적 의제들은 “글로벌화”된 자본의 성향들에 편하게 적응한 문화적 광경을 가져왔는데 이 문

6 Bruce Cumings, *Parallax Visions: Making Sense of American-East Asian Relations* (Durham, N.C.: Duke University Press, 1999), 218.

화적 광경 안에서 매개로서의 대중 음악의 탈경계화와 대중 음악과 문화의 국가적-언어적 공간으로서의 탈경계화가 동시에 이루어지고 있다. 지역화하고 있는 간아시아 (inter-Asian) 대중 문화의 유통과 소비의 증가는 현존하는 국가적, 사회적 형식들이 경제적 교환 관계들과의 상호의존성에 의해 어떻게 변모하고 있는지를 보여준다. 이 대중 문화는 외견상 정반대의 정치현상인 경제적 지역주의와, 탈식민주의적이지만 완전히 탈냉전적이지는 않은 민족주의 사이를 협상하고 있지만 이를 완전히 극복하지는 못했다.

19세기 중반부터 냉전시대 사이에 도래된 이 지역적 갈등이 그 어느 때보다 부각되는 때에 "새로운 아시아"를 상상하는 이 모순적인 상황에 대해 우리는 어떻게 이해를 해야 할까? 현재 진행되고 있는 경제적 통합을 적합하게 설명해 줄 새로운 이데올로기는 아직 나오지 않은 상황에서 이 장을 통해 내가 제시하고자 하는 것은 지역화하는 (그러나 완전히 지역적이지는 않은) 대중 음악은 심란한 동시대적 순간의 문화적 표현이라는 것이다. 이 문화적 표현 안에서 경제적 성장에의 전념과 뒤얽힌 문화가 냉전 시절에는 상상도 하지 못했던 방식으로 오래된 모더니즘 이데올로기들과 대면하고 있다.

동아시아 현재-그리고 현재적 팝문화?

아시아는 문화적으로 너무 다양하기 때문에 사실 아시아라고 하는 것이 존재하지 않는다고 말해지는 상황에서 우리는 과연 "동아시아 대중 문화"에 대해 얘기할 수 있는가?[7] 만약 그럴 수 있다고 한다면, 이러한 문화를 동시대적 존재

7 Naoki Sakai, "'You Asians': On the Historical Role of the West and Asia Binary," *South Atlantic Quarterly* 99, no. 4 (Fall 2000): 789-818.

로 상상할 수 있게 하는 수단은 무엇인가? 논란의 여지가 있을 지 모르지만, 그것은 냉전 시대에 형성된 지역의 경제적 발전들로서 이는 동아시아 문화적 생산의 초기 형식들이 가시화할 수 있었던 능력을 창출해 냈다. 비록 여전히 이 지역이 낡은 냉전 이슈들로 인해 "경제적 아시아"와 "안보적 아시아"라고 하는 두 개의 분열적인 외양을 취하고 있다고 하더라도 말이다. 이 분열은 사실 1997년과 1998년 아시아 금융 위기 이후에 보다 가속화됐다.

미국은 부활한 일본 경제에 의해 추동되고 시장과 원료들에의 접근성을 갖춘 전후 지역적 경제 모형을 꿈꿨다. 이는 소련의 공산주의 확장을 막기 위한 미국의 안보 계획을 보완하기 위한 것이기도 했다. 그러나, 1949년 중국이 공산당에 "패배"하고 나서 이제 동남아가 일본의 후배지가 돼야 했는데, 이는 태평양 전쟁의 종식이 불과 얼마 전이었다는 것을 생각하면 아이러니가 아닐 수 없다. 잔인한 사실은 한국전쟁이라고 하는 특정한 형식으로 발현된 냉전이 전후 일본의 산업 부흥을 가져왔다는 것과, "미국이 일본의 배후지를, 그리고 한반도와 베트남의 '자유 세계'를 사수하기 위한 전쟁들을 통해 이를 도왔다는 것이다."[8]

1960년대에는 보다 강력하게 지역을 연결하고자 하는 움직임이 일었다. 미국의 압력 하에, 일본과 한국의 관계가 1965년 정상화됐고, 대만과 한국이 많은 분야에서 일본의 노후화된 기술을 이용해 수출지향적인 산업 발전을 시작했다.[9] 1985년 플라자 협정 이후 일본 엔화의 가치가 재조정되면서 일본의 직접 해외 투자가 동남아시아에 쏟아지기 시작한다. 그러나 일본과 아시아의 발흥 그리고 1980년대 일본의 아시아로의 회귀에는 역설적인 데가 있는데, 그것은

---

8 Cumings, *Parallax Visions*, 213; cf. John W. Dower, *Empire and Aftermath: Yoshida Shigeru and the Japanese Experience, 1878-1954* (Cambridge, Mass.: Council on East Asian Studies, Harvard University, 1979).

9 Jung-en Woo, *Race to the Swift: State and Finance in Korean Industrialization* (New York: Columbia University Press, 1991).

일본이 이전에는 동아시아와 동남아시아에 시장을 개척하거나 주변부 연결 작업을 시도하려 한 적이 없고, 1960년대에 와서야 비로소 미국의 압력하에 그렇게 하기 시작했다는 점이다.[10] 이후 30년간, 홍콩, 싱가포르, 대만, 한국이라고 하는 네 개의 "작은 용들"이 전세계 수출에서 차지하는 비중은 1.5%에서 6.7%로 늘어났다.[11] 1980년대와 1990년대 동북아와 동남아의 경제 발전은 비록 한국, 대만, 그리고 소위 "해외 중국"자본의 해외직접투자에 의해 추동됐지만, 1960년대 이후로 지역에 경제적 힘을 제공했던 주요 국가는 일본이었다. 일본은 또한 1980년대까지 (조심스럽게 그리고 성공적이지는 못하게) 산업화를 위한 자원들을 집중해서 모으기 위한 목적으로 지역 내 수출을 위한 내수 시장을 개발하겠다고 주장했는데, 이는 추후 "워싱턴 컨센서스"[12]라고 불리게 되는 외부적 압력에 반하는 것이기도 했다. 그러나 일본은 아시아의 정치적 리더는 되지 못했는데 그 이유는 해결되지 않은 일본의 민족주의적 성향들, 그리고 1997년 아시아 금융 위기 이후 커진 중국의 지역적 영향력과 연관돼 있다.

그러한 변화들과 발전에도 불구하고, 그리고 "냉전이 역사 속으로 급작스럽게 사라지는 상황 속에서도" "미국의 냉전 군사 시설들은 여전히 지역의 안보를 책임지고 있었다."[13] 아시아의 전후 처리 문제에 있어 미국이 지배적인 영향

---

10 Cumings, *Parallax Visions*, 213.

11 World Bank, *The East Asian Miracle: Economic Growth and Public Policy* (New York: Oxford University Press, 1993), 38.

12 신자유주의적이지 않은 개발 방식을 모색하기 위한 일본의 시도에 대한 Vijay Prashad의 설명("Tokyo's Road to Nowhere")을 참고하라. *The Poorer Nations: A Possible History of the Global South* (London: Verso, 2012), 145-58.

13 Cumings, *Parallax Visions*, 216; cf. Takashi Shiraishi: "국가간의 관계에 있어서, 미국은 (동남아시아를 포함한 동아시아에) 여전히 헤게모니를 쥐고 있었고, 그리하여 지역적 아키텍처 위에 긴 그림자를 드리우고 있었다. 이는 안보 분야에서 특히 명확하게 드러나고, 이보다는 덜하지만 금융과 무역 분야에도 관찰된다" ("The Third Wave: Southeast Asia and Middle-Class Formation in the Making of a Region," in *Beyond Japan: The Dynamics of East Asian Regionalism*, ed. Peter J. Katzenstein and Takashi Shiraishi [Ithaca, N.Y.: Cornell University Press, 2006], 238).

력을 행사했고, 그 결과 중 하나가 민족적이면서 갈수록 걱정스러워지는 지역적 분쟁을 해결하는 것을 돕는 다자 기관이 거의 존재하지 않았다 (여전히 그렇다)는 점은 널리 인정되는 부분이다. 이와 관련된 주요 이슈 중 남중국해에 대한 접근과 통제권을 주장하는 동남아와 동북아 국가들[14] (이 중 중국이 가장 큰 권리를 주장하고 있다[15])을 둘러싼 갈등, 한국과 일본간의 일본해에 위치한 "리앙쿠르 암석" (한국인들은 이를 독도라고 부르고, 일본인은 다케시마라 부른다)을 둘러싼 갈등 (역자주: 저자는 동해를 일본해라고만 지칭하고 있고, 동해/일본해의 이름을 둘러싼 양국간 분쟁 상황과 이를 한국인들은 동해라고 부른다는 사실에 대해서는 언급하지 않고 있다), 그리고 일본과 중국의 센카쿠/디아오유

---

14 Cf. Bonnie S. Glaser: "남중국해의 분쟁 리스크는 중요한 이슈다. 중국, 대만, 베트남, 말레이시아, 브루나이, 필리핀은 영토와 관할권을 놓고, 특히 이 지역에 매장돼 있는 잠재적으로 막대한 양의 석유 및 천연가스의 개발 권한을 놓고, 서로 다툼을 벌이고 있다. 항해의 자유 역시 이 지역에 분란을 가져오는 이슈다. 특히 미국의 군함이 중국의 2백마일에 달하는 배타적경제구역(EEZ)내에서 활동할 수 있는 권한을 놓고 미국과 중국이 갈등을 빚고 있다. 이러한 갈등은 중국의 군사력의 성장 및 중국의 지역적 정책들에 대해 늘고 있는 염려를 더 촉진시키기도 하고 또 거꾸로 그러한 염려들에 의해 심화되기도 한다" ("Armed Clash in the South China Sea: Contingency Planning Memorandum No. 14," Council on Foreign Relations, April 2012 〈http://www.cfr.org/world/armed-clash-south-china-sea/p27883〉, accessed 19 September 2015).

15 중국의 주장은 남해구단선 (nine-dash line) 지도에 근거하는데, 이 지도는 중국의 내무부가 1947년 출판했다: "이 지도는 '중국의 영해에 관한 선언'의 기초가 되고 있다. 이 선언은 중국 정부가 1958년에 작성한 것으로서 남중국해에 있는 다수의 도서 지역에 대한 영토권을 주장한다. 이와 더불어, 2009년에 중국은 당시 유엔사무총장에게 남해구단선 지도와 함께 제출한 외교 문서에서 남중국해의 섬들에 대한 주권을 주장했다. 중국은 남해구단선이 역사적인 증거들에 근거하고 있다고 주장하지만, 남중국해 주변 다른 나라들 그리고 해양법에 관한 유엔 협약은 그 적법성에 이의를 제기하고 있다. 이 상황은 2014년에도 계속되는데, 2014년 중반 중국이 새로 만든 지도는 남중국해와 대만마저 포괄하는 "남해십단선"을 주창함으로써 논란을 일으켰다" ("South China Sea: Conflicting Claims and Tensions," Lowry Institute for International Policy 〈http://www.lowyinstitute.org/issues/south-china-sea〉, accessed 19 September 2015). 아세안 국가들은 비교적 중립적인 입장에서 이 분쟁에 대해 주도적으로 중재 역할을 하려 하지만 이러한 노력은 지금까지는 성공적이지 못했다. 이에 대해서는 예를 들어 "ASEAN Talks: Beijing's South China Sea Island-Building 'Increasing Tensions"을 참고하라. "ASEAN Talks: Beijing's South China Sea Island-Building 'Increasing Tensions.' South-east Asian Foreign Ministers say China's Land Reclamation Poses Risk to Stability of Region, but Beijing Hits back at 'Division and Antagonism,'" *The Guardian*, 7 August 2015 〈http://www.theguardian.com/world/2015/aug/07/asean-talks-beijing-south-china-sea-increasing-tensions〉, accessed 19 September 2015.

섬을 둘러싼 분쟁이 관심을 끌고 있다.

이 지역은 소위 "경제적 아시아"가 "안보적 아시아"와 충돌하고 있는 지점이다. 이 "경제적 아시아는" 53%의 무역이 지역 내에서 이뤄지고 있을 정도로 역동적이고 통합된 지역이자 합쳐서 19조 달러라는 경제 규모를 지녀 세계 경제 성장의 엔진이 됐다. 이 지역은 또 갈수록 중국과 중국 시장에 의존하고 있다. 반면, "안보적 아시아"는 민족적인 성향을 띠며, 지역 내 경제적 통합성에도 불구하고 또 "미국과 아시아간 무역이 줄어들고 있음에도" 안보를 이유로 "미국과 더 가까이 결탁하고자 한다." 흔히 주장하기로, "19세기와 20세기에 만연하며 서로 경쟁했던 민족주의들은 시간 속에 멈춰버린 듯 했던 병리적 현상들이 새롭게 점화된 갈등의 망령들을 불러내면서 다시 중심으로 부상했다."[16] 만약 글로벌화됐고 서로 연결된 세계가 인류가 존재하는 근본적 요소로서의 역사가 실종된 곳을 의미한다면, 그리고 본질적으로 근대적인 정치적 투쟁의 장—최근까지만 해도 거대 사상들이 여전히 힘을 지니고 있고 위대한 종교들과 같은 권위를 가지고 있던—의 종말을 의미한다면," 동아시아는 불완전한 현재에서 기능하고 있을 뿐인데, 왜냐하면 이 현재에서는 근대의 현란함 중의 하나인 역사와 민족주의라고 하는 위대한 이데올로기가 새롭고 초민족주의적이며, 소비로 추동되는 문화-이데올로기[17]라는 감언이설에 완전히 길을 내준 것은 아니기 때문이다—이 소비지향적인 문화이데올로기는 지역 내에서 보여지는 "다르지만 동등한" '현재적' 동시대성 혹은 시간들을 한 데 결합시킬 수

---

16 Evan A. Feigenbaum and Robert A. Manning, "A Tale of Two Asias," *Foreign Policy*, 31 October 2012 〈http://foreignpolicy.com/2012/10/31/a-tale-of-two-asias/〉, accessed 23 June 2015; also see Kevin A. Rudd, *U.S.-China 21: The Future of U.S.-China Relations Under Xi Jinping* (Cambridge, Mass.: Belfer Center for Science and International Affairs, Harvard Kennedy School, 2015).

17 Fredric Jameson, "Notes on Globalization as a Philosophical Issue," in *The Cultures of Globalization,* ed. Fredric Jameson and Masao Miyoshi (Durham, N.C.: Duke University Press, 1998), 55, 69

있을 지 모른다.[18] 다시 말해, 동아시아적 현재성은 근대주의 사상들이 단지 부분적으로만 대체되는 현재이고, 그 결과, 지역의 이질성을 한 데 뭉뚱그림으로써 '그 무엇보다 성장'이라고 하는 새로운 종교를 다른 무엇보다 가장 중요하게 만드는 과정이 기껏해야 잠정적일 뿐인 현재이다.

위와 같이 기술하였지만, 1990년대부터 지역의 국경과 언어적 경계를 뛰어넘고 있는 일본과 한국의 동시대적 대중 문화들은 철학자 피터 오스본이 "자본주의적 사회성"이라고 묘사한—사회적 관계를 교환적 관계에 기반시키고[19], 지역주의와 민족주의의 정치성을 지역적-세계적 역학 관계의 결합을 통해 교섭하고 있는—것을 대표한다. 실제로 (많은 경우 젊은) 중산층들은 지역 내 공존하는 다른 시간들의 결합을 공통된 대중 문화의 세계라고 하는 한도 안에서 욕망했던 것처럼 보이는데, 이 공통된 대중 문화의 세계는 다문화적이고 새로운 아시아는 아닐지라도, 적어도 다문화적 요소를 갖춘 보다 개방된 새로운 아시아를 그리고 있다.

이전에도 지역 내 대중 문화의 상호 교류가 존재했지만 1990년대 들어서 그 교류는 가시적으로 크게 확장됐다. 이전에 지역 내에서 유통됐던 초민족적이고 초지역적인 문화적 상품들의 다수는 중국어로 제작된 영화, TV, 그리고 음악들로서, 이들은 대만과 홍콩에서 만다린어, 광동어, 그리고 타이완 중국어로 제작됐으며 본질적으로 동남아시아에 거주하는 중국인들을 타깃 청중으로 삼았다.[20] 1990년대 중흥한 일본과 한국의 팝뮤직은 상당수 지역 내 혹은 지역 근방의 다양한 중국어로 만들어진 팝뮤직의 경로를 따라 배포됐지만[21] 이전

18 Peter Osborne, *Anywhere or Not at All: Philosophy of Contemporary Art* (London: Verso, 2013), 17.

19 Osborne, *Anywhere or Not at All*, 194.

20 Sheldon Hsiao-peng Lu, *Transnational Chinese Cinemas: Identity, Nationhood, Gender* (Honolulu: University of Hawai'i Press, 1997).

21 Cf. Chua Beng Huat: "일본과 한국의 대중 문화를 다양한 중국어로 받아 들이는 중국의 거대하고 잘

시대와 1990년대의 차이점이 있다면 비중국어로 제작된 이들 일본, 한국의 상품들이 중국 상품들보다 훨씬 넓은 소비자 시장을 가지고 있다는 점과, 또 기대치 않게, 민족적, 국가적-언어적 경계들을 상당 정도 뚫을 수 있었다는 점이다. 내가 생각하기에 1980년대에 초기 일었던 일류(Japanese Wave)는 부분적으로 『오싱』이라고 하는 매우 인기 있던 TV 드라마—20세기 초입에 메이지 유신 시대의 일본에서 태어난 한 여자가 겪는 고난에 대한 이야기[22]—와 함께, 챠게-아스카로 이뤄진 남성 듀오, 10대 여성 아이도루 (아이돌) 가수인 마츠다 세이코, 그리고 최첨단을 달린 도쿄의 젊은이들의 패션과 연관돼 있다. 일류가 본격적으로 붐을 탄 것은 1990년대 초반으로서 TV 드라마[23]와 팝뮤직 (J-팝)[24]에 의해 주도되며 시작됐다. 1990년대 후반부터는 일류보다 더 스펙터클한 방

형성된 대중문화 시장과 관중이 없다면, 일본, 한국, 그리고 다른 동아시아 국가들간의 교류는 지역적이라기 보다는 양자 교류에 그치고 말 것이다" (*Structure, Audience and Soft Power in East Asian Pop Culture* [Hong Kong: Hong Kong University Press, 2012], 5). 이러한 순환이 "중국적이라고 하는 것 (Chineseness)"을 대표한다고 한다면, 이 중국성의 정체성은 "고국"에 매여 있지 않기에 이미 획일적이지 않는 것이다.

22 이 시리즈는 일본의 국영 방송국 NHK에서 첫 방영됐고, 1983년 4월4일에 시작해 1984년 3월31일에 종영했다. 싱가포르는 1984년에 일본 이외의 국가로는 처음으로 이 드라마를 방영했다. 같은 해에 태국 역시 이 일본 드라마를 방영하기 시작했다. (Kant Udornpim and Arvind Singhal, "*Oshin*, a Pro-Social Role Model, In Thailand," *Keio Communication Review* no. 21 [1999]: 3-21). Udornpim과 Singhal은 오싱을 방영한 53개 국가들의 리스트를 만들었는데, 그 중 14개 국가들이 동북아와 동남아 국가들이다.

23 Koichi Iwabuchi, *Recentering Globalization: Popular Culture and Japanese Transnationalism* (Durham, N.C.: Duke University Press, 2002); and Koichi Iwabuchi (ed.), *Feeling Asian Modernities: Transnational Consumption of Japanese TV Dramas* (Hong Kong: Hong Kong University Press, 2004).

24 David Leheny, "A Narrow Place to Cross Swords: 'Soft Power' and the Politics of Japanese Popular Culture in East Asia," in *Beyond Japan: The Dynamics of East Asian Regionalism*, ed. Peter J. Katzenstein and Takashi Shiraishi (Ithaca, N.Y.: Cornell University Press, 2006), 212-13. 일류에 대한 초기 평가를 살펴보려면 Honda Shiro, "The Spreading of Japan's Popular Culture in East Asia," *Japan Echo* 21, no.4 (1994): 75-79; and C.J.W.-L. Wee, "Buying Japan: Singapore, Japan and an 'East Asian' Modernity," *Journal of Pacific Asia* 4 (1997): 21-46를 참고하라. 이와 함께 C.J.W.-L. Wee, "Is Consumption-Oriented Popular Culture in Singapore Being 'Japanized'?," (in Japanese translation) *Gaiko Forum* 74, Nov. 1994, 66-68도 참고하라. 이 글에서 저자는 (그릇되게도) 싱가포르에서의 일류의 저력을 대단치 않은 것으로 평가했다.

식으로, 한류 (Hallyu)[25]가 발전하기 시작하는데, 이 한류는 처음에는 영화와 TV드라마에 의해 주도됐다가 2005년경부터는 한국의 정치, 문화적 삶이 자유화되면서 주로 팝뮤직(K-팝)에 의해 주도되기 시작했다.[26]

동아시아 대중 문화에 대해 지금까지 이뤄져 왔던 연구들에도 불구하고, 여전히 동북아와 동남아라고 하는 다양한 지역에서 어떻게 일본문화와 이후 한국 문화의 도래가 가능했는지를, 그리고 그것을 도운 조건이 무엇이었는지를 일반화하는 것은 여전히 어렵다. 예를 들어, 번역된 가사에 대한 접근이 쉬웠고, 팬들이 TV드라마의 자막을 직접 만들어 온라인에 배포하기도 했지만, 이것만 가지고서 왜 특정 국가의 대중 문화가 다른 비특정 청중들에게 어필할 수 있었는지를 설명할 수는 없다.[27] 사회학자 추아벵화가 이야기한 세 개의 중국어 (역자: 만다린어, 광동어, 그리고 타이완 중국어)로 형성된 "팝 컬쳐 차이나"와 별도로 현재의 동아시아 젊은이들은 영어가 아닌 다른 외국어로 노래들을 듣는 것이 일상이 됐는데, 그러나 사실 이렇게 하기 시작한 1990년대 기준에서는 이런 관습은 직관에 어긋나는 것이었다. 어쨌든 중요한 것은 동아시아의 중산층의 형성이 지역화를 위한 사회적 토대의 일부라는 것이다. 중산층 형

25 이 용어는 1990년대부터 사용되고 있다. 중국 본토 혹은 대만에서 생겨난 이 용어의 유래에 대해서는 다양한 설이 존재한다.

26 Mark James Russell, *POP Goes Korea: Behind the Revolution in Movies, Music, and the Internet Culture* (Berkeley, Calif.: Stone Bridge Press, 2008); Doobo Shim, *Waxing the Korean Wave*, ARI Working Paper 158 (Singapore: Asia Research Institute, National University of Singapore, 2011); and Chua Beng Huat and Koichi Iwabuchi (eds.), *East Asian Pop Culture: Analysing the Korean Wave* (Hong Kong: Hong Kong University Press, 2008).

27 지역 내 일본 대중 문화 비평 영역을 개척한 미디어 비평가인 Koichi Iwabuchi조차 번역(두 언어 이상을 포함하고 있는 드라마 대사와 팝송 가사 자막을 제작하는 일) 혹은 "문화적 번역"—시청자가 그들이 보는 TV프로그램과 그들이 거주하는 도시적 맥락들 사이의 "문화적 근접성"을 느낄 때 발생하는—이 정확히 어떻게 지역적 문화의 공명을 만들어 내는 지가 명확하지 않다고 시인한다. 이와 관련해 Iwabuchi, "Pop Culture's *Lingua Franca*: Language and Regional Popular Cultural Flows in East Asia," in *Babel or Behemoth: Language Trends in Asia*, ed. Jennifer Lindsay and Tan Ying Ying (Singapore: Asia Research Institute, National University of Singapore, 2003), 171-72를 참고하라.

성의 첫번째 파도는 일본의 경우 1970년대 초반에 분명히 드러났고, 1980년대 들어서, 한국, 홍콩 그리고 싱가포르의 네 개의 작은 용에서 일었다가, 태국, 말레이시아, 그리고 인도네시아 (상대적으로 조금 적은 정도로)가 따르기 시작했다. 2000년대에는 중국 도시들에서도 중산층이 형성되기 시작했다.[28] 지역 시장의 주요 소비자로서 이들은 욕망을 불러 일으키는 생활양식의 일부로서 새로운 다양성 혹은 지역적 문화적 공통성이라고 추정되는 것에 일조했다—미국화라고 하는 불가피한 흐름도 욕망하지만 이와 함께 절충적인 형태의 동아시아 근대성 역시 욕망된다. 그래서, 가령, 일본의 문화적 창작물들이 성공했다는 사실에서 중요한 것은 지역적 소비자들이 그 생산물들을 그들 자신의 열망적 욕망의 일부로 전유한다는 점이지, 이후에 (너무 늦은 것으로 판명되긴 했지만) 일본 정부가 일류를 이용해 "소프트 파워" 추구 정책을 펼친 결과가 아니라는 점이다.[29]

지역 내 증가하는 문화의 수출과 유통은 불가분하게 소비주의와 연관돼 있는 동시대적 아시아인의 생활양식을 빚어내는 수단의 일부가 됐다고 할 수 있다.[30] 이것은 미국 미디어 상품을 통해 광범위하게 수출된 미국적 생활 양식의 형태이기도 하지만, 이미 1990년대 전부터 단순히 혹은 지나치게 단순화한 형태로 미국 콘텐츠를 모방하기보다[31] 자체적으로 대중 문화 제작을 하고자 하는 시도들이

---

28 Shiraishi, "The Third Wave."

29 Leheny, "A Narrow Place to Cross Swords." 다른 작가들 역시 이러한 입장을 강화하고 있다. 이와 관련해 예를 들어 Yoshiko Nakano, "Who Initiates a Global Flow? Japanese Popular Culture in Asia," *Visual Communication* 1, no. 2 (2002): 229-53; and Hiro Katsumata, "Japanese Popular Culture in East Asia: A New Insight into Regional Community Building," *International Relations of the Asia-Pacific* 12, no. 1 (2011): 133-60를 참고하라.

30 이와 관련해 Hiroshi Aoyagi's chapter, "The Spread of Idol Performances in New Industrial Economies," in his *Island of Eight Million Smiles: Idol Performers and Symbolic Production in Contemporary Japan* (Cambridge, Mass.: Harvard University Asia Center, 2005)를 참고하라.

31 Shunya Yoshimi, "'America' as Desire and Violence: Americanization in Postwar Japan and Asia During the Cold War," trans. David Buist, *Inter-Asia Cultural Studies* 4, no. 3 (Dec. 2003): 433-

있어왔다. 거품 경제의 절정기에 일본의 문화적 힘 (혹은 그것의 부재)에 대한 다음과 같은 프레드릭 제임슨(Fredric Jameson)의 평가는 여기서 중요한 문제를 드러낸다.

> "어쨌든, 내게는 신선한 문화적 생산과 혁신—그리고 이것이 다중이 소비하는 문화의 영역에 있어 의미하는 것—이 주어진 영역의 중심성을 측정하는 주요한 인덱스이지 그것의 부요함 혹은 생산력이 아닌 것으로 보인다... (1989년의) 소니의 콜롬비아 영화사의 인수와 (1990년의) 마츠시타의 MCA 인수(에도 불구하고) 일본인들은 어떤 경쟁자들도 거쳐가야 하는 세계화의 과정을 획득하기 위해 요구되는 필수적 문화적 생산력을 마스터할 수 없었다. 문화의 생산이라고 얘기할 때 그것은 매일매일의 삶의 생산을 의미하는데, 그것 없이는 당신의 경제적 시스템은 계속해서 스스로를 확장하거나 뿌리내리게 할 수 없다."[32]

놀랍지 않게도 제임슨은 1998년에 그의 저서의 해당 챕터가 출간되는 바로 그 시점에 일어나고 있던 일류에 대해 알지 못했다. 그는 또 1997년 CCTV에 의해 방영됐던 (1991년-1992년 한국방송사 MBC가 제작한) 드라마 "사랑이 뭐길래?"가 중국에서 기대치 않게 큰 인기를 얻었고, 1998년에는 재방송까지 됐다는 사실에 대해서는 더더욱 알지 못했을 것이다—이 드라마야말로 한류의 시작을 알리는 것으로 널리 간주되고 있는 작품이다.[33] 동아시아의 지역화를 뒷

50; Carolyn S. Stevens, *Japanese Popular Music: Culture, Authority, and Power* (Abingdon: Routledge, 2008); and Michael K. Bourdaghs, *Sayonara Amerika, Sayonara Nippon: A Geopolitical Prehistory of J-Pop* (New York: Columbia University Press, 2012).

32 Jameson, "Notes on Globalization," 67.

33 Korean Culture and Information Service, *The Korean Wave: A New Pop Culture Phenomenon* (Seoul: Korean Culture and Information Service, Ministry of Culture, Sports, and Tourism, 2011), 20. 이 시리즈의 시청률은 16.6%에 달했다 (Sun Jung, *Korean Masculinities and Transcultural Consumption: Yonsama, Rain, Oldboy, K-Pop Idols* [Hong Kong: Hong Kong University Press, 2011], 1).

받침했던 문화적 생산 움직임이 일어나고 있었고, 이는 어떤 특정한 국가에 머물지 않았다—비록 이것이 미국이 주도하는 세계화를 대체할 수는 없었어도 말이다.[34]

세계적-국가적 문화로서의 J-팝, 서구와의 "동류"

1980년대부터 일어난 일본 대중 문화 붐에 관한 주요 모순점을 지적하자면 이것이 국가적 자부심과 세계적 문화 규범에 대한 추구가 결합된 것이라는 점인데, 이 결합은 먼저 내수 소비를 위한 새로운 형태의 일본 대중 음악을 가져왔고, 두 번째로, 보다 많은 아시아 청중들에게 어필하고자 하는 J-팝의 능력을 향상시켰다. "J-팝 민족주의"라고 묘사되는 이것은 중국어로 된 대중 음악이 가진 보다 예측가능한 유통의 경계를 벗어나 탈경계화하는 대중 음악의 놀라운 출발점이 됐다.[35] 'J-포푸'라고 하는 용어는 1988년에 등장했는데, 그 전까지, 일본 내에서 만들어지고 국내 청중을 염두에 둔 대중 음악은 백인-미국적인 양식, 리듬, 연주곡, 화음, 심지어는 언어—이는 인정하건대 특이한 방식으로 이루어졌다—를 받아들여 자기 것으로 만들고자 했다. 이는 새로운 문화적 표현을 창출했는데, 이는 일본 대중 음악의 생산자와 소비자 모두에게 국제 상업 무대에서 일본이 획득하게 된 보다 자신감 넘치는 존재와 일치하는 것처럼 보였다. 접두어 "J"는 본질화된 민족 국가의 국가적 문화라기 보다는 "지배적인 서

---

34 조해정은 한국의 대중 문화가 "업스케일하고 초현대적인 라이프스타일을 제시함으로써 특정 글로벌 중하위권 중상층들에게 어필하고 있으며, 한편으로는 한류가 모든 종류의 공동체가 해체되고 원자화되고 있는 시대에서 전세계인들의 신자유주의적인 주체로의 변모를 가속화하는 주요한 역할을 하고 있다"고 논한다. ("Reading the 'Korean Wave' as a Sign of Global Shift," *Korea Journal* 45, no. 4 [2005]: 176).

35 Yoshitaka Mōri, "J-Pop: From the Ideology of Creativity to DiY Music Culture," *Inter-Asia Cultural Studies* 10, no. 4 (2009): 479.

구적 (대체로 미국적) 관점에 대항하는 의미로서의 간문화적 정체성"[36]위에 세워진 일본의 발현 가능한 정체성 중 한가지를 의미한다. 식민지 시대의 근대성으로부터 기원하는 이국적이고 전통적인 방식의 일본 문화 향유는 일본 안에서도 밖에서도 새로운 아시아 문화적 판타지를 구성하는 방정식의 주요 요소가 아니었고 지금도 아니다—그리고 왜 그래야 하는가? 자국인들을 위해 세계화된 일본인의 자아를 발명한 것은—이 새로운 자아는 국가적, 사회-문화적 질서와는 구별되고, 아마도 전통과 근대성의 대중 문화라고 하는 것의 혼합물일 터인데—비록 (문자적으로) 탈근대적인 국가적 기원을 가지고 있긴 하지만 빠르게 발전하는 아시아 지역에서도 매력적으로 다가왔다.

J-팝의 확산은 지역 내 일본 대중 문화의 발산이라고 하는 현상의 일부였다. 비록 지역 내 일류가 어떻게 전파됐는지를 하나의 서사로 논리정연하게 설명하기는 불가능하지만—이는 수용 국가들이 서로 다른 맥락하에서 일류를 받아들였기 때문인데, 한류의 경우도 마찬가지다—우리는 망가 (일본의 만화책)와 *아니메* (일본 애니메이션)가 이미 1970년대부터 있었다는 점, 그러나 1980년대부터 일류의 주류를 이룬 것은 TV드라마였고, 1990년대, 2000년대 와서 절정에 달했다는 점에 대해 이야기할 수 있다. 1995년에 이뤄진 한 조사에 따르면 일본의 민간 방송사들의 콘텐츠 수출중 47.3%가 아시아에 집중됐고, 북미 지역 수출은 25.7%였다.[37] 2002년 조사에서는 일본 방송 수출의 46.1%가 여전히 아시아로 수출됐는데, 이에 비해 대 유럽 수출은 27.9% 그리고 대미수출은 7.6%에 지나지 않았다.[38] 이 수치들에도 불구하고 일본의 문화 제작자들은 아시아지역 내 마케팅을 활발히 진행하지 않았는데, 그것은 첫째, 일본의 내

---

36 Stevens, *Japanese Popular Music*, 10.

37 Japan Ministry of Posts and Telecomunications, *White Paper: Communications in Japan 1997* ⟨http://www.mpt.go.jp/eng/Resources/top.html⟩ accessed 8 June 2001.

38 Cited by Katsumata, "Japanese Popular Culture": 138.

수시장이 더 탄탄해졌고, 둘째, 중국을 제외한 동아시아의 비교적 큰 시장이자 일본의 식민지이기도 했던 대만과 한국이 일본 문화 수입을 금지했었기 때문이다. 그러나 이 일본 문화 수입은 대만에서는 1993년에 해지됐고, 한국에서는 1998년부터 점진적으로 해지되기 시작했다. VCD형태라는 저급 디지털 기술의 외양을 취하고 있긴 하지만, 이 CD들은 1990년대 말까지 홍콩, 중국, 싱가포르 등의 시장에서 일본 드라마들의 광범위한 불법적 유통을 촉진시켰는데, 이는 대체로 수용자들의 주도로 이뤄졌다.[39]

1980년대 대중 음악은 TV드라마로부터도 이익을 얻었는데, 왜냐하면 이들 드라마들의 스타 가수들이 드라마의 OST를 부르는 경향이 점차 늘어났기 때문이다. 이것은 연쇄반응을 일으켰는데, 예를 들어 일본 대중 음악이 1980년대 중반 홍콩에서 명성을 누리게 됐고, 당시의 영국 식민지였던 홍콩이 일본 음악 음반의 최대 해외 시장으로 부상하게 된다.[40] 1990년대까지, 대만과 홍콩은 합법적인 것과 불법적인 것을 모두 포함해 일본TV드라마와 J-팝 콘텐츠들의 소비, 재배포의 중심지가 된다. 상대적으로 작은 시장인 싱가포르는 트렌디한 간아시아 소비에 있어 다소 늦은 경향을 보였지만, 대만과 홍콩에서 번역된 일본 음악 CD들과 대중가요 잡지들을 일본 현지보다 더 싼 가격으로 구매할 수 있었다. 싱가포르에서의 J-팝의 성공은 J-팝의 비대해진 지역적 영향력을 증거하기도 하는데, 그것은 정확하게 싱가포르가 대만과 홍콩 에 비해 (혹은 심지어, 태국의 방콕보다[41]) 주변부의 소비지였다는 사실 때문이다. 것은. 1980

39 Nakano, "Who Initiates a Global Flow?": 231; 그리고 역시 Iwabuchi (ed.), *Feeling Asian Modernities* 의 수록 에세이들을 참고하라.

40 Masashi Ogawa, "Raising the Ante of Desire: Foreign Female Singers in Japanese Pop Music," in *Refashioning Pop Music in Asia: Cosmopolitan Flows, Political Tempos, and Aesthetic Industries*, ed. Allen Chun, Ned Rossiter, and Brian Shoesmith (London: RoutledgeCurzon, 2004), 146-47; and Nakano, "Who Initiates a Global Flow?": 236-37.

41 Ubonrat Siriyusavak, "Popular Culture and Youth Consumption: Modernity, Identity and Social Transformation," in *Feeling Asian Modernities: Transnational Consumption of Japanese TV*

년대 싱가포르에서는 홍콩이 그랬던 것처럼 작고 짧은 일본 문화 붐이 일었지만, 이후 1999년까지 싱가포르의 J-팝은 훨씬 두드러진 방식으로 가시화됐다. 댄스가요 여성 그룹 스피드 (SPEED)의 세 번째 앨범인 『모멘트』 (*Moment*, 1998)는 당시까지 발매된 그들의 주요 곡들의 모음집인데, 이것은 일본 가수의 앨범 중 최초로 싱가포르 앨범 판매량 상위 10위 리스트에 진입했고 또 1위를 차지했다.[42]

그러나 비록 J-팝의 지역적 확산이 보다 큰 문화 현상의 일부이긴 했지만 1980년대 진행된 일본 대중 음악의 향상된 자신감과 성숙도 없이는 불가능했을 것이다. J-팝은 비록 남/녀나 개인/그룹 구분 없이 주로 아이돌 가수들을 지칭하는 데 쓰이곤 하지만, 단일한 음악 장르를 가리키지 않는다.[43] 이 용어는 1988년 도쿄에 위치한 라디오 방송국, J-WAVE 81.3 FM, 에 의해 만들어졌는데, 이 방송국은 일본 대중 음악의 글로벌한 정체성을 지칭하는데 있어 처음으로 알파벳 "J"를 사용한 방송국이다. 이 방송국이 들려준 일본 대중 음악은 비록 일본인 뮤지션들에 의해 연주되고 일본에서 만들어졌어도 종종 영어, 혹은 영어 비슷한 일본어 가사를 사용했다.[44] 그러한 음악적-언어적 스타일은 동

Dramas, ed. Koichi Iwabuchi (Hong Kong: Hong Kong University Press, 2004).

42 Benjamin Wai-ming Ng, "Japanese Popular Music in Singapore and the Hybridization of Asian Music," *Asian Music* 34, no. 1 (Fall/Winter 2002/2003): 4-5; 2-3. 스피드는 오키나와 출신의 십대 소녀 네 명으로 이뤄져 있던 그룹으로서 1996년에 첫 앨범을 냈다. 2000년에 해체됐다가 2008년에 재결성됐다. 데뷔 후 첫 삼 년간 이들은 2천만 앨범 판매고를 기록했다. (Jon Herskovitz, "Top Japanese Girl Group Speed Coming to a Halt," *Variety*, 11 October 1999 〈http://variety.com/1999/music/news/top-japanese-girl-group-speed-coming-to-a-halt-1117756500/〉 accessed 2 January 2016).

43 Bonnie C. Wade, *Music in Japan: Experiencing Music, Expressing Culture* (Oxford: Oxford University Press, 2005).

44 Mōri, "J-Pop": 476; also see Stevens, *Japanese Popular Music*, 16, 106-7. Mōri와 Stevens는 둘 다 Ugaya Hiromichi, *J-Poppu to wa nani ka* (What is J-pop?) (Tokyo: Iwanami Shoten, 2005)에 근거해 일류 및 J팝의 외형에 대한 설명을 시도했다. 영어로 지어졌거나 혹은 영어 같은 일본 가사에 대해 더 알고 싶다면 Stevens' chapter, "Translations: 'Internationalizing' Language and Music," in *Japanese Popular Music*, 132-55를 참고하라.

시대의 J-팝 제작에 있어서 주류적인 것으로 자리잡게 됐고, K-팝 제작에도 영향을 미쳤다. 처음에 J-팝은 시부야계 (시부야스타일) 음악과 연계됐는데, 이것은 1980년대 후반 패셔너블한 젊은이 혹은 젊은 성인들의 허브가 된 도쿄의 시부야 쇼핑 센터로부터 연유했다. 시부야계 음악은 스스로를 미학적으로 정의할 때 당시 주요음반사들에 의해 발매되던 주류 대중 가요인 *가요쿄쿠*의 대항마로 여겼다 (*가요쿄쿠*는 서구 스타일의 대중 음악이긴 했지만 영어에 기반한 스타일 있는 발음들을 구사하지는 않았다.)

시부야계 음악은, 넓게 보면, 마치 의식적으로 국제화를 지향하는 듯, 재즈와 신디팝, 보사노바, 복고팝이라는 다양하고 국제적인 음악들의 혼합으로 묘사될 수 있는데, 이것이 추후에 J-팝으로 이어지게 된다.[45] 1990년대까지 시부야계라는 용어는 초월적으로 사용됐고 다양한 종류의 젊은이들의 음악에 적용됐는데, 여성, 남성 아이돌 음악 (특히 남성 아이돌 음악의 경우 1990년대)부터 비주얼계 록밴드들 X-JAPAN과 Glay, 그리고 여성 가수들인 아무로 나미에와 하마사키 아유미등이다. J-팝은 흔히 일본 대중 매체들이 (일본 청중들을 위해 만들어진 대중 음악인) *호가쿠*와 구별되는 음악을 지칭하기 위해 사용됐다고 하는데, 이 *호가쿠*에는 (지역주의로부터 연유됐고 센티멘털한 경향을 지닌) *엔카* 등이 있다.[46] 이론의 여지는 있지만, 1988년부터 1998년은 J-팝에 있어 황금기였는데, 이 때 앨범 판매고가 백만이 넘는 가수들이 드물지 않았고 해외 앨범 판매는 수십만개에 달했다.[47] J-팝이 태동한 때는 인터넷과 핸드폰 등의 새로운 기술들이 이전에 불가능했던 마케팅 기법들을 가능하게 했던 때였

45 Martin Roberts, "'A New Stereophonic Sound Spectacular': *Shibuya-kei* as Transnational Soundscape," *Popular Music* 32, no. 1 (2013): 111-23; also see Mōri, "J-Pop": 476.

46 Stevens, *Japanese Popular Music*, 16.

47 예를 들어, 팝 트리오 Dreams Come True의 여덟 번째 앨범인 Love Unlimited (1996)는 대만에서 2십만부 넘게 팔렸다 (Steve McClure, *Nippon Pop* [Tokyo: Charles E. Tuttle, 1998], 153).

고, 현재는 이 용어가 "동아시아 청중들이 물 건너 온 일본의 음악을 지칭하기 위해 광범위하게 쓰이고 있고 동아시아 소비 시장에서 아주 통합적으로 쓰여져서 이제는 다른 아시아 대중 문화를 지칭하기 위해 양도되기도 하는데, K-포푸는 … [J-팝에서 끌어다 쓰는] 또 다른 트렌드다."[48] 위와 같은 사실들은 1990년대 이전에는 가능하지 않았던 음악 전파 형식과 함께 가속도가 붙은 전후 일본 음악 산업의 자신감이 J-팝의 지역적 중흥에 있어서 중요한 요소로 간주될 수 있다는 것을 보여준다.

일본이 1952년에 끝났던 일본의 군정기에서부터 냉전을 거쳐 현재에 이르기 까지 미국과 맺어온 진화적 관계 역시 이러한 문화적 변화를 살펴보는 데 있어 고려 대상이다. 전쟁 이후 몇 년간 일본 음악계를 지배한 것은 수입 음악과 서구 양식의 일본 음악이었는데, 이는 놀랍지 않게도 이들 음악들이 "현대적 삶"을 상징했기 때문이다.[49] 문화사회학자 요시미 슌야가 주장한 바로는 전쟁 전부터 일본에 존재했던 미국 대중 문화는 그 이후로도 지속적인 존재감을 행사하고 있는데, 다만 전쟁 이후에 이 문화적 관계는 초기 애증의 관계에서 점차 변화되기 시작했다. 먼저는 1960년대까지 일어났던 변화로서 미국 제품들은 더 이상 일본적 삶과 반대되는 것으로 여겨지지 않게 됐고, 둘째는 1970년대까지 일어났던 변화로서 미국 문화가 일본에서 다시 만들어지게 되면서 미국은 "정보의 출처"가 됐다. 전후 경제적 번영이 보다 가시화되면서 이러한 문화적 관계의 변화를 도왔다.[50] 이 과정에서 "일본에서 만들어진" 음악은 수준 높은, 일본적으로 들리면서도 또 완전히 일본적이라고만은 할 수 없는 음악으로 간주

48 Stevens, *Japanese Popular Music*, 16-17.

49 Wade, *Music in Japan*, 134.

50 Yoshimi, "'America' as Desire and Violence": 434-44; 그리고 Shunya Yoshimi, "Consuming 'America': From Symbol to System," in *Consumption in Asia: Lifestyles and Identities*, ed. Chua Beng Huat (London: Routledge, 2000)도 참고하라.

되게 됐다.[51]

보다 자신감이 넘친 1980년대는 주목할만한 사회경제적 변동이 많이 일어났었던 때로서 이 사회적 변동들은 논란의 여지는 있지만 J-팝의 매력을 한껏 진작시켰다. 아이돌 문화의 발전은 그러한 매력 증진을 가져온 한 요소였다. J-팝은 앞서 지적했듯, 한 가지 장르가 아니지만, 많은 비평가들은 그것을 아이도루, 혹은 아이돌 문화와 결부시킨다. 그것은 충분히 일리가 있는데, 왜냐하면 J-팝은 소비와 불가분한 연관성을 지니고 있기 때문이다. 아이돌이 처음 등장한 것은 1971년이지만,[52] 1980년대야말로 아이돌의 황금기로 간주된다. 다시 말해, 일본이 세계 최강 경제국가로 간주되기도 했던 1980년대 거품 경제 시기에[53] 일상의 라이프스타일을 위한 소비가 극에 달했는데, 아이돌 문화는 이 새로운 소비 트렌드 내에서 기능하면서 동시대의 아시아적 라이프스타일의 다양한 가능성들의 매력적인 이미지들을 창출하는 데 기여했다. 아이돌은 (여전히) 다면성을 지닌 공연자들을 지칭하는 용어로서, 이들은 노래도 부르고, 여러 매체에 등장하며, 고도로 숙련되고, 젊은 (혹은 젊게 보이는), 남성 또는 여성이며, 복수의 장르와 복수의 미디어 플랫폼 사이를 가로지르며 공연하는 사람들이다. 그들은 그래서 거품 경제와 결부된 대중문화적 현상이며 백인 주도의 미국 문화의 지배력에 대항해 자국의 대중 문화를 강화시켰다.

---

51 Cf. Iwabuchi: "일본 문화 상품들은 비서구적이고 자생적인 근대성들이라고 하는 맥락 안에서 다른 아시아 국가들에게 어필하는 특정한 상징적 호소력을 가지게 됐다—그것은 단지 '무취의' (다시 말해, 어떤 '일본적' 정체성이 현저하게 드러나지 않는)라는 설명만으로, 혹은 미국의 문화적 힘에서 파생된 것이 아니라고 하는 설명으로도, 혹은 미국화 패러다임과 비견될만한 것이라는 설명으로도 정확히 담아내지 못하는 호소력이다……" (*Recentering Globalization*, 47).

52 이들은 Shin Sannin Musume라고 하는 그룹이었다 (그룹명은 문자적으로 세 명의 새로운 소녀들을 의미한다).

53 Ezra F. Vogel, *Japan as Number One: Lessons for America* (Cambridge, Mass.: Harvard University Press, 1979).

> 국내의 아이돌과 연예인들의 풀이 형성됨으로써 일본 매체들이 내수 시장으로 중심을 옮기기 시작했다. 때 마침, 연예인들을 숭배하는 기조가 글로벌 미디어 흐름에 대항한 방어적 기제로 작동되기 시작했고… 그들이 다양한 프로그램과 미디어 매체에 정기적인 출연함으로써 획득한 근접성과 익숙함을 통해 TV프로그래밍을 현지화했다.[54]

아이돌 음악은 "일본인들에 의해 만들어진" 대중 음악의 부분이 됐고 이 일본 대중 음악은 서구 대중 음악을 밀어내면서 내수 시장의 구매력을 장악하기 시작했다.[55] 1980년대에는 소니가 1988년에 CBS 레코즈를, 1989년에는 콜롬비아픽처스를 인수했고, 1990년에는 마츠시타가 MCM/유니버설을 인수했다. 이 10년간의 시기에 일본의 창작 산업이 글로벌 시장에 진입했고, 일본의 미디어 회사들은 특정한 취향에 집중한 채 국내 시장의 지배력을 강화했다.

문화 생산의 양상 및 백인중심의 접두어인 "J"에 대한 가치평가가 변화하면서 이에 대해 젊은이들은 어떤 태도를 지니게 됐는가? 만약 *Nippon*의 개념에서 끌어들인 일본의 "낡고," 진지하고, 근대적 민족적 정체성이 전통적이고(거나) 진지한 고급 문화에 의지했고 널리 사회문화적 참조 기준으로 사용됐다면, 일본의 동시대적 글로벌-국가적 정체성은 대신 가벼운 라이프스타일 문화에 의지했다고 할 수 있고, 이는 계속해서 1990년대 거품경제 이후에도 유효하게 남아 있다. 문화사회학자 모리 요시타카는 포스트모더니즘 비평가인 아사다 아키라와 정신분석학자 카야마 리카의 연구를 바탕으로 N (혹은 Nippon)에서 J

---

54 Patrick W. Galbraith and Jason G. Karlin, "Introduction: The Mirror of Idols and Celebrity," in *Idols and Celebrity in Japanese Media Culture*, ed. Patrick W. Galbraith and Jason G. Karlin (Houndmills: Palgrave Macmillan, 2012), 4; 그리고 Gabriella Lukács, *Scripted Affects, Branded Selves: Television, Subjectivity, and Capitalism in 1990s Japan* (Durham, N.C.: Duke University Press, 2010) and Stevens, *Japanese Popular Music*, 49-51도 참고하라.

55 Cf. Mōri: "1980년대 중반의 아날로그 음반 시대를 돌아보자면, 그 당시 일본 청중들은 (2000년대 중반 혹은 후반보다) 훨씬 더 서양 음악을 자주 들었다 ("J-Pop": 477).

로의 이동에 대해 다음과 같이 논한다.

> 사실, 세계화의 부수적 효과다. 그것은 세계화의 흐름 속에서 국가적 정체성의 위기를 목도하던 젊은이들이 가지는 모호한 불안을 대표한다. 그것은 반어적인 태도인데, 왜냐하면 그들은 비록 더 이상 과거와 같을 수 없다는 것을 이미 알고 있었음에도 향수적이고 심지어는 우울한 판타지 속에서 그들 자신을 동질적이고 통일된 독립체로 간주했기 때문이다. 그들은 그들의 사회와 일상적 삶이 너무나 분할되고 불안정해져 더 이상 (특히 1991년에 거품 경제가 막을 내리고 나서) 회복불가능하다는 것을 무의식적으로 깨닫고 있었다. 그것은 한 마디로 가볍고 작으면서도 "사소한" (petty) 민족주의다.[56]

J-팝은 거품경제의 정점에서 발생했고, 추후 도래한, 결과적으로 경제자유화 시도가 횡행하던, 디플레이션 시대에 일종의 고착물이 됐다. 그것은 1980년대 이미 도달한 일본의 동시대적 문화가 역경의 시대를 맞은 세계에서도 여전히 한 자리를 차지하고 있다는 확신을 주었다.

J-팝이 초기에 어떠했길래 이처럼 글로벌-국가적 상상력의 가능성을 생성해 냈는가? 앞서 언급했듯이, J-팝은 원래는 시부야계 음악이 취한 외양과 맞닿아 있었는데, 이 시부야계 음악은 주류 일본 대중 음악에서 받아들여지던 관례들을 개조해 나가던 밴드들에 적용된 용어로서, 대표적으로 "행복한" 사운드의 록댄스 음악으로 알려진 Flipper's Guitar 듀오와 절충적인 신디팝, 댄스, 그리고 복고풍의 음악으로 알려진 Pizzicato Five가 있다. 이 Pizzicato Five는 1990년대 문을 열고 인기를 끈 시부야의 HMV매장에 의해 홍보된 예술가들로

56 Mōri, "J-Pop": 477; for a critique of Asada, 그리고 Tomiko Yoda, "A Roadmap to Millennial Japan," *South Atlantic Quarterly* 99, no. 4 (Fall 2000): 659-62도 참고하라.

서 시부야계의 가장 널리 알려진 예가 됐다.[57] 이들이 국제적 관심을 끌 수 있었다는 점을 감안한다면, 이들을 자세히 살펴봄으로써 J-팝의 "사소한" 민족주의를 이끈 문화적 요소들에 대해 알 수 있을 것이다.[58]

Pizzicato Five(P5)는 1985년에 결성됐고, 1987년까지 Pizzicato V로 알려졌다. 이론의 여지는 있지만, 1990년에 이 그룹이 온전히 자기 색깔을 가지게 됐다고 할 수 있는데, 이 때 그룹의 멤버는 (보컬) 노미야 마키, 코니시 야스하루, 타카나미 케이타로(K-taro)였다.[59] 1991년에 이들은 『This Year's Girl』이라는 앨범을 냈는데, 이것은 샘플링에 광범위하게 의존했다. 이 샘플링은 이전에 존재하는 음악을 리믹스해서 새로운 형태의 음악으로 만드는 기법으로서, 이들 음악의 기반이 됐다. 샘플링을 가능하게 한 디지털 기술은 1970년대 후반에야 발전하기 시작했는데, 그래서 P5는 서양인들의 귀에 "인디"하게 들리면서도, 일본의 주류 상업 음악과 비슷한 사운드를 만들어내는데 있어서 혁신적이었다.

이 앨범에서 가장 널리 알려진 노래 중 하나가 「Twiggy Twiggy」인데 이것은 1960년대 대중문화를 참조하는 척하면서, 역설적인 방식으로, 그렇지만 가볍게 이용하는 당시 작곡 기법의 전형이면서도, 영리하게도 뮤직 비디오와 무대 위 의상들을 통해 비주얼한 효과들을 더했다. 이 노래는 막 도래하기 시작한 "J"순간들에 내재하고 있던 문화적 가능성을 지시하는 노래였다. 가사는 단순하면서도 반복적이다.

---

57 Cf. W. David Marx: "이 매장의 진짜 혁신적인 부분은… 코너에 있었는데, 이 코너에서 스탭들은 보다 흥미 있는 동시대 일본 밴드들을 취사 선택해 전시했다—이 음악들은 전형적인 가요쿄쿠 전통에서 멀리 떨어져 마치 일본어 버전의 현대 서양 음악과 같이 들리던 음악들이었다. 처음에, 이 코너는 Flipper's Guitar, Love Tambourines, Pizzicato Five, and Scha Dara Parr 등의 밴드 등을 집중적으로 소개했다 ("R.I.P. Shibuya HMV," *Néojaponisme* Blog Archive, 25 August 2010 〈http://neojaponisme.com/2010/08/25/r-i-p-shibuya-hmv/〉 accessed 10 January 2016).

58 Roberts, "'A New Stereophonic Sound Spectacular'": 113.

59 Takanami는 1994년까지 그룹의 멤버로 활동했다.

Sanjikan mo matte ita no yo
Watashi neko to issho ni

Sono toki denwa no beru ga
Watashi neko mitai ni shabetta

Terebi no volume sagete
Watashi uso mitai na koe de

Twiggy no mini skirt de
Twiggy mitai na pose de
Twiggy no mini skirt de
Twiggy mitai ni yassepochi no watashi

나는 약 세 시간 가량 기다리고 있었어
내 고양이와 함께
그 때 전화가 울리고
나는 내 고양이처럼 떠들어댔지
나는 TV 볼륨을 낮추고
꾸며낸 목소리로 말했어
트위기 미니 스커트를 입고
트위기 같은 포즈를 취하고
트위기 미니 스커트를 입고

트위기처럼 메마른, 그게 바로 나.[60]

이 가사는 특별한 의미를 전달하지 않고 있다. 그리고 그것이 이 노래의 포인트일 지 모른다. 우리 스스로의 여가를 위해 듣는 이 노래가 드러내는 것은 여가 활동에 관련한 내용뿐이다. 음악의 상당 부분은 반복 루프(loop)로서, 이 루프는 기본적으로 재즈풍의 타악 반주가 지배적이다. 이 때 삽입된 샘플들로는 1968년 제작된 TV드라마 『Hawaii Five-O』에 삽입된 Venture's 주제가, 1966년 Burt Bacharach와 Hal David가 부른 「Another Night」, 그리고 아르헨티나 작곡가 랄로 쉬프린의 1965년곡 「The Man from Thursh」와 1964년곡 「The Cat」이 있다. 이 노래는 후반부에 전자오르간 형태의 솔로가 삽입돼 있고, 1962년 몬티 노르만에 의해 작곡되고 1962년 영화 「Dr. No」에서 처음 쓰인 제임스 본드 주제가의 키보드 솔로로 마친다.

이 뮤직 비디오는 "일본" 음악과 일본인들의 여가 활동들은 이제 글로벌하고, 일본인들이 이 "도래"를 느긋하게 받아들일 수 있다고 하는 서브텍스트를 강조하고 있다. 뮤직비디오는 주로 세 명의 예술가들이 비록 절제되고 웃음기 없는 얼굴이지만 과장된 고고춤을 추는 이미지들로 채워져 있다. 뮤직비디오는 텍스트도 차용하고 있는데, 처음으로 나타나는 텍스트는 "LES PIZZICATO FIVE"와 함께 뒤집기(inside out)"다. 이 비디오는 주로 흑백과, 단색으로 만들어졌다. 밝은 조명과 야외 스투디오 공간에서 노미야와 코니시와 타카나미가 노래 부르거나 춤추고 있다. 노미야는 처음에 모조 털 모자, 투명 레인재킷, 어두운 미니 스커트와 어두운 레깅스를 입고 나타나고, 그 다음에는 비디오가 끝날 때까지 밝고 헐렁한 원피스 같은 미니스커트 차림, 그리고 어두운 목걸이를

60 "Twiggy Twiggy Lyrics," *AllTheLyrics.com* ⟨http://www.allthelyrics.com/lyrics/pizzicato_five/twiggy_twiggy-lyrics-227513.html#ixzz3wre0s3wA⟩ accessed 11 January 2016.

걸고 나타난다. 다음에 나타나는 텍스트들은 앨범의 제목과 함께 부끄러움 없이 모든 시청자들이 보고 듣는 창작품들을 지시하고 강조한다. ("피지카토 파이브;/ 오리지널 예술/ "this year's girl/ in action"에서 발췌.")

나중에 "hello America"라고 하는 글자가 개요 텍스트에 나타나는데, 텍스트는 미국 성조기의 세 가지 색으로 채워져 있다. 1960년대부터 1980년대 후반 혹은 1990년대 초반까지의 연예인들이 마치 누구나 보면 알아차릴 수 있다는 식으로, 미니멀리즘의 방법으로 언급된다: "트위기 [모델]/[작가] 재키 [콜린스?]/ 신디 [크로포드 모델?]/… [1960년대 영국 가수들] 샌디 [쇼] 그리고 페튤라 [클락]" 들이 환기되고, 노미야의 얼굴 샷 위로 겹쳐지는데, 이번엔 화면이 컬러다. 방안에 있던 TV세트가 드러나는데, 모니터 위에는 TV세트 뒤로 춤을 추고 있는 세 명의 P5멤버들의 이미지를 "혁명이 방영되고 있다"라는 텍스트와 함께 보여준다. "트위기 트위기"가 제임스 본드 주제가와 함께 마치는 순간 등장하는 마지막 텍스트는 특히 시청자들에게 이렇게 조언한다: "일본제를 사세요."

「Twiggy, Twiggy」는 비록 일본의 거품 경제가 꺼지는 해에 발표됐지만, 이 곡에 사용된 샘플링, 모아지고 불려진 음악들, 그리고 뮤직비디오는 창조적인 문화의 자신감을 구현한다. 이 노래가 가진 엣지는 프랑스 문화의 세련됨 ("LES PIZZICATO FIVE")에 못지 않고, 지배적인 미국 문화 ("hello America")에 대해 무심한 듯 대항하고 있다. 결국, P5는 우리는 "당신"이 누군지 꽤 잘 알고 있다라는 메시지를 전달하고 있는 듯 보인다—구체적으로 말하자면 "당신은 '우리'의 일부분이다. 더 이상 미군정 시기로부터 도래한 서구와 나머지라는 진부한 이분법적 대립 따위는 들먹이지 말라. 우리 역시 은근슬쩍 스타일리시한 도시 대중 문화에 대해 아이러니하게 접근할 수 있다. 우리는 날씬할 수 있고 트위기처럼 세련되게 옷 입을 수 있고 즐길 수 있다. 당신의 타자에 대한 소비욕을 충족시키기 위해 우리가 이국적 일본의 상징들을 꺼내 놓을 필요가 더 이상 없다"는 것이다. 사실, 당신이 지금 해야 할 일은 이것이다: "일본 것을 사라." 이 문화적 변혁, 이 "혁명"은, 미디어에 의해 어디든지 방영될 수 있다. 그리고 여기에서 아마도, 적어도 약간의 양가성이 드러나는데—그것은 가장 새로운 것 중에서도 새로운 것이라고 하더라도, 그리고 평등과 양질의 문화를 (비록 절제된 방식으로) 강조하고 있다고 하더라도, 여전히 대중에게 자신에 대해 설득을 시킬 필요가 있다는 점이다. 비록 시부야계가 1990년대 복고풍의 '라운지 음악'을 만들어 냈고 여전히 일본적이고 비일본적인 음악과 뮤지션들을 모두 아우르는 국제적 협업을 생산하고 있는 초국가적인 사운드스케이프의 일부라는 사실은 평가돼야 하지만[61] 이런 음악을 만들어낸 일본의 특정 맥락이 중요하지 않다는 것은 아니다, 이 음악은 문화의 세계화에 따라 생겨나고 또 적극적으로 생산되고 있는 변종으로서, 지역적이지만 대도시적이다. 이 문화의 글로벌화라는 현상 안에서 "지역적인 것은 특정 사회적 공간과 관계로부터 점차적으로 분리되고 있는데, 그것은 지역적인 것이 상업화 과정을 통해 구성되기 때문이다."[62] 이 새로운 J-문화의 성취는 1990년대 거품경제 이후까지 지속됐다. 그러나 이 때 J는 세계화 속에서 국가적 정체성의 위기를 목도하던 젊은이들의 모호한 불안을 대변하는 것으로 재정립됐다.[63]

J-팝의 대외적 영향력은 그러나 2000년대 중반이 되면서 줄어든다고 할 수 있는데, 이 때 분기점이 되는 것이 우타다 히카루의 2004년에 영어로 출시된 앨범인 『Exodus』이다. 이 앨범은 그녀의 미국 데뷔 앨범으로서, 빌보드 200 차트에서 (단지 한 주 동안) 160위에 머물렀을 뿐이고,[64] 미국에서 단지 5만5

61 Roberts, "'A New Stereophonic Sound Spectacular'": 112.

62 Yoda, "A Roadmap": 661.

63 Mōri, "J-Pop": 478.

64 "Hikaru Utada—Chart History," *Billboard* ⟨http://www.billboard.com/artist/303512/hikaru-utada/chart⟩ accessed 13 January 2016.

천부가 팔렸다. 그러나, 같은 시기에 이 앨범은 일본 오리콘 주간 차트에서는 1위를 했고, 일본에서 백만 개가 넘게 팔렸다.[65] 우타다는 J-팝의 신들 가운데서도 중요한 인물인데, 왜냐하면 첫째, 그녀는 아이돌 가수라기 보다는 실력파 싱어송라이터 (따라서 "창의적")이고, 둘째, 그녀는 1983년 맨하탄에서 태어난 이중언어 구사자로서 두 문화를 모두 경험하며 자라났다. 이러한 점들로 인해 우타다는 대중 문화의 원류들과 어깨를 나란히 할 수 있다는 문화적 판타지의 최전선에 설 수 있었던 팝 아이콘이었다.[66] 그것은 다시 말해 세계화된 일본 문화로서의 판타지이다.[67] 그녀의 작곡과 노래 스타일은 팝이었지만, R&B와 하우스/클럽 음악으로 변형된 팝이었고 이것이 그녀의 장점이 되었다. 우타의 1999년 데뷔 앨범인 『First Love』는 9백만부 넘게 팔렸는데 대부분 일본에서 구매됐다.[68] 『Exodus』는 세련되고, 댄스곡 위주의 앨범으로서 실험적으로 (그리고 모험적으로) 많은 수의 전자 장르들과 R&B 및 힙합 음악을 아우르고 있다. 가사들은 성적인 관계 등에 치중했는데, 이는 우타다의 정숙한 J-팝 스타로서의 이미지에 복합성을 더했다.

많은 면에서, J-팝 민족주의를 초래한 문화적 충동들은 J-팝으로 하여금 아시아에서의 명성을 갈구하게 했다. 그러나, 우타다가 2004년 당면한 시련은 J-팝이 미-일 간 이분법에 너무 많은 관심을 둔 나머지 일본의 뒷마당에서 일어나는 문화적 주체성의 변화들은 제대로 들여다 보지 못했고, 이로 인해 새롭게 일고 있던 간아시아 대중 문화 교류의 기회를 온전히 살릴 수 없었다는 것을 의

---

65 Lars Brandle, "Utada's 'Exodus' Breaks Record In Japan," *BillboardBiz*, 10 September 2004 〈http://www.billboard.com/biz/articles/news/1428984/utadas-exodus-breaks-record-in-japan〉 accessed 13 January 2016.

66 Ugaya Hiromichi's critique of J-pop, cited by Stevens, *Japanese Popular Music*, 146.

67 Mōri, "J-Pop": 478.

68 "Hikaru Utada—Biography," *Billboard* 〈http://www.billboard.com/artist/303512/hikaru-utada/biography〉 accessed 13 January 2016.

미할 지 모른다. 어쩌면 일본의 거대한 내수 시장을 감안할 때 일본이 그럴 필요를 느끼지 않았을 수도 있다. 세계적으로 CD판매가 줄어들고 있음에도 불구하고, 일본은 1970년 이후로 줄곧 미국 다음으로 세계에서 두 번째로 가장 큰 CD시장이다.[69]

K-팝, 동시대의 초지역적 형성

한류는 1990년대부터 처음에는 영화, 그리고 특히 TV드라마로 시작됐고,[70] 소위 2차 한류기(stage)라고 불리는 2000년대 중반부터는 대중 음악이 전면으로 부상하기 시작했다.[71] 이 확장하는 한국의 창작 산업이야말로 대중문화 소비의 탈경계화를 단호하게 기회로 활용하고 있는 수완을 보여 준다. 비록 한류의 생산 방식은 여전히 한국 중심적이고, 일본의 대중 문화는 스스로 의식적인 노력을 하지 않으면서도 1980년대와 1990년대 한국에서 이미 K-팝 이전의 문화적 존재감을 과시했던 적도 있었지만 말이다. 이 새로운 파도의 불균등한 지역적 도래는 이전의 일류가 그러했던 것처럼 놀라웠는데, K-팝은 한국 시장의 특정 이슈들로 인해 J-팝에 비해 보다 의도적으로 바깥을 향해 왔다.

J-팝의 "사소한" 민족주의는 글로벌-국가적 문화라고 추정되는 것의 지역적 수용이라는 현상을 가져오게 되는데, 이는 어찌 보면 모순적인 것이, 이 추정되는 글로벌-국가적 문화라는 것이 민족주의를 무시했기 때문이다. 대중 문화 매력을 K-팝 식으로 버무린 버전은 대도시적이지 않은 대중문화창작물들이

69 Kawabata Shigeru, "The Japanese Record Industry," *Popular Music* 10, no. 3 (October 1991): 327.

70 Russell, *Pop Goes Korea*, 3-132.

71 Ubonrat Siriyuvasak and Shin Hyunjoon, "Asianizing K-Pop: Production, Consumption and Identification Patterns among Thai Youth," *Inter-Asian Cultural Studies* 8, no. 1 (2007): 128, n. 13.

갖는 하위 계급의 지위—이들은 세계 음악"이라는 이국적 명칭으로 불리는 것에는 관심도 없었고 또 그럴 수도 없다—를 극복하고자 하는 시도를 보다 확장했는데, K-팝은 이를 위해 국가적, 지역적, 언어적 차이에 대해 관용적인 듯한 이 지역에 이제는 존재한다고 말할 수 있는 글로벌 동일성을 활용하고자 했다. 한류의 스펙터클한 외양과 또 그것이 한국 정부의 창작 산업에 대한 개입의 실제 효과에 대해 기울인 큰 관심은 많은 학자들의 주의를 끌었는데 이제 한류를 연구하는 학자들이 일류를 연구하는 학자들의 수를 능가하는 듯 보인다.[72] 나는 K-팝이 이미 완성되거나 혹은 진행중인 도시적 젊은 소비층의 지역적 중산층이 되고자 하는 꿈의 "지역성"에 영합한다고 얘기하고 싶고, 다시 말해 동시대를 초지역적으로 형성하고 있다고 얘기하고 싶은데, 그럼으로써 이 지역에서 J-팝으로 인해 일기 시작한 가능성들을 확장하고 있다고 본다—이 지역적 중산층은 "선진" (혹은 거품 경제 이후의) 일본에서부터 최근 "선진" 시장 지위를 부여 받은 한국 (한국은 1996년 OECD에 가입했다.), 그리고 중위 소득은 다소 낮은 인도네시아를 포괄한다[73]—알다시피, 교환관계라고 하는 것은 역사적으로 형성된 집합적 의미들을 무너뜨릴 수 있는데, K-팝 소년 소녀 "아이돌" 그룹들은 동북아와 동남아의 공간적 입지들(standpoints) 위에 허구의 정체성을 수행적으로 투영시키고 있다. 다시 말해 이들은 생산적이고 상상적인 행위 자체다.

확실하게 하자면, "가공적"이라고 하는 것은 "그것이 거기에 없었다"는 말

72 Keith Negus, *The South Korean Music Industry: A Literature Review*, CREATe (Centre for Copyright and New Business Models in the Creative Economy) Working Paper Series (Glasgow: CREATe, 2015).

73 Ubonrat과 신현준은 지역 내에서 향유되는 오래된 만다린 팝과 J팝 음악의 존재, 그리고 그것들이 지니는 국경을 넘나드는 영향력을 놓고 볼 때, "아시안 대중음악은 더 이상 '서구 (앵글로-아메리칸)' 대중음악의 민족화된 스타일이 아니라, 오히려 다양한 도시의 중심 지역들을 연결하는 새로운 글로벌 스타일의 초지역적 (재)창조물이고, 따라서 "민족과 민족간의 대립적 관계"로 환원될 수 없다고 논한다 ("Asianizing K-Pop": 120; 111).

은 아니다. 지역은 시장 통합과 사회적 상호연결성에 의해 충분히 표준화돼 있어서 한국 연예 기획사들은 실증적인 문화 콘텐츠를 가지고서 소비 욕구를 충족시킬 수 있다. 자본은 유토피아적 지평선들이 대도시 문화에 대한 욕망의 형태로 투사되는 것을 허용하는데, 그러나 이 대도시 문화에 대한 욕망은 다시 전지역적인 상호연결성을 통해 디스토피아적인 시장의 형태로 나타난다. 이러한 점에서 K-팝은 피터 오스본이 "분배적 결속"이라고 부른 것을 조성한다고 할 수 있다.[74] 이 "분배적 결속" 내에서는 다양한 대중 문화 소비자들이 거하고 있는 각기 다른 국가적 경제 발전과 모더니티 단계들이 소비의 정지된 현재적 순간 속으로 함께 안긴다. K-팝 산업은 팬덤을 형성하기 위해 극도로 애쓰고 있고,[75] K-팝 그룹의 대중 음악 공연과 이들에 대한 소비는 이제 치외법권적 문화 사이트(sites)로서 스스로를 드러낼 수 있게 됐는데, 다시 말해 K-팝 그룹들은 '새로운 아시아'를 횡단하며 라이브 콘서트를 벌이고 중산층 젊은이들 역시 이들의 콘서트에 참가하기 위해 국경을 건넌다. 그러한 소비는 현존하는 국가적 사회적 양식들이 경제적 교환에 의해 얼마나 변해왔나를 보여주면서도 또 한편 그 *사회적*이라고 하는 것이 반드시 실용적이거나 정치적 의미에서의 집단적 형태는 아니라는 것을 의미한다. 한국 대중 문화의 냉전 이전에 유래하는 민족주의와의 얽히고 설킨 관계는 놀랍지 않고, 지역화하고 있는 이 간아시아 대중 문화에 열광하는 많은 팬들의 존재가 그러한 관계에 대한 반증도 될 수 없다.

한국 대중 음악 발전에 있어 일반적으로 인정되는 원산 지점(point of origin)은 서태지와 아이들이라는 아이콘 그룹인데, 이들의 도래는 1993년 김

---

74 Osborne, *Anywhere or Not at All*, 25.

75 Haekyung Um, *K-Pop on the Global Platform: European Audience Reception and Contexts* (Seoul: KOFICE [Korean Foundation for International Cultural Exchange], 2014).

영삼 정부의 출범과 함께 이뤄진 권위적인 군부 정권의 청산으로 인해 가능했다. 알려진 대로, 김영삼 대통령은 1995년 세계화 추진 위원회를 만들어서 구조적인 개혁을 단행했는데, 이 개혁은 문화 영역에 있어서도 일정 역할을 했고, 이 문화개혁은 1960년대와 비교하자면 덜 민족적으로 자주적인 의제들을 포함했다.[76] 이러한 과정은 한국의 신세대들로 하여금 앞선 시기에 단행된 경제발전계획의 도움을 빌어 성장했던 경제 구조 안에서 새로운 대중 문화 창작물들을 발명하고 소비하게끔 했다—이 한국의 경제발전 정책들은 1997년 아시아 금융위기 이후에 더 이상 국가적 기획이 아닌 글로벌 기획으로 변모됐다.[77]

본명이 정현철인 서태지는 1991년 그룹을 결성했다. 서태지와 아이들의 나머지 두 멤버들은 보컬과 백업댄스를 번갈아 가며 담당했다. 스스로 작곡도 했던 서태지가 낸 첫 번째 곡은 「난 알아요」인데, 이것은 연인간의 결별을 막기 위한 노력에 대한 노래다. 그의 첫 번째 앨범은 이듬해에 나왔다. 이 곡은 힙합 스타일의 운문에 기타 간주, 선율이 가미된 코러스 파트[78], 댄스적 지향성 등을 가지고 있고, 후에 나타나는 한국 대중 음악의 기본 틀을 제공했다. 또한 한국 대중 음악의 상당한 자의식이 엿보이는 이미지메이킹 역시 이들의 영향인데,

---

76 Fuhr, *Globalization*, 133-49; Gi-Wook Shin and Joon Nak Choi, "Paradox or Paradigm? Making Sense of Korean Globalization," in *Korea Confronts Globalization*, ed. Chang Yun-Shik, Hyun-Ho Seok and Donald L. Baker (London: Routledge, 2009); Jung-Yup Lee, "Managing the Transnational, Governing the National: Cultural Policy and the Politics of 'the Cultural Archetype Project in South Korea,'" in *Popular Culture and the State in East and Southeast Asia*, ed. Nissim Otmazgin and Eyal Ben-Ari (London: Routledge, 2011); and Seung-Ho Kwon and Joseph Kim, "The Cultural Industry Policies of the Korean Government and the Korean Wave," *International Journal of Cultural Policy* 20, no. 4 (2014): 422-39.

77 Youna Kim, "Introduction: Korean Media in a Digital Cosmopolitan World," in *The Korean Wave: Korean Media Go Global*, ed. Youna Kim (Abingdon: Routledge, 2013).

78 Eun-Young Jung, *Transnational Cultural Traffic in Northeast Asia: The "Presence" of Japan in Korea's Popular Music Culture*, Ph.D. dissertation, University of Pittsburgh, 2007, 70-73; 그리고 Michael Fuhr, *Globalizationa and Popular Music in South Korea: Sounding Out K-Pop* (New York: Routledge, 2016), 52-54; and Russell, *Pop Goes Korea*, 143-47도 참고하라.

이들은 당시에는 신선한 도시적이면서도 미국 흑인들에 감흥을 얻은 패션들을 즐겨 착용했다. 서태지는 독립적인 인물이었는데, 그것은 그가 고교 중퇴생이라는 사실—확연하게 관행을 따르지 않는 사람이라는 게 드러나지 않는가?!—외에도 당시 방송사들이 내부의 스타시스템과 오케스트라중심의 음악 쇼들을 가지고 행사하던 헤게모니에 도전했던 점에서 엿볼 수 있다.[79] 이 그룹은 한국 가요 시장에서 블랜드팝발라드 (*발라드 가요*)가 차지하던 지배적인 위치를 깨는 데도 역할을 담당했는데, 한국의 발라드곡들은 현대적인 템포와 정서적으로 안전한 주제들이 특징이며 1970년대이후 발전되기 시작했고 군부 정권에 위협적이지 않은 노래들로 간주됐다.[80] 서태지의 노래 가사들은 그가 음악적으로 발전할수록 더 신랄해졌다. 예를 들어, 그는 엄격한 시험 제도의 정상성에 대해 의문을 제기하거나 (1994년 곡 「교실 이데아」) 남북 통일 (1994년 「발해를 꿈꾸며」)을 다뤘다. 1990년대 한국의 젊은이들에게, 대중 문화의 리비도적 에너지들은 사회적-정치적 영역에서 끓어 올랐는데 이는 1990년대 거품경제 이후의 일본 젊은이들과는 다른 점이었다.

만약 서태지와 아이들이 혁신을 통해 자신들의 표현적인 대중 음악의 가능성들의 장을 마련했다고 한다면, 그러한 혁신들을 나중에 K-팝이라고 일컬어질 것의 제대로 작동하고, 복제 가능하며, 길들여진 표현적 모델로 변모시킨 것은 당시 신성 기획사인 SM엔터테인먼트에 의해 결성된 H.O.T. (High-five of Teenagers) 이다. 이 그룹은 1996년부터 2001년까지 활동했고, 1996년 해체한 서태지와 아이들이 시도하던 기획을 이어 나갔다. 1996년 출간한 이들의 첫 앨범 『널 사랑한 만큼』 (We Hate All Kinds of Violence)은 한국에서

---

79 Fuhr, *Globalization*, 53-54.

80 Eun-Young Jung, "The Place of Sentimental Song in Contemporary Korean Musical Life," *Korean Studies* 35 (2011): 71-92.

발매 이후 단지 10일 안에 팔십만부가 팔렸고, 해체되기 전 총 5개의 앨범을 냈다.[81] 그들은 10대 팝에서부터 발라드 그리고 락을 포함해 다양한 장르의 음악을 불렀는데, 이들 장르들은 서로도 자주 섞였고, 이 위에 힙합 가사들이 붙여졌다. 첫번째 히트곡 「캔디」(1996)는 10대 취향의 달콤한 버블검팝인데 가사는 사랑하는 소녀와의 관계에서 개인적 공간을 찾고자 하는 한 소년의 이야기이다. 이 곡의 뮤직비디오는 대부분 놀이공원의 회전목마를 배경으로 촬영됐고, 그룹 멤버들은 원색 계열의 과장된 힙합 패션의 복장을 입고 초대형 사이즈의 보송보송한 벙어리장갑을 끼고, 의도적으로 유아적이면서 귀여운 댄스 동작들을 선보이고 있다. 그러나 역시 1996년에 발매된 곡 「아이야」에서 이들은 사회에 대한 비판적인 논평을 시도하기도 한다. 이 곡에서 문 닫힌 유치원에 남겨진 어린 학생들은 마침 일어나는 화재로 인해 재앙적인 결과를 맞는다. 이 곡의 스타일은 하드엣지록이고, 뮤직비디오에서 이들은 검은 옷을 입고 번드르르하면서 일본에 의해 영향 받은 고스록적이면서도 SF적인 외양을 한 채로 등장한다. 2000년에 이들은 베이징의 1만3천명의 팬들 앞에 공연을 했는데, 이것이 바로 한류의 수출 지향적 대중 음악요소의 발현 계기가 됐다. "이들에게 큰 타깃 시장은 중국이었지만, …보다 즉각적인 타깃 시장, …은 한국보다 음악 시장이 20배나 큰 일본이었다."[82]

---

81 이 앨범은 다 합쳐 1백5십만부가 팔렸다 (Keith Howard, "Exploding Ballads: The Transformation of Korean Pop Music," in *Global Goes Local: Popular Culture in Asia*, ed. Timothy I. Craig and Richard King [Honolulu: University of Hawai'i Press, 2002]).

82 Russell, *Pop Goes Korea*, 156; 그리고 Fuhr, *Globalization*, 75-76, and Shin Hyunjoon, "Transnational K-Pop Machine Looking for 'Asian' Model Through Crossbreeding," in *Popular Culture Co-Productions and Collaborations in East and Southeast Asia*, ed. Nissim Otmazgin and Eyal Ben-Ari (Singapore: NUS [National University of Singapore] Press, 2012)도 참고하라. 비교의 기준으로서 일본 대중음악은 1990년대 초반부터 중국에서 주목할만한 존재감을 보였다. 예를 들어, 락밴드 Southern All Stars는 1992년 공연으로 중국 베이징수도체육관에서 콘서트를 개최한 최초의 외국 그룹이 됐다 (Amuse Inc., "Corporate History," n.d. 〈http://ir.amuse.co.jp/english/company/history.html〉 accessed 27 June 2016; and Jung, *Transnational Cultural*

H.O.T.의 절충적인 음악적 폭과 유연한 (그리고 일관적일지도 모를) 의상 스타일이 보여 주는 것은, K-팝도 J-팝처럼, 단지 특정 음악 장르가 아니라는 점이다. 그것은 오히려 10대들이 중추적 역할을 하고, 스타중심적이며, 매우 신중히 트레이닝 받은 공연자들이 펼치는 대중 음악을 묘사한다. 이들을 트레이닝 시키는 것은 연예기획사들인데, 가장 유명한 것이 1995년에 시작한 선구자격의 SM엔터테인먼트, 그리고 서태지와 아이들의 멤버가 창립한 YG엔터테인먼트, 그리고 JYP엔터테인먼트이다. 이들 기획사들은 "인하우스 시스템"에 의해 조직되는데, 이 시스템은 제작과 운영, 그리고 연예 인재를 개발하고 훈련시키는 모든 다른 필수 기능들을 통합하는 것이 특징이다.[83] 이 한국의 기획사 시스템은 적어도 부분적으로 일본의 지무쇼 혹은 사무실 시스템으로부터 들여온 것인데 (수출의 관점에서는 이들을 되려 뛰어넘는다), 그 중에서도 자니스의 영향을 받았다. 1962년에 설립된 자니스는 일본에서 가장 유명한 아이돌 보이 밴드들을 만들어 낸 곳으로서 이들 중에는 SMAP도 있다.[84] 대체적으로 말해서 K-팝 그룹들의 특징은 주로 아이돌 밴드라는 점, 그리고 가사에 영어를 사용한다는 점, 각각의 멤버들이 서로 다른 역할 (보컬, 래퍼, 댄서)을 맡는다는 점, 그리고 일반적으로 댄스 음악을 추구해서 공연 지향적이라는 점, 그래서 처음부

Traffic, 238).

83 Shin Hyunjoon, "Have You Ever Seen the Rain? And Who'll Stop the Rain? The Globalizing Project of Korean Pop (K-Pop)," *Inter-Asian Cultural Studies* 10, no. 4 (2009): 510; 신현준은 또 다음과 같이 말한다: "비록 이 시스템이 '동아시아'적 특성을 가진다고 말하면 논란을 불러 일으킬 수는 있지만, (동아시아)지역 밖에서 이러한 것을 쉽게 찾지 못하는 것은 사실이다……" (ibid.).

84 Natsuko Fukue, "Johnny's: So You Wanna be a Johnny," *Japan Times*, 14 April 2009 〈http://www.japantimes.co.jp/news/2009/04/14/reference/so-you-wanna-be-a-johnny〉 accessed 27 June 2016 (for Johnny and Associate's official website, see "Johnny's Net" 〈http://www.johnnys-net.jp/page?id=index&lang=en_us〉 accessed 26 June 2016); and W. David Marx, "The *Jimusho* System: Understanding the Production Logic of the Japanese Entertainment Industry," in *Idols and Celebrity in Japanese Media Culture*, ed. Patrick W. Galbraith and Jason G. Karlin (Houndmills: Palgrave Macmillan, 2012).

터 곡의 성격을 결정짓는 것이 노래의 멜로디가 아닌 댄스 루틴이라는 점이다.[85] 그 결과로 이들은 한국어를 쓰면서도 상품으로서 동시에 지나치게 "민족적"이지는 않아 보이기 위해 애쓰는 대중 문화 형식으로 태어난다.

K-팝이 애초에 한국에서 파생된 용어가 아니라는 점은 시사하는 바가 있다. 보통 한국의 대중 음악을 가리키는 용어는 *가요*이고 (*가요*는 이 챕터에서 이미 언급한 일본어 *가요쿄쿠*와 역사적인 연관성이 있다), K-팝은 일본 매체들에 의해 사용되기 시작됐고 지역 전반에서 쓰이게 됐다.[86] 이것은 K-팝이 J-팝의 계승자라고 하는 평가를 낳기도 했는데, 어떤 면에서 이는 부정확하지 않아 보인다. 신현준은 K-팝을 "이질적인 요소들간의 결합"이라고 봐야 한다고 했는데,[87] 다시 말해, K-팝은 미국 대중 음악의 영향도 받았지만,[88] 한국의 타자인 일본과의 문화적 교류의 결과이기도 하다. J-팝을 포함해서 일본의 대중문화는 K-팝이 도래하기 전의 한국과 역사적 관계를 가진다. 1998년 이전 한국에는 "숨겨진" 일본 대중음악의 존재가 있었는데, 1998년이 되면서 비로소 냉전 시대의 잔재인 일본 문화 수입 금지 정책이 해지되기 시작했다. 김대중 정부(1998-2002)는 단계적 정책을 통해 이를 단행했고 2004년에야 일본 문화의 완전한 자유화가 이뤄진다. 역설적인 것은, 일본 문화 제품의 수입 금지 정책이 오히려 일본 음악을 출처 없이 그대로 가져다 쓰는 것을 용이하게 만들었다는

---

85 Dal Yong Jin and Woongjae Ryoo, "Critical Interpretation of Hybrid K-Pop: The Global-Local Paradigm of English Mixing in Lyrics," *Popular Music and Society* 37, no. 2 (2014): 113-31; and Fuhr, *Globalization*, 59-124.

86 조현진(Cho Hyun-jin)이라는 전직 기자가 K팝이라는 용어를 만들었다는 보도도 있었는데, 그는 1999년부터 2002년 사이에 미국 빌보드에 기사들을 올렸다 (Kim Hyung-eun, "Bringing U.S. Music History to Korea," *Korea Joongang Daily*, 29 December 2015 〈http://koreajoongangdaily.joins.com/news/article/article.aspx?aid=3013294〉 accessed 5 July 2016).

87 Hyunjoon Shin, "Reconsidering Transnational Cultural Flows of Popular Music in East Asia: Transbordering Musicians in Japan and Korea Searching for 'Asia,'" *Korean Studies* 33 (2009): 107.

88 Oliver Boyd-Barrett, "Reconfiguring Media and Empire," in *The Korean Wave: Korean Media Go Global*, ed. Youna Kim (Abingdon: Routledge, 2013).

점이다. 예를 들어 힙합 댄스 그룹인 룰라 (Roo'ra: roots of reggae)는 1996년 앨범 「천상유애」를 발표했는데, 이것은 자니스의 보이밴드 닌자가 1990년 부른 「Omatsuri Ninja」를 가져온 것이었다.[89] 당시 라인레코드의 사장이었던 김창환을 비롯한 사람들은 일본 문화 수입 금지 정책을 해지하는 것이 궁극적으로 한국에게 득이 될 것이라고 느꼈다: "예쁘장한 얼굴만 내세우며 일본 대중 음악을 베끼거나 표절해 왔던 가수들은 사라질 겁니다… 국내 음악의 질을 향상시키는 데 도움이 될 거에요"라고 김창환은 말한다.[90] 전 단락에서 언급한 대로 한국은 일본의 예능 기획 접근법을 각색, 수용했는데, 이로 인해 K-팝이 초지역적이며 특정한 방식으로 아시아를 연결하는 작업의 일부가 된다. K-팝은 그러므로 "순수한"(pure) 문화 생산도 아니고 순수주의적(purist) 문화 생산도 아니다—순수주의적 문화 생산을 지양하는 것은 물론 K-팝의 본래 의도이기도 하다—K-팝은 오히려 20세기 초반부터 유래되는 오래된 근대 문화 양식—가령 일본의 *엔카*라든가 한국의 유행가—로부터 형성된 현재의 동북아시아 문화를 새롭게 창조하는 것에 가깝고, 이 거시적이면서도 최근의 재창조의 역사적 맥락 속에서 발생하는 상호연결성 안에 존재한다.

간아시아 대중 음악에 대해 이야기한다고 해서 동아시아에 다문화주의가 수월하게 정착했다고 주장하려는 것은 아니다—그러나 최근의 현실을 보면 K-팝은 동아시아와 동남아시아를 필요로 한다는 사실이고 그러므로 K-팝은,

---

89 Jung, *Transnational Cultural Traffic, passim.*, but see 121-23 in particular; and Keith Howard, "Coming of Age: Korean Pop in the 90s," *in Korean Pop Music: Riding the Wave*, ed. Keith Howard (Folkestone: Global Orient, 2006), 96. 이 닌자 곡이 Misora Hibari (1937-89)라는 가수의 "Omatsuri Mambo" (1952)라는 곡의 리메이크라는 사실도 언급할 필요가 있을 지 모른다. Misora Hibari는 전후 일본의 유명한 엔카 가수로서 어떤 사람들은 그녀가 한국계 일본인인 자이니치라고 주장하기도 했다 (Bourdaghs, *Sayonara Amerika*, 79-83를 참고하라). 계속되고 역사적으로 중첩되는 논쟁의 의도되지 않은 울림이 여기서 발생한다.

90 Cited in Cho Hyun-jin, "S. Korea Braces for Japanese Pop: Lifting of Culture Ban Will Allow Imports for First Time," *Billboard*, 25 July 1998, 59.

비록 "아시아적"이라고 하는 개념에 대해 얘기할 때마다 늘 가지게 되는 불명확성에도 불구하고, 아시아적이면서도 세계적인 대중음악이 될 필요가 있다는 것이다. K-팝에는 대중 음악의 본고장에 도전하고자 하는, 어찌 보면 놀랍지 않은 탈식민주의적 염원이 포착된다. 이는 JYP엔터테인먼트의 스타 비가 뉴욕 매디슨 스퀘어 가든에서 전좌석 매진 콘서트를 가진 것에서도 드러난다. 그러나 이에 대한 미국 전문가들의 반응은 기를 죽일 정도로 혹독했는데, 그들은 "세계 음악"이라고 하는, 민족적으로 굴절된 이름표를 붙일 수 없는 아시아 문화 창작물에 대해서는, 독창적이지 않거나 시대에 뒤떨어진 것이라고 하는 따분할 정도로 예측 가능한 비판을 가했다.[91] 다시 말해, 식민제국의 중심(metropole)은 K-팝을 진실하거나 혹은 아마도 독창적인 동시대의 글로벌 문화로 받아들이려고 하지 않는다. 비록 동아시아 이외의 지역들에서 특색 있는 (그리고 아마 더 확대될 수 있는) 틈새 문화들이 K-팝을 위해 생겨나고 있음에도 말이다.[92] 2011년에 K-팝의 일본 수출 규모는—K-팝이 보다 강한 임팩트를 만들기 시작한 2000년 후반부터 계속 증가일로에 있는[93]—1억5천7백9십만 달러였다 (2009년에 단지 2천1백6만달러였다는 것을 감안하면 큰 폭의 증가다). 동남아시아로의 수출은 2천5백6십만 달러 (2009년에는 6백4십만달러),

91 Shin, "Have You Ever Seen the Rain?"; Jeroen de Kloet and Jaap Kooijman, "Karaoke Americanism Gangnam Styl [sic]: Ke-pop, Wonder Girls, and the Asian Unpopular," in *Unpopular Culture*, ed. Martin Lüthe and Sascha Pöhlmann (Amsterdam: Amsterdam University Press, 2016); and Jeongmee Kim and Basil Glynn, "'Oppa'-tunity Knocks: PSY, 'Gangnam Style' and the Press Reception of K-Pop in Britain," *Situations: Cultural Studies in the Asian Context* 7, no. 1 (Winter 2013/14): 1-20. For another study of Rain, see Jung, *Korean Masculinities and Transcultural Consumption*.

92 Christian Oliver, "South Korea's K-Pop Takes Off in the West," *Financial Times*, 10 February 2012 ⟨http://www.ft.com/cms/s/0/ddf11662-53c7-11e1-9eac-00144feabdc0.html#axzz4DY5wwcc8⟩ accessed 1 July 2015.

93 Patrick St. Michel, "How Korean Pop Conquered Japan," *Atlantic*, 13 September 2011 ⟨http://www.theatlantic.com/entertainment/archive/2011/09/how-korean-pop-conquered-japan/244712/ ⟩ accessed 27 May 2016.

그리고 중국으로의 수출은, 중국 시장 진출에 따르는 여러 가지 어려움에도 불구하고, 6백8십만달러 (2009년에는 2백4십만달러)였다. 반면, K-팝은 유럽에는 4백6십만 달러 (2009년에는 2십9만9천달러), 그리고 북미에는 고작 5십8만7천달러 (2009년에는 3십5만1천달러)만 수출됐을 뿐이었다.[94] 1997년 아시아 금융위기로 인해 한국의 국내 음악 시장의 규모는 줄어들었고, 중소 업체들은 생존을 위해서 수출 위주의 정책을 필요로 하게 됐다. 2001년부터 2005년 사이에 한국의 하드커버 음반 매출은 인터넷과 불법 음악 다운로드로 인해 무너졌고, 이는 해외 시장 확대 필요를 증대시켰다. 중국의 잠재적 시장 규모를 감안한다면, 중국은 한국에게 상업적인 형태의 문화 교류의 주요 지점으로 남을 것이다.[95]

일본 시장을 개척한 잘 알려진 두 개의 예로 SM엔터테인먼트의 스타들인 권보아 (무대 이름은 BoA)와 동방신기가 있다. 1998년 시작된 한일간 문화 교류의 흐름 속에서, SM엔터테인먼트의 이수만 대표는 한국에서 약간의 성공을 거둔 한 10대 소녀를 일본으로 보냈다. 일본에서 그녀가 일본어를 배우는 동안, 이수만 대표는 일본의 주요 연예 기획사인 아벡스 그룹과 파트너십을 체결했다. 아벡스 그룹의 아벡스 트락스 레이블에서 보아의 첫번째 일본어 앨범이 2002년에 출시됐는데, 「Listen to My Heart」이라 불린 이 앨범은 R&B, 댄스곡, 그리고 발라드 트랙으로 이뤄져 있고 주로 일본인 작곡가들이 곡을 썼다. 그것은 1백만 부 넘게 팔렸고, 이를 통해 일본인이 아닌 사람이 J-팝 스타가 될 수 있다는 것을 처음으로 증명했다.[96] 비록 그녀는 민족적 정체성을 숨기려는

94 Fuhr, *Globalization*, 142; the figures are taken from Korean Creative Content Agency (KOCCA) publications.

95 Negus, *The South Korean Music Industry*, 13.

96 Carolyn Stevens는 확실히 해당 이슈에 대해 이러한 견해를 가지고 있다; Stevens, *Japanese Popular Music*, 32-33를 참고하라.

시도는 하지 않았지만, 일부러 그것을 강조하지도 않았다. 보아는 그래서 동시에 J-팝 스타이자 K-팝 스타가 됐다.

K-팝 스타들이 다른 언어들을 배우는 전략—주로 일본어, 중국어, 그리고 영어—은 이제 일반화됐다. 5인조 남성 밴드 동방신기는 2003년에 결성됐고 2004년에 아벡스 그룹과 계약을 맺었다. 이들은 보아의 성공에 힘입어 일본에서의 활동을 개시했지만, 일본의 TV프로그램을 보면 그들은 일본어 실력이 빠르게 향상되고 있는 한국인들로 (역자주: 보아에 비해 한국인이라는 정체성을 더 알리는 방식으로, 혹은 보아에 비해 일본어 실력이 완벽하지는 않은 채) 일본 시청자들 앞에 섰다.[97] 그들의 음악은 주로 댄스음악과 강한 도시적 댄스 풍의 록, 그리고 R&B로 특징 지워진다. 2008년에 이들은 일본에서 효과적인 성공을 거두기 시작하는데, 이 해에 이들의 노래가 네 개나 오리콘 차트에서 1위를 했다. 이들은 NHK의 홍백가합전에 초대되는 명예도 얻었는데, 이 홍백가합전은 연말에 하는 음악 행사로서 여전히 권위를 인정받고 있으나 시청률이 점차 하락 중이다.[98] 그러나 K-팝이 일본시장에서 계속해서 성공을 거두고 있음에도 불구하고, 신현준이 올바르게 관찰하고 있듯이, 간아시아 대중 음악 창작은 기울어진 운동장(uneven field)이다. 그는 이렇게 말한다: "K-팝은 일본시장 진출을 위해 로컬화되는 데 반해, J-팝은 한국에서 전혀 수정되지 않고 원

---

97 주목할만한 사실은 SM이 처음에는 동방신기의 타깃 시장으로 중국을 주목을 했다는 것이다. 그래서 그들의 첫 한국어 앨범인 *Tri-Angle*(2004)이 중국에서 CRC (China Record Corporation) 레이블로 발매될 때 중국어 이름인 *Dongfang Shenqi*라는 이름으로 발매되기도 했다. 이 중국 버전에는 세 곡이 2번이나 등장하는데, 각기 한국어와 (약간 어색한) 만다린 중국어로 녹음된 곡들이었다. 한국에서 이들은 '*Dong Bang Shin Ki*'로, 만다린 중국어로는 *Dongfang Shenqi*로 알려져 있었고, 모두 "동쪽에서 떠오르는 새로운 신"이라는 의미를 지닌다. 일본에서 이들이 거둔 성공에도 불구하고, 이들은 다섯 중 세 멤버의 계약과 관련된 문제로 인해 한국에서의 활동을 2009년 말에 완전히 그만두게 된다. 동방신기는 남은 두 멤버만으로 새로 그룹을 꾸려 2010년 재등장했다.

98 "NHK Sees Ratings for '*Kohaku*' Music Show Sink to Lowest Ever," *Japan Times*, 2 January 2016 〈http://www.japantimes.co.jp/news/2016/01/02/national/media-national/nhk-sees-ratings-for-kohaku-music-show-sink-to-lowest-ever/#.V3ncDmOP5a_〉 accessed 4 July 2016.

래대로 소비되고 있다…소위 소프트파워의 국제적 불균형은 초국가적인 문화 흐름의 현 단계에서도 여전히 존재하고 있다."[99] 부언하자면, K-팝은 (일본 시장 진출이라는 특수한 경우를 제외하고는) 이미 창작 과정에서부터 지역을 염두에 두고 만들어지며, 그래서 한국과 외국에서 이들이 부르는 음악과 공연 내용이 같다.

K-팝에 대한 지역 수용자들의 민족적인 반응은, 이들은 비록 보다 자신감 있고 새로운 아시아를 긍정하는 간아시아 대중음악의 창작과 홍보에 기여하기도 하지만, 이미 2006년부터 가시화됐다. 대만과 중국인들은 점차 확대되는 한류 TV드라마의 존재감에 부정적으로 반응했고, 대만의 정보 총국과 중국의 CCTV는 한국 드라마에 편성되는 시간을 줄이겠다고 발표하기도 했다.[100] 그리고 그러한 반응은 재현됐다. 2011년에 대만의 국립통신위원회(National Communications Commission)는 한국 드라마의 제한적인 상영을 요청했고 일본에서는 한국 드라마를 비판하는 시위가 일어났다. 한국의 일간지 동아일보는 "상대방 국가의 문화를 이해하고 받아들이는 노력을 꾸준히 해나가는 것이 해법이다"라고 제안했다 ([횡설수설/홍찬식]대만의 한류 역풍).[101] 한류의 문화적 창작물들이 비록 제작 포맷에 있어서는 간아시아적일지 모르지만, 문화적 대화는 충분히 강조했던가? 특히 악명 높은 반-한류 사건은 일본에서 일어났는데, 이는 야마노 샤린이라는 가명의 만화가가 2005년에 출간한 일본 만화책 '혐한류'와 함께 시작됐다. 그 당시 일본에서의 한국의 존재감은 2002년 KBS가 제작하고 지역적으로 유명해진 드라마 『겨울 연가』를 NHK가 2004년

---

99 Shin, "Reconsidering Transnational Cultural Flows": 108.

100 "Taiwan, China United in Backlash Against Korean Wave," *Chosun Ilbo*, 11 January 2006 〈http://english.chosun.com/site/data/html_dir/2006/01/11/2006011161009.html〉 accessed 1 July 2016.

101 Hong Chan-sik, "Korean Wave Backlash in Taiwan," *Dong-A Ilbo*, 2 January 2012 〈http://english.donga.com/List/3/all/26/402867/1〉 accessed 3 July 2016.

에 재방영한 이후로 빠르게 확고해져 가는 상황이었다.[102] 야마노의 만화에는 한 대학 신입생이 등장하는데 이 대학에서 그는 "동아시아 조사 위원회"라는 동아리에 가입하게 되고 거기서 일본과 한국간의 역사적 분쟁에 대한 진실을 배운다. 그리고 지한파 일본인들과 한국인 유학생들은 이 공유된 역사에 대해 무지하다는 사실이 드러난다.[103] (역자주: 저자가 진실이라는 단어를 쓸 때 큰 따옴표를 쓰고 있지 않아 마치 만화의 주장에 전적으로 동의하는 것처럼 보일 수 있겠다. 원문은 다음과 같다: Yamano's comic has a freshman joining his university's "East Asia Investigation Committee," and he learns the truth about historical disputes between Japan and Korea, with pro-Korean Japanese and Korean students' ignorance of this joint history getting exposed in the process.) 주체와 타자라는 거친 이분법은 이 만화의 논쟁적 전술의 필수불가결한 일부다. 약 10년 뒤인 2014년에 코리아타임스는 한국과 일본의 전문가들과 관찰자들을 인용하며 "매주 주말 일본 전역에 걸쳐 열린다고 보도된" 반한 시위 참석 인원이 실제로는 미미한 수준이라고 했지만, 그럼에도 불구하고 한국의 문화 콘텐츠 수출과 도쿄에 있는 코리아타운의 작은 상점들은 중대한 도전에 직면해 보인다고 했다. 그리고 이 도전을 촉발시킨 일본의 우익 정치인들과 활동가들의 반한 목소리가 경제 침체 및 분쟁 도서와 '위안부' 문제들을 둘러싼 해결되지 않은 한일간의 갈등 가운데서

---

102 Yoshitaka Mōri, "*Winter Sonata* and Cultural Practices of Active Fans in Japan: Considering Middle-Aged Women as Cultural Agents," in *East Asian Pop Culture: Analysing the Korean Wave*, ed. Chua Beng Huat and Koichi Iwabuchi (Hong Kong: Hong Kong University Press, 2008).

103 Nicola Liscutin, "Surfing the Neo-Nationalist Wave: A Case Study of *Manga Kenkanryū*," in *Cultural Studies and Cultural Industries in Northeast Asia: What a Difference a Region Makes*, ed. Chris Berry, Nicola Liscutin, and Jonathan D. Mackintosh (Hong Kong: Hong Kong University Pres. 2009); and Rumi Sakamoto and Matthew Allen, "Hating 'The Korean Wave' Comic Books: A Sign of a New Nationalism," *Asia Pacific Journal/Japan Focus* 5, no. 10, 1 October 2007 ⟨http://apjjf.org/-Rumi-SAKAMOTO/2535/article.html⟩ accessed 1 July 2016.

크게 공명됐다고 평했다.[104] 냉전시대, 그리고 그 전부터 생성된 정치적 잔여물들이 도무지 끝날 기미가 보이지 않는 후기버블경제 시대에도 그들의 존재를 각인시키고자 했다.

국경을 넘나드는 대중 문화에 대한 다양한 부정적인 반응들은 지역의 문화적 주체성에 있어 생겨나는 부인할 수 없는 변화를 강조한다. 보다 야심차고 정부의 지원도 따르는 동시대 대중 문화로서 K-팝은 내수 시장 중심의 J-팝이 의도치 않게 개척한 유통 경로들의 다수를 따라왔으며 또 그것들을 능가해왔다. 그리하여 우리는 이런 질문을 해 볼 수 있을 것이다. 대중문화 팬심의 초지역적인 결집, 그 일본 "지부"에서 우익을 자극하고 있는 이 복합적인 현상에 대해 우리는 어떻게 바라볼 것인가? 이를 위해 우리는 우연히 원형(prototype)이 돼 버린 J-팝을 다시 한번 돌아볼 필요가 있을지 모른다. 왜냐하면 이렇게 함으로써 우리는 적어도 K-팝의 수출 지향적인 화려함이 만들어낸 부가적인 복합성 없이 이 초지역적 '커뮤니티'를 들여다 볼 수 있을 지 모르기 때문이다.

이제 일본의 5인조 그룹 아라시(이는 '폭풍'을 의미)를 살펴볼 차례다. 1999년에 데뷔한 이들은 오노 사토시(리더), 사쿠라이 쇼, 아이바 마사키, 니노미야 카주나리, 마츠모토 준으로 구성돼 있고, 이들은 1980년과 1983년 사이에 태어났다. 그들의 작품들은 대체로 낙관적이고 흥겨운 팝 음악이고, 길들여진 힙합적인 요소가 섞여 있으며, 초기 작품들에는 버블검팝도 있었다. 이들이 2006년 8월17일 대만 타이페이 체육관에서 가진 관객들과의 대화 세션은 이들에 대한 몇 가지 사실을 드러낸다는 점에서 주목할 만 하다. 2006년은 이 글을 논하기에 아주 적절한 해인데, 왜냐하면 그 당시에, (K-팝을 비롯한[105]) 한

104 Park Si-soo, "Anti-*Hallyu* Voices Growing in Japan," *Korea Times*, 21 February 2014 〈http://www.koreatimes.co.kr/www/news/culture/2014/02/386_152045.html 〉 accessed 3 July 2016.

105 2000년대 중반 동남아시아에서 눈에 띄는 활동을 펼친 가수들 중에는 R&B가수 비와 세븐, 그리고 댄스 걸그룹 V.O.X가 었었다; 그리고 Ubonrat and Shin, "Asianizing K-Pop"를 참고하라.

류가 이미 1990년대 일류가 누린 지위를 능가하기 시작했기 때문이다. 그것은 아라시와의 대화를 위해 모인 관객들이 간아시아 대중음악의 초기 팬-소비 충동에만 머물러 있지 않고 이것을 지속적인 헌신의 형태로 이 그룹을 추종해 온 이들이라는 것을 의미한다. 이는 다음과 같은 사실을 감안하면 더 그러한데, 2016년에 자니스 홈페이지에는 직접적으로 일본에 거주하는 팬들이 아니면 어떤 소속 그룹 팬클럽에도 가입이 금지된다는 공지가 떴다. 그리고 팬클럽 멤버가 아니면 해당 그룹의 공연 티켓을 살 우선권을 가지지 못한다.[106] 아라시와 같은 남성 아이돌 그룹들의 경우, 이론의 여지는 있지만 SMAP을 제외하고는 일본에 있어서 가장 유명한 그룹인데, 이들의 콘서트 티켓을 사는 것은 거의 불가능하다. 자니스 소속 그룹들이 일본 바깥으로 외유를 잘 다니지 않는다는 사실을 감안하면 더 그렇다. 이는 일본 가수들이 현실 혹은 수요에도 불구하고 일본보다 큰 시장에 영합할 필요를 느끼지 못했기 때문이다.

타이페이 콘서트는 아라시가 가진 최초의 해외 공연 투어의 일환으로서, 타이페이 공연 이후에 이들은 광주에서 열린 제 3회 아시아 음악 축제(Asia Song Festival)에 일본 대표로 참가하기 위해 방한했다. 한국이 주관하는 이 행사는 지금도 계속되고 있으며, 아시아 가수들을 초청함으로써 해당 지역들과의 대화를 시도하고, 그럼으로써 문화적 제국주의라는 혐의를 벗어버리고자 한다.[107] 아라시의 해당 투어 최종 종착지는 방콕이었는데, 여기서 이들은 태국과 일본의 우정과 교역의 선언 120주년 기념 행사를 위해 열린 콘서트의 메인 참가자였다. 이 상업적이면서도 준외교적인 목표를 가진 투어는 "아라시의 아시

---

106 Johnny's Net, "Family Club" 〈http://www.johnnys-net.jp/page?id=jfcJoin&lang=en_us〉 accessed 4 July 2016.

107 이 페스티벌은 한국국제문화교류진흥원(KOFICE)이 주관한다; see Fuhr, *Globalization*, 143-49, for an examination of KOFICE's goals. Also see Gunjoo Jang and Won K. Paik, "Korean Wave as Tool for Korea's New Cultural Diplomacy," *Advances in Applied Sociology* 2, no.3 (2012): 196-202.

아 투어: 태국-대만-한국"으로 이름 붙여졌다.[108]

간아시아 대중 음악 콘서트는 이제 진화된 패턴을 가지고 있는데, 콘서트 중에 팬들과의 교감을 가능케 하기 위해 장시간 관객과의 대화 세션을 가진다. 타이페이 콘서트도 예외가 아니었다. 아라시가 세션을 소화하는 동안 통역자가 무대 위에 있었다. 마츠모토 준이 아라시가 7년 전에 결성됐다라는 얘기를 했을 때, 니노미야 카주나리는 그리 오랜 시간 동안 그들이 대만에 오지 못했던 것에 사과하면서, 해외에도 그들의 팬이 있다는 사실을 그들 역시 알고 있었음을 시인했다. 니노미야는 이어서 관객들 중에 일본에 와서 그들의 공연을 본 사람이 있는지를 물었고, 관객들이 그렇다는 반응을 함성으로 대신하자, "대단하네"(sugoi ne)라고 반응한다. 이들이 상황을 빗대어 "만약 산이 무함마드에게 오지 않으면" (역자주: 프란시스 베이컨으로부터 유래한 속담. "산이 오지 않으니 내가 산으로 가야 한다." 원문은 "If the mountain will not come to Muhammad, then Muhammad must go to the mountain.")이라는 농담을 할 때, 사쿠라이 쇼는, 관객들 중에 그들의 농담이 심지어 만다린 중국어로 통역되기 이전부터 웃고 있는 이들이 있는 것을 발견하고는, 관객들 일부가 일본어를 아는 것 같다고 얘기한다. 관중들이 그렇다는 반응을 보이자, 니노미야는 곧바로 그들이 일본어를 학교나 집에서 배웠는지 묻는다. 통역가가 "독학했대요"라고 하자, 아라시의 모든 멤버가—팝가수로서의 오랜 경력을 감안하면 놀랍게도—화들짝 놀란 것 같았다. 마치 해외의 팬들이 일류(Japanese wave)를 따라가려고 일본어를 공부한다는 것을 처음 듣는다는 듯이 말이다. (지금은 모두 알다시피 아시아의 팬들은 보다 새로운 파도(한류)를 따르기 위해 한국어를 배운다.) 사쿠라이는 관중 가운데에 홍콩, 싱가포르, 그리고 태국으로부터

108 쟈니스의 음악 레이블인 J Storm이 2007년 2매와 3매 짜리의 DVD 콘서트 셀렉션을 발매했다. 팬들과의 대화 세션은 3매 짜리로 이뤄진 한정판 DVD 셀렉션(JABA-5020~5022) 중 첫번째 디스크에 수록돼 있다.

온 팬들을 알아 본다 (아마도 이들 팬들이 들고 있는 자신들의 출신 국가가 적힌 플래카드를 읽고 였을 것이다). 니노미야가 재치 있게 끼어들면서 자기는 (한자로 적힌) 마카오라고 적힌 플래카드를 보고, 그것이 사람 이름인 줄 착각했다고 말한다. 아이바 마사키가 마카오 팬들을 발견하고 그들을 가리키자, 사쿠라이는 영어로 "안녕, 마카오"라고 그들에게 인사한다. 곧이어, 팬들과의 대화의 녹음이 끝나고 콘서트는 계속된다. 우리는 이 콘서트의 주요 관객들이 젊은 대만인들이라는 것을 알지만 다른 나라들에서 온 젊은이들 역시 그 곳에 있으며, 그들은 아라시 멤버들이 자기들을 알아볼 때, 자기들이 누구인지 밝히는 것을 즐거워한다. 아라시가 아시아를 순방하듯, 아시아 역시 아라시에게 기꺼이 가려고 한다.

아시아의 동시대 대중음악 콘서트는 말하자면 생산적이고 상상적인 행사다. 이 곳은, 아마도 다국적 청중들에 의해 빚어지는 비자발적인 효과일진 모르지만, 국적을 가리지 않는 통합의 장이 된다. 이 일본 가수들과 제작진, 그리고 관객들은 허구의 화합과 공통의 (비록 내부적으로 분열돼 있다고 해도) 역사적 시간을 수행적으로 함께 투사한다(co-project)고도 할 수 있다. 근대의 주체는 단수가 되는 경향이 있다—민족국가, 혹은 민족적 문화, 이 둘 모두 일종의 변증적인 화합을 지닌 '우리'("we")라고 하는 단일 집단 정체성을 상정한다. 대조적으로, 타이페이에서는, 콘서트 관중들은 다수이며 다국적이고, 이들은 도시적 대중 문화에 대한 욕구가 성취되는, 내재적으로 동등하지 않으나 동시대적 순간들에 안겨 있다. 지역 내에 존재하는 분리적이고 공간적이고 역사적인 관계에도 불구하고, 모더니티에 대한 욕구가 표현될 때, 그것은 갈수록 지역적인 자본을 향한다. 만약 흔히 얘기되는 대로, 예술이 동시대의 특권적인 메신저라고 한다면—한 때 그것이 모더니티의 메신저였던 것처럼—대중 문화는, 스스로 고급문화보다 일상적이라 표방하기 때문에, 적어도 고급 문화에 못지 않게 동시대의 메신저가 될 수 있고 복수의 주체성을 상상할 수 있는 능력을 지닌다.

결론을 내리기 위해서 오카쿠라 카쿠조로 돌아가는 것이 적절하다. 그의 지적 저작은 근대화 과정에의 수정된 이해에 전적으로 바쳐지는데, 이에 따르면 국가건설과 민족주의는 아시아에 대한 영적이고 문화적인 이상을 포기하지 않았다. 우리가 살펴본 것처럼, 그는 비록 근대적이고, 비평적이며, 자아고찰적인 의식에 대한 필요를 느꼈음에도 드러날 정도로 합리적이고 상업-산업적인 유형의 근대 문명 사고관을 반대했다. 오카쿠라가 거부한 이 상업-산업적 양태의 근대 문화가 결국에는 동시대적 아시아를 상상하는 하나의 수단으로 변모됐다.

오카쿠라의 1905년 저작, 『일본의 각성(*The Awakening of Japan*)』은 일본이 러일전쟁에서 승리하고, 그것을 통해 근대적이고 산업적이며 강력한 힘을 가진 국가로 인정받게 된 바로 그 해에 출간됐다. 이 책에서 오카쿠라는 메이지유신과 아시아의 첫 국민국가로서의 일본의 형성이 다만 서구 학문과 웨스트팔리아의 국민국가관에만 연유하지 않는다고 주장한다. 말하자면, 보다 넓은 아시아의 문화적이고 지적인 유산과 도쿠가와 시대 이전의 일본에 내재하던 고대의 이상이 복원됐기 때문에 가능했다는 것이다. "서구가 우리에게 가르쳐 준 것에 대해 크게 고마워해야 하지만, 우리는 여전히 아시아를 우리의 영감의 진정한 근원으로 간주해야 한다. 우리에게 고대 문화를 전해준 것도, 우리에게 갱생의 씨앗을 심어 준 것도 아시아이다."[109] 과거에 대한 그의 관심은 주로 중국과 인도의 고전, 그리고 불교, 유교, 힌두교에 초점 맞춰져 있다. 그는 몽고제국 이전, 즉 인도, 중국 그리고 일본간의 교류가 자유로웠을 때의 아시아에 가치를 부여한다. 아시아 본토 대륙에서 여러 침략 전쟁이 일어나고 있을 때, 일본은 더 큰 세계로부터 분리됐지만, 그럼에도 아시아 문명의 주요 측

109 Kakuzō Okakura, *The Awakening of Japan* (New York: The Century Co., 1905; reprinted, n.p.: Adamant Media Corp., 2006), 6. 앞으로 본문에서 해당 작품의 페이지 인용은 괄호로 처리될 것이다.

면들을 보존할 수 있었다. 이러한 요소들은 결국 메이지 유신에 이르기까지 일본의 "민족적 재각성"에 기여할 것이었다. 역사학자 브리 탄카(Brij Tankha)가 제시한 것처럼,

> 가마쿠라 막부(1186-1394)부터 메이지유신(1868-1912)까지, 오카쿠라는 일본이라는 세계의 특정한 양상의 지속성을 본다. 봉건적 권리와 개인적 자의식이라고 하는 일반적으로 공유되는 개념이 있는데…… 이는 유럽의 개인주의 정신과 비슷한 측면이 있다. 오카쿠라는 동양과 서양 모두에 있어 영혼에 의한 물질의 정복이 세계의 힘이 늘 지향하는 목적이었다고 논한다.[110]

오카쿠라는, 당시 일본이 이미 호전적인 디자인과 확장적인 야망을 가지고 있다는 혐의를 받고 있는 상황이었기 때문에 다소 방어적이긴 했지만, 그럼에도 일본의 과거와 현재의 구성이 지속적으로 전개되고 있는 근대 역사의 목적의 일부라고 주장하며 이에 대해 독자들을 설득하기 위해 분명하게 노력하고 있다.

서구의 진보의 개념이 가지는 문제는 정확히 무엇인가? 『일본의 각성』에서 하던 논의를 계속하며 오카쿠라는 "서구는 진보를 지향한다. 그러나 무엇을 향한 진보인가? 물질적 효율성이 완성될 때, 아시아는 '무슨 목적이 달성되느냐고 묻는다'" (97-98)라고 말한다. 그는 산업주의의 속물성을 감안할 때, 더 나은 예술이 나오지 않고 오직 대량생산된 문화가 있을 뿐이라며, "아름다움을 대신해 싼 것이 숭배될 것이다"라고 한다 (197). 그러나 그는 근대화의 과정이 세계를 탈개인화된, 상업-산업적인 지배력—이 지배력은 "에티켓과 언어의 보편적 서구화"를 초래했다 (96)—을 가지고 세계의 일치를 가져왔다는 것은 인정

---

110 Brij Tankha, "Okakura Tenshin: Writing a Good History upon a Modern Plan," in *Okakura Tenshin and Pan-Asianism: Shadows of the Past*, ed. Brij Tankha (Folkestone: Global Oriental, 2009), 38.

하고 있다. "증기선에서 호텔로, 그리고 철도역에서 목욕 시설 딸려 있는 리조트까지 그 집을 거듭 옮겨 온" 물질적 근대화의 이 "쉴 새 없는" 움직임은 "코스모폴리탄 문화의 가능성을 태동시켰다" (96-97). 세계는 문화적으로 하나가 되고 있었다—오카쿠라가 하나라고 상상한 아시아보다 더 그렇게 하나가 되고 있는 것처럼 보였다. 그가 공격적이고 국수주의적인 문화의 개념을 기꺼이 뒷받침하려고 했던 것은 어쩌면 아시아가 서구의 지배에 직면해 스스로 하나가 되는 것에 실패한 것에 대한 보상일 지 모른다.

오카쿠라가 이 글을 쓰고 난 이후에, 우리는 태평양 전쟁이라는 큰 화재를 목도했고, 이는 일본의 민족주의가 서구의 모델을 따라 제국주의와 식민주의로 변모하면서 벌어진 일이다.[111] 전후와 냉전 시대를 거쳐 일본은 새로 태어났고, 이후 오카쿠라가 반감을 지녔지만, 소위 아시아의 '기적적인' 경제 개발을 가져온 산업주의의 외양을 갖추게 됐다. 1978년말 이후에 신자유주의적인 자본의 세계화가 승리하고, 이는 추후 세계 경제의 주요 추동 엔진으로 부상하는 중국마저 포섭하기 시작했다. 동아시아는 여전히 정치적으로, 또 언어적으로 균열된 채로 남아 있지만 이 지역 내 국가들은 상호 더 밀접하게 연결돼 있다. 이것을 가능케 한 것은 오카쿠라가 비판적으로 바라본 근대적 수단을 통해서였는데, 그것은 쉴새 없는 상업주의와 산업주의였고 이들은 코스모폴리탄 문화의 가능성을 가져왔다. 그러나 동시대적 순간이 드러내는 것은 적대적인 결속이며, 이 안에서 민족주의라는 위대한 근대적 사상은 여전히 기능하고 있다. 역으로, 새로 발견된 상호의존성에 힘입은 지역적 시장이라는 비전도 제시되고 있는데, 이 비전 안에서는 같음과 다름이 더 이상 상호 모순적인 관계에 있지 않다. 대중 문화는 오카쿠라가 인식한 것처럼 "값싼" 것이 더 이상 아니며, 그것

111 Prasenjit Duara, *Sovereignty and Authenticity: Manchukuo and the East Asian Modern* (Lanham, Md.: Rowman & Littlefield, 2003), 9-41.

이 가진 모든 한계에도 불구하고, 아직 결론 내릴 수 없는 동시대적 순간에 나타나는 새롭고, 또 지역적으로 긍정적인 문화의 일부다.

감사의 말

Mori Yoshitaka, Anthony Fung, Elizabeth K. Helsinger, Brett de Bary, Chua Beng Huat, Uchino Tadashi, and Shin Hyunjoon께 이 에세이에서 다룬 문제들에 대해 몇 년에 걸쳐 함께 의견을 나눠준 것에 대해 감사 드리고 싶습니다: Michael Bourdaghs, Sun Jung, Shim Doobo, Lee Hyunjung께도 감사를 드립니다. 사카이 나오키와의 대화 역시 제 글에 영향을 주었습니다. 마지막으로, 다년간 나의 HL4009와 HL7114 수업들을 들으며 "native informers"들로 그들의 생각을 들려 준 학생들에게도 고마움을 표합니다.

번역: 문광립 (연세대학교 영어영문학과 대학원 박사과정)

17세기 '「원료범공과격」(袁了凡功過格)' 속의 여성과 사회

차혜원(연세대, 사학과)

시작하며

'공과격(功過格)'이란 개인의 일상 행동을 선한 행위인 공(功)과 악행인 과(過)로 분류하고 이를 점수로 환산한 표(格)를 말한다. 이 표는 고정된 양식이 있는 것은 아니지만 대부분 선행에는 점수를 더하고 악행은 점수를 깎아서 월말과 연말에 총계를 내는 방법으로 만들어진다. 해가 거듭되면서 선악의 대차대조(貸借對照)는 뚜렷해져서 그 결과에 따라 길흉화복과 수명, 나아가 대를 이을 자손의 출생과 운명까지도 결정된다. 즉 인간의 삶은 정해진 숙명에 의해 좌우되는 것이 아니라 스스로의 행위, 혹은 과거 조상의 업보로 의해 변화한다는 믿음이 공과격의 바탕에 깔려있다.

인간의 행위를 시종 지켜보면서 그 운명을 결정짓는 것은 '하늘'의 존재이다. 이러한 믿음의 근원은 중국 고대의 도교 교리와 유교 관념으로 거슬러 올라갈 수 있다. 중국사회에 불교가 본격적으로 유입되는 중세에 이르러 민간에는 선악보응, 인과응보를 당연시하는 풍조가 더욱 확산되었다.[1] 공과격은 중국 송대(宋代: 960-1279)에 출현한 「태미선군공과격(太微仙君功過格)」에서 처음 그 원형이 만들어졌다.[2] 우현자(又玄子)라는 도사가 꿈에 신선 세계에서 태미선군에게 '공과지격(功過之格)'을 받아 세상을 이롭게 할 목적으로 이를 보급했다고 한다. 당시의 도교는 세속 세계에 적극적으로 파고 들어가려는 이른바 '입세전향(入世轉向)'을 지향하면서 통속화, 일반화되는 추세를 보였다.[3] 인간 세상에서 선행을 쌓으면 신선이 도와준다는 「태미선군공과격」은 바로 이러한 경향을 반영하고 있다.

초기 공과격의 또 하나의 주요한 특징은 도교만이 아니라 유교, 불교적 요소가 혼입된 삼교(三教) 합일적인 성격을 띤다는 점이다. 유교는 역대 왕조의 지배 교학으로 자리 잡고 있었지만 불교나 도교를 완전히 배제하지 않은 채 상호 영향을 주고받았다. 송대 당시 중국 사상계의 일각에서는 도교와 유교, 불교 간의 상호 침투와 융합이 활발하게 나타나고 있었다. 「태미선군공과격」은 서문에서, "적선을 행한 집에는 반드시 자손에게 행복이 미치며 악행을 거듭한 집안에는 반드시 자손에게 앙화가 미친다(『易経』坤卦 · 文言)"라는 유교적 가르침과 도교 규범에 속하는 "적선을 행하면 상서로우며 악행은 재앙으로 벌을 받는다(道科: 積善则降之以祥, 造惡则責之以祸)"라는 귀절을 인용하여 유교와 도교의 가르침은 일체임을 보여주었다. 이러한 포용성은 이후에 유가 관료와 지식인, 도사와 승려에 이르는 다양한 주체들이 공과격의 작성과 배포에 관여하였던 사실을

1 거자오꾸앙(葛兆光),이종미 역, 『고대 중국 사회와 문화』, 동국대학교 출판부, 2014, pp.293-295.

2 현재 주로 유통되는 『道蔵』本은 功格 36조와 過律39조로 구성되었다. 사실 도교 계통 공과격들은 자의적인 개찬이 많은 관계로 「太微仙君功過格」의 여러 판본들은 명칭과 내용 면에서 상당한 차이가 있다. 경전으로서의 엄밀한 권위에 대해서는 회의적인 시각이 많음을 밝혀둔다. 酒井忠夫,『增補中國善書の研究』上(東京: 国書刊行会, 2000), pp.438-443. 秋月観暎,「太徵信仰と功過格-道蔵本功過格をめぐる二·三の問題」, 弘前大学人文学部紀要 『文経論叢』8-3, 1973 참조.

3 余英時, 『中國近世宗教倫理與商人精神』(上), 安徽教育出版社, 2001, pp.118-119.

이해하는 데 도움을 준다.

공과격은 오랜 세월을 거치며 수많은 형식들로 변형되었지만 개인의 선악을 통계표로 만든다는 기본 양식은 17세기 초, 절강지방 출신의 문인관료 원황(袁黃 1533-1606)에 의한 「원료범공과격(袁了凡功過格)」에서 처음 만들어졌다. 원황이 창안한 장부 형식의 공과격은 대중들에게 큰 호응을 얻으면서 본격적으로 확산되기 시작했다. 지금까지 이 현상에 대해서는 종교, 철학, 역사 등 다양한 방면에서 연구 성과들이 축적되었다. 역사학 분야에서는 공과격의 출현과 유행 및 그 바탕을 이루는 사상이 사회 구성원들의 사고와 생활상을 반영한 시대적 산물이라는 점에 특히 주목하였다. 지금까지의 연구를 통해 「원료범공과격」을 효시로 한 공과격들이 사회 지도층들의 권선운동 및 '선서(善書)'라는 서적류의 보급과 함께 출현했다는 사실이 밝혀졌다.[4] 「원료범공과격」만을 대상으로 한 전문 연구서도 발간되었다. 역사학자 신시아 브로커우는 창안자인 원황의 사상적인 특징과 위상에 관심을 두고 이를 명대 말기 중국 사회의 지적인 성취 및 사상적 맥락과 연결하여 분석하였다. 여기서 제시된 사회사적 관심, 즉 공과격의 출현이 유교 이념의 헤게모니를 장악하려는 지식인들의 동향과 연동되어 있다는 접근방식은 이후의 연구에도 영향을 미쳤다.[5]

필자도 역시 공과격을 당시의 사회 변동의 맥락에서 이해하려는 점에서 기

---

4 권선서 혹은 선서란 민중을 교화시켜 선행을 권하고 악을 징계하기 위해 편찬된 통속 서적 류이다. 民衆道教의 종교의식을 바탕으로 한 선서는 점차 유교, 불교적 요소와 결합하며 서민사회에서 크게 유행했고 오늘날까지 이어진다. 대표적인 선서로는 남송 초의 '太上感應篇', 명대의 '陰隲錄', 청대 초기의 '關帝覺世經' 및 '功過格'들을 들 수 있다. 대표적인 연구로는 酒井忠夫, 같은 책; 吳震, 『明末清初勸善運動思想研究』 臺北 : 臺大出版中心, 2009, 1-2. 선서연구 동향 전반에 대해서는 朱新屋, 「20世紀以來中國善書研究的回顧與展望」, 『西華師範大學學報(哲學社會科學版)』 2014-第1期 참조. 선서 중에서 공과격을 주로 다룬 연구로는 游子安, 「明末清初功过格的盛行及善书所反映的江南社会」, 北京: 『中国史研究』, 中国社会科学出版社, 1997-4期 참조.

5 Cynthia Brokaw, *The Ledgers of Merit and Demerit: Social Change and Moral Order in Late Imperial China* Princeton UP, Princeton 1991):包筠雅, 杜正貞 · 張林譯, 『功過格明清社會的道德秩序』, 杭州:浙江人民出版社, 1999.

존 연구와 같은 관심을 가지고 있다. 그러나 본 연구는 지성사의 계보나 엘리트층의 윤리적인 모색의 차원이 아니라 「원료범공과격」에 등장하는 여성과 가족, 여아 살해라는 항목에 주목하였다. 원료범의 선행장부에는 특이하게도 여아 살해 풍습인 '익녀(溺女)' 등의 사회문제와 여성 및 혼인 관련 항목이 상당한 비중을 차지한다. 이것은 대부분의 공과격이 효도, 예와 염치 등의 윤리를 보다 중시한 것과는 뚜렷한 차이가 있다.

17세기 중국 사회에서 출현한 「원료범공과격」에서 익녀 문제와 여성 관련 비중이 컸다는 사실은 어떻게 해석하면 좋을까? 여기서는 우선 그의 개인적인 삶과 사회적 배경이라는 두 가지 요소에 초점을 맞추어 검토해 보려고 한다. 사실 명말청초(明末清初)로 통칭되는 16세기 중반에서 17세기 중반에 걸친 사회 변동기는 익녀 및 매매춘 문화, 여성의 생활상을 증언해주는 기록들이 많이 남아 있어 연구자들의 관심이 집중되는 시기이기도 하다.

「원료범공과격」에 대한 높은 관심에도 불구하고 그의 공과격에 제시된 선악의 기준과 비중이 여타 공과격과 어떤 차이가 있는지는 거의 검토되지 않은 상태이다. 지금까지 공과격 연구 자체가 주로 선서 연구의 맥락에서 이루어진 관계로 각 공과격의 항목 자체는 큰 의의를 두지 않았기 때문일 것이다. 본고에서는 「원료범공과격」의 짜임새 속에 여성 항목이 차지하는 비중을 살펴보면서 그 시대적 특징과 한계에 접근해 본다. 다만 텍스트에서 여성이나 젠더 관련 요소만을 독립적으로 다루게 될 때, 「원료범공과격」 혹은 공과격이라는 특수한 사료 자체의 맥락을 무시하거나 균형을 잃을 우려가 있다. 이를 조금이라도 보완하는 의미에서 먼저 「원료범공과격」을 낳은 시대적 맥락과 판본의 특징, 저자 원황의 삶에 대해서도 간단히 소개하고자 한다.

1. 권선의 시대와 「원료범공과격」

본고에서 제시한 「원료범공과격」이란 엄밀하게 말하면 원황이 당대의 고승 운곡선사(雲谷禪師: 1500-1575)로부터 전수받았다고 하는 「운곡수원료범공과격(雲谷授袁了凡功過格)」을 말한다. 이 문서 및 함께 첨부된 표 양식은 원황이 저술한 선서 중 하나인 「음즐록(陰隲錄)」에 포함되어 있다. 중국 대륙에서는 이 판본이 유실된 상태이기 때문에 대부분 일본에서 간행된 화각본(和刻本)이 텍스트로 이용된다.[6] 그런 까닭에 현재 '료범공과격' 혹은 『료범사훈(了凡四訓)』의 일부로 통용되는 공과격의 경우, 편찬자의 목적에 따라 표의 형식을 바꾸거나 항목들을 일부 수정한 개정본들이 대부분이다. 또한 원황의 선서로 알려진 『료범사훈』 자체도 원황 자신이 편찬한 것이 아니라 청대 초기의 선서인 『단계적(丹桂籍)』에 포함되어 그의 다른 저술인 「성신록省身錄」, 「입명편(立命扁)」, 「적선편(積善篇)」, 「겸허지작(謙虛之作)」을 묶어서 펴낸 『원료범선생사훈(袁了凡先生四訓)』을 저본으로 한 것이다. 이 문서가 민간에 확산되는 과정에서 종종 내용과 형식을 변경시킨 요약본들이 만들어졌고 그 속에 공과격이 포함되곤 했다.

사실 「원료범공과격」 뿐만 아니라 도교 계통의 공과격들은 대부분 다양한 종류의 이본들이 존재한다. 공과격을 검토하기에 앞서 판본 확인은 필수적이지만, 다른 한편 이처럼 원본을 자의적으로 변형시킬 수 있었던 점이 공과격 확산과 대중화에 기여했다고도 볼 수 있다. 이 글에서는 선행연구들에서 밝혀진 바, 저자 원황이 펴낸 최초본에 가장 가까운 명대 숭정(崇禎) 연간본 「음즐록」과 거

---

6 酒井忠夫 같은 책, pp.444-445. 吳震, 「關於袁了凡善書的文獻學考察—以『省身錄』『立命篇』『陰騭錄』為中心」, 北京大學中国社会科学院哲学研究所: 『季刊中國哲學史』, 2016年 3期, pp.110-111. 『陰騭錄』 一冊은 『自知錄』과 합간된 형태로 발간된 '日本元祿十四年(1701) 洛東獅子谷升蓮社和刻本」이 가장 많이 이용된다. 이 서적은 '明崇禎三年(1630) 龍華道人蘇文昌序刻本'을 저본으로 한 准漢籍에 속하며 원 제목은 "明賜進士袁了凡先生陰騭錄"이다. 본고는 京都大學所藏本을 이용하였다.

기 딸린 '공과격관: 운곡선사전(功过格款: 雲谷禪師傳)'을 참고하였다. 이 공과격의 마지막 부분에 표기된, "이를 받은 자는 날마다 표에 공과를 분명히 기록하며 점수가 미치지 못하면 앞의 점수를 끌어 넣는다. 한 달이 끝나면 역시 같은 방식으로 많고 적음을 비교한다. 한 해가 지난 뒤에 비교해 보면 자신의 죄과와 복덕을 알 수 있다"라는 문장이 이후 공과격의 기본 형식을 규정하였다.

「원료범공과격」은 17세기경 '선서(善書)'의 보급과 밀접한 관련을 맺고 있다.[7] 당시의 중국사회는 정치와 경제, 문화 등 사회 전반에 걸친 대변혁기에 접어든 상태였다. 기존의 가치관과 사회질서가 흔들리는 가운데 경제와 문화의 선진지역인 강남지방에서는 경세적 성향을 띤 지식인들 사이에서 다양한 사회개혁운동이 전개되고 있었다. 그 중에서 권선징악의 사상이 담긴 선서라는 서적 류를 보급하여 민간의 도덕심과 윤리를 유지, 강화하려는 움직임이 두드러졌다.[8] 지식인 및 종교인들이 민중 교화를 위해 가장 애호했던 방법 중 하나가 바로 선서를 간행하고 유포하는 방식이었던 것이다.

당시 강남지역에서는 목판인쇄술의 발달과 지식 정보에 대한 사회적 수요가 맞물리면서 상업 출판이 대성황을 이루고 있었다. 이 시기에 출현, 간행된 대표적인 선서로는 『문창제군음즐문(文昌帝君陰騭文)』, 『공과격』, 『관성제군각세경(關聖帝君覺世經)』 등이 있으며 이 중 공과격은 후대까지 가장 강한 영향력을 미쳤다. 1620년에서 1670년 사이의 오십년 간 적어도 10여 종 이상의 새로운 공과격이 출간되는 성황을 맞았다.[9] 지역 엘리트들 사이에서 성행했던 강회 모임은 서원이나 절 또는 도관(道觀)에서 이루어지곤 했는데 부기(簿記) 방식으로 공과를 기록하여 과오를 뉘우치곤 했다는 기록이 남아 있다. 지역민에

7 鄭志明, 『中國善書與宗教』, 臺北: 臺灣學生書局, 1988, p.72.

8 앞의 각주4 참조.

9 包筠雅, 같은 책, p.399.

게 선정을 베푸는 일환으로 공과격을 간행하는 지방관의 사례도 이 시기의 모습을 증언해준다.

공과격을 비롯한 선서는 서민층이 이해하기 쉽도록 고안되어 속문이나 구어체가 많이 쓰이며 삽화를 이용한 설명이 많은 것이 특징이다. 누구나 쉽게 접할 수 있는 친근함은 선서 자체의 본질적인 속성이라고 보아도 좋다. 이 때문에 공과격은 타자로부터 강요된 것이 아니라 일반 서민들이 스스로 사회생활을 유지하기 위한 윤리 규범으로 채택되곤 했다.[10] 나아가 공과격과 유사한 기록표 형태는 중국대륙 뿐 아니라 한반도와 일본, 대만, 그리고 해외의 중국인 공동체에서도 전파되었다.[11] 중국인들이 이주한 지역에서 만들어진 공동체나 민간단체들이 선서를 유입하여 새로 출판하는가 하면 현지 실정에 맞게 변형시킨 새로운 개정본을 만들기도 했다. 심지어 오늘날에도 도교나 불교 계통의 민간종교에서는 공과격과 유사한 '권선'의 방법을 쉽게 발견할 수 있다.[12] 매체의 변화도 두드러져서 공과격은 사진이나 화보, 심지어 애플리케이션 형태로 만들어지기도 한다.

이처럼 시간과 공간을 넘어 확산된 공과격의 모태가 된 「원료범공과격」은 권선의 지향, 그리고 삼교합일적인 성격에서 「태미선군공과격」을 계승하고 있다. 그러나 양자의 결정적인 차이는 「원료범공과격」이 주체성과 자율성 면에서 획기적인 변화가 있었던 점이다. 「태미선군공과격」의 경우, 선악장부표를 기입하고 주관하는 것은 하늘이며 천상계에서 인간의 선악을 계산하여 인과응보를 결정한다. 이에 반해 「원료범공과격」은 작성자 스스로가 표를 만들고 기입할

10 吉岡義豊, 『世界の宗教九·道教永世への願い』, 東京: 淡交社, 1970, p.167.

11 游子安, 『善書與中國宗教』, 游子安自選集, 臺北: 博揚文化, 2012. 이 책에서는 선서가 민간신앙과 접목되면서 긴 시간에 걸쳐 홍콩 등 華南지구의 善堂, 道堂으로 流傳되는 과정을 밝혀내었다.

12 일례로 한국 원불교에도 공과격과 유사한 수행방법이 전수되고 있음이 확인된다. 박상수, 「원불교 초기 교단의 工夫 점검법」, 『원불교사상』23, 1999.

뿐 아니라 표에 근거하여 자신의 운명을 가늠하고 행동을 결정한다. 이처럼 각 개인의 자율성을 대폭 강화함으로써 공과격은 민중 속으로 보다 쉽게 스며들 수 있었다.

초기에 공과격이 유행한 데에는 저자인 원황의 힘이 컸다. 그는 날마다 선을 실천하면 소원을 성취할 수 있다는 믿음으로 열성적으로 공과격을 실천하였고 그 성과를 각종 저술을 통해서 널리 전달하였다. 절강성 가선현(嘉善縣) 출신의 원황은 본명보다는 36세부터 사용한 료범(了凡)이라는 호로 더 널리 알려져 있다.[13] 스스로의 기록에 의하면 원황은 어린 시절 자운사(慈雲寺)에서 송대의 도사 소강절(邵康節)의 황극수(皇極數)를 전수받은 공모(孔某)라는 도인으로부터 일생의 운수를 점쳤다. 그 뒤 도인이 예언한 과거시험 합격과 점수, 관직 임용 등이 정확히 적중하자 원황은 생로병사와 길흉화복이 모두 하늘에서 정해진 숙명이라고 믿게 되었다. 운수대로라면 그는 후사를 남기지 못한 채 53세로 세상을 떠날 명운이었다. 그러나 1569년에 남경의 명승 운곡선사(雲谷禪師: 1500-1575)를 만나서 감화를 받은 뒤 원황은 숙명을 벗어나서 새로운 운명을 스스로 개척하기로 마음먹었다. 그는 이때부터 자신의 호를 '바다를 배운다'는 뜻의 학해(學海)에서 '범부의 운수를 종료시키다'라는 의미의 료범(了凡)으로 바꾸고 운곡선사가 교시해준 공과격에 따라 삶의 방식을 변화시켰다. 그는 일상사에서 매일 선악을 분별하면서 선행에 힘쓰고 과실을 고쳐 나갔다고 자부한다. 즉 「원료범공과격」 자체는 운곡선사로부터 전수된 것이라고 하지만 작자를 원황으로 하는 데 이의가 없는 이유는 공과격 자체가 원황의 일생과 상호 부합하는 내용과 항목들로 채워져 있기 때문이다.

---

13 원황의 학문은 經史는 물론 水利, 曆法, 陰陽, 音律, 賦役, 屯田, 醫學 등 다양한 방면에 걸쳐 있으며 명성도 누렸지만, 그의 '好奇尚博'의 기풍은 정통 유학자들의 비난을 받는 등 이중적인 면이 있다. 원황의 傳記는 『江南通志』, 권140, 『吳江縣誌』卷28,名臣 및 袁黃撰, 劉邦謨, 王好善輯, 『寶坻政書』 참조. 奧崎裕司, 『中国郷紳地主の研究』, 汲古書院, 1978, pp.129-146에도 자세한 전기가 실려있다.

원황은 공과격에 의거하여 십 여년간 3천의 선행을 실행한 뒤, 1578년(庚辰), 자식을 얻기위한 '구자원(求子願)'기도를 시작하면서 다시 3천 선행을 쌓겠다고 서원했다. 1579년 마침내 바라던 대로 아들 천계(天啓, 뒤에 儼으로 개명)를 얻었고 1581년에는 서원을 완료했다. 이때부터 과거시험에 합격하기를 기원하며 1만점의 선행을 약속하고 실천에 옮겼다. 계속해서 선행을 쌓은 결과 1586년에 진사급제를 이루었고 북직예 보지(寶坻)현 지현(知縣)에 임용되었다. 임지에서도 늘 공과격을 옆에 두고 선악을 기록하며 선정을 베풀어 명성을 얻었다. 꾸준한 정진을 거듭한 끝에 그는 마침내 자신이 운명을 새로 세우는데(立命) 성공했다고 선언하기에 이르렀다. 왜냐하면 사적으로도 공적으로도 그는 숙명을 넘어 성공을 거두었던 것이다. 이상은 그의 「입명편(立命篇)」 등의 저작에 기초한 서술로 후세의 기록들도 대부분 이 내용을 그대로 채용하고 있다.[14]

그는 저명한 양명학자 왕기(王畿)의 가르침을 받은 유학자였고 강남 가선현의 명문 출신으로 엘리트 문관의 길을 밟았다. 동시에 도교와 불교에도 깊은 믿음을 가지고 있어 이를 공과격에 그대로 반영하였다. 원황은 '삼교선생'이라는 별명을 얻을 만큼 당시 사회를 풍미한 사조와 민간신앙을 아우르는 사고방식을 갖고 있었다. 다만 원황에게서 보이는 삼교합일(三教合一)적인 요소는 당시 유행하던 도교의 연단술 신앙과 기복적인 요소가 강한 민중 불교적인 흐름 및 과거수험을 위한 실용적 유교를 뒤섞은 통속적인 차원에 머물러 있다. 사실 당시 사회를 풍미했던 삼교합일의 경향은 선서나 공과격의 소박하고 단순한 짜임에서부터, 주자학과 선불교의 상호영향에 관한 고도의 철학적 논쟁에 이르는 복잡한 스펙트럼을 띠고 있었다. 원황의 공과격은 가장 초보적이며 단순한 삼교합일의 전형이라고 평가된다.

원황은 임진왜란(1592-1598) 에 참전한 바 있어 조선과의 인연도 깊다. 실

---

14 袁黄, 『了凡四訓』, 立命篇.

록과 명사(明史) 등의 관찬 기록에 의하면 원황은 조선에 온지 삼개월 만에 제독 이여송(李如松)과의 불화로 파면과 삭적 처분을 당하여 불명예스럽게 고향으로 돌아갔다. 사실 그는 전쟁 직후부터 명군과 일본 간의 강화를 무리하게 추진하였을 뿐 아니라 명군 내부 분열을 조장하는 언행을 일삼는 등 많은 물의를 빚었다. 조선 조야에서 '원주사(袁主事)' 즉 원황은 염주를 손에 감고 도사와 유사한 언행을 일삼는 의심쩍은 존재이기도 했다. 그를 접했던 조선 관료들은, "감히 주자학을 폄하하고 일방적으로 양명학을 선전하는 백면서생", 혹은 "불교를 좋아하고 몸가짐이 승려 같아서 접대는 편했던" 인물이라는 불편한 시선을 감추지 않았다.[15]

원황 자신의 입장에서 본다면 60세의 고령으로 조선 파병에 직접 자원했고 전쟁을 조기에 종식시키기 위해 일본군의 강화에 진력한 것 역시 자기 나름의 '적선'의 일환이었을 터였다. 또한 조선에서의 양명학 강학 활동 및 수도승을 방불케 한 생활상 등에서 그의 공과격의 편린을 엿볼 수 있다. 이처럼 현실의 원황과 공과격의 창시자 료범 선생 사이에는 커다란 간극이 존재한다. 마찬가지로 그의 공과격 역시 현세의 행운과 복을 약속하면서 폭넓게 대중의 사랑을 받았지만 윤리 문제를 지나치게 가볍게 처리했다는 비판에 직면했다. 공과격은 보편적이거나 영속적인 가치의 추구의 가능성을 오히려 차단할 위험성도 있다. 그의 지나친 세속화와 공리주의적, 기복주의적 경향은 정통적 유학자들과 불화를 빚기도 했다.

대표적인 예로 당대의 대유학자 유종주(劉宗周)는 「원료범공과격」에 내재적

15 원황은 조선과 인접한 북직예 寶坻지현으로 재임하던 중 1592년 전쟁이 발발하자 조선 파견을 자청, 兵部 職方司主事가 되어 贊畫 임무를 맡아 참전했다. 1593년 朝廷 인사이동에서 파면, 삭적처분을 받았다. 고향 嘉善에 귀향한 뒤에는 魏塘镇에서 吳江 趙田村으로 옮겨 연구와 저술, 교화에 전념했다. 죽은 뒤인 1621년, 명 조정은 그의 명예를 회복시키고 尚寶司少卿으로 추서했다. 원황이 전쟁 조기종식을 위해 일본군과의 강화를 추진했던 사실은 차혜원, 「임진전쟁기(1592-1598), 明朝의 여론과 정책결정」 제55회 전국역사학대회 발표집 『역사속의 민주주의』, 2012 참조.

인 도덕률이 결여된 점을 매섭게 비난했다.[16] 즉 공과격에서 제시하는 구원은 현세에 개인이 누릴 복락에 그치며 공동체에 도움을 준다고 하더라도 근본적인 한계가 있다는 것이다.[17] 유종주는 이러한 속류 공과격이 인심에 미칠 악영향을 막기 위해 스스로 『인보(人譜)』를 저술하여 새로운 수신의 지침을 발표하기도 했다. 일종의 유교적인 공과격이라고 할 수 있는 이 새로운 형태의 선서는 선행을 기록하여 복을 기원하는 공격을 없애고 오로지 과오만을 기록하도록 구성되어 있다. 이러한 선명한 대립 구도에도 불구하고 유종주 역시 도덕을 중시하는 권선운동을 지지했고 그 목적이 혼돈에 직면한 당시 사회질서를 중건하는 데 있었다는 점에서 원황과 본질적인 공통점을 가지고 있다.[18]

정치적으로 실패를 맛본 원황은 1593년 고향으로 돌아온 후에도 선업에 힘써 빈자 구제와 불경의 간행, 보시와 방생 등의 불교적 자선활동, 선서 저술과 간행 등에 힘썼다.[19] 원황은 유학자 언무유(顔茂猷:1594?-1637) 등과 더불어 지역사회와 밀착된 도덕 권선 운동에 앞장선 선구자로 꼽힌다.[20] 원황의 활동은 그 뒤 1640년대 고향인 가선에서 최초의 민간 자선조직인 동선회(同善會)와 동선회관(同善會館)의 창건의 바탕이 된 것으로 평가된다.[21] 이러한 선회(善會)와 종교적 색채를 띤 선당(善堂) 등의 단체들은 중국 사회에서 자생적으로 발달한 복지단체의 원형으로 꼽힌다.[22]

---

16 유종주는 「원료범공과격」의 사상 기초가 인과응보에 있다고 보았다. 趙園, 「《人谱》与儒家道德伦理秩序的建构」, 河北: 『河北学刊』, 2006-1期.

17 蔡良昇, 「明清之際士大夫另一種道德選擇—以劉宗周「功過格」為考察」, 臺灣: 『暨南史學』第16號, 2013.

18 吳震, 같은 책.

19 王衛平, 馬麗, 「袁黃勸善思想與明清江南地區的慈善事業」, 合肥: 『安徽史學』 2006-4.

20 吳震, 같은 책, pp.1-2. 吳震은 여기서 酒井忠夫가 사용한 '선서운동'이라는 용어를 '勸善운동'이라는 보다 포괄적인 말로 대체하자고 제안했다.

21 王衛平, 「慈風善脈: 明末清代江南地區的慈善傳承與發展」, 『蘇州大學學報』 2016-5.

22 夫馬進, 『中国善会善堂史研究』, 京都: 同朋舎出版, 1997, pp.741-752.

2. 선행과 악행의 짜임새

「원료범공과격」의 '공과격관(功过格款)'은 공격(功格) 50조와 과격(过格) 50조로 나누어져 있다. 선행을 나타내는 공격(功格)은 백점(백가지) 선행에 준하는 준백공(准百功)부터 시작해서 준50공, 준30공, 준10공, 준5공, 준3공, 준1공 순서로 항목들을 나열하였다. 죄업에 해당하는 과격(過格)은 대부분 동일한 사안을 놓고 공격과 상호 대응하는 식으로 구성되었다. 이를테면 백공은 '한 사람을 죽음에서 구제해주는 것'이며 여기 상응하는 과격 항목은 '한 사람을 죽음에 이르게 하는 것'이다. 표는 이런 식으로 80개의 선행과 악행을 선정하여 1점에서 100점까지 점수를 매겼다. 마지막으로 준백전(准百錢), 즉 돈 백전을 쓰면 1점의 공덕에 해당하는 일 10가지를 들었다. '길과 다리, 나루터를 수리하거나 만드는 일', '빚을 탕감해 주는 일' 등의 선행이 백전에 해당한다고 보고 마치 금전출납부처럼 항목을 만든 것은 당시 민간의 상업경제 발달과 관련시켜 볼 수 있는 대단히 흥미로운 부분이다.

〈표 1〉 공과격 조목수

	100점	50점	30점	10점	5점	3점	1점	합계 (총점)
功格 항목수	3	4	4	4	5	5	15	40조목 (700점)
過格 항목수	3	4	4	4	9	7	12	43조목 (698점)

* 돈으로 환산되는 百錢 조목은 제외함

이 글에서는 공과격 각각의 조목 중에서 가장 비중이 크고 논지와 직접 관련되는 100공과 50공 항목을 제시하기로 한다.

〈표 2〉 공과격 (백공과 오십공)

	선행(공덕)	악행(과오)
100공 (百功)	1. 救免一人死 한 사람의 목숨을 구해 준다. 2. 完一婦女節 **한 부녀의 정절을 지켜 준다.** 3. 阻人不溺一子女 **한 사람이 자녀를 익사시킴을 저지한다.**	1. 致一人死 한 사람을 죽게 만든다. 2. 失一婦女節 **한 부녀의 정절을 잃게 한다.** 3. 勸阻人不溺一子墮一胎 **한 사람을 도와서 자녀를 익사시키거나 태아를 죽게 만든다.**
50공 (五十功)	1. 延續一嗣 **한 사람의 후사를 이어준다.** 2. 收養一無倚 의지할 데 없는 사람을 거두어 양육한다. 3. 葬一無主骸骨 주인 없는 유골을 거두어 장례를 지내준다. 4. 救免一人流離 한 사람이 유랑을 면하도록 구해준다.	1. 絕一人嗣 **한 사람의 후사를 끊는다.** 2. 破一人婚 **한 사람의 결혼을 깨뜨린다.** 3. 抛一人骸 죽은 사람의 해골이 버려지게 방치한다. 4. 致一人流離 한 사람을 떠돌게 만든다.

이 중 100점에 해당하는 공덕과 과오 중 두 번째, 세 번째 항목이 여성의 정절, 가족 윤리에 집중된 점은 특기할 만하다.[23] '한 여성의 정절을 지켜주는 것'과 그 반대로 정절을 잃게 하는 일, 그리고 '자녀의 익사를 저지하거나 낙태를 막는 것'이 가장 주요한 비중을 차지하고 있다. 여기서 자녀의 익사란 당시 중국사회에서 성행하던 신생아를 익사시켜 살해하는 풍습을 말한다. 주로 여아가 대상이 되었기 때문에 일반적으로 '익녀(溺女)'라고 통칭된다. 익녀와 여성의 정절, 혼인 등 여성과 가족 윤리에 대한 「원료범공과격」의 관심은 여타 공과격과 비교할 때, 더욱 분명하게 확인할 수 있다.

앞에서 예를 든 공과격의 효시가 된 송대의 「태미선군공과격」의 경우, 정절이나 익아, 낙태 등에 관한 조목은 찾아 볼 수 없었다. 백점에 해당하는 조항으

23 袁黃, 『明賜進士袁了凡先生陰騭錄·功過格欵』, 元祿14年(1701) 12月 18日, 雒東獅子穀升蓮社識本, 日本京都大學圖書館所藏影本, pp.18-20.

로서는 유일하게, '구제문(救濟門)'의 12조항 중에서 '한 사람을 사형에서 (완전히) 면하게 하면 100공에 해당한다(救一人刑死性命為百功)'는 조목만이 「원료범공과격」과 유사성을 보일 뿐이다.[24] 「원료범공과격」이 출현한 17세기 전반에 이르면 '익녀'를 금지하는 조항이 담긴 공과격이 나타나기 시작했다. 다만 「원료범공과격」과 같이 큰 비중으로 익녀를 다루고 있지는 않다.

원황과 동시대를 살았던 고승 연지대사(蓮池大師) 운서주굉(雲棲袾宏: 1535-1615)이 1604년에 출간한 공과격인 『자지록(自知錄)』의 사례를 검토해 보기로 한다. 『자지록』은 다른 공과격에 비해 불교적 세계관과 윤리의 비중이 상대적으로 높은 편이며 당시 사회와 후대 공과격 확산에 큰 영향을 미친 것으로 평가된다. 여기서는 「원료범공과격」과 마찬가지로 익녀 조목을 공격과 과격에 포함시켰다.[25] 선행을 권장하는 「선문(善門)」인자류(仁慈類)에는, '익아를 보았을 때 이를 구제하여 돌본다. 한 목숨을 구하면 50선(善)이다. 다른 사람이 익아를 못하도록 막았을 때는 30선이다. 주인 없이 버려진 영아나 어린이를 거두어 기르면 한 명당 25선에 해당된다'라는 조항이 있다.[26] 마찬가지로 악행을 경계한 불인자류(不仁慈類)에는, "부모가 갓 태어난 자녀를 익사시켜면 한 생명당 오십과(過)에 해당한다. 태아를 낙태하면 20과이다"라는 조항이 실려있다.

이 조항의 끝부분의 해설에서는, "상제께서 가르침을 내리시기를 부모가 죄 없는 아해를 살해하는 일은 곧 천하 인민을 죽이는 것과 같아서 중죄에 해당한다.(上帝垂訓: 父母無罪殺兒, 是殺天下人民也, 故成重罪)"라고 기술하여 태아나 영아의 생명이 다른 사람들과 동등한 가치를 지닌다고 설명하였다. 그러나 실

24 『正統道藏』, 第78冊. 洞真部戒律類, 1卷 p.7.

25 雲棲袾宏撰, 『自知錄』 (『中華大藏經』, 台北: 修訂中華大藏經會, 1968, 第2輯) 여기서 공과는 善門과 過門으로 나누었고 항목도 505개로 대단히 넓은 범위에 걸쳐 있다. 선행과 악행은 각각 100점, 80점, 50점, 30점, 10점, 5점, 3점, 1점 등의 순서로 설정되었다.

26 이하 항목은 雲棲袾宏撰, 『自知錄』, pp.54312-54320 참조.

제로 『자지록』에서는 인명과 관련된 항목을 100점으로 설정하면서도 영유아 살해에 해당하는 '익녀'는 50점으로 두어 상대적으로 비중을 낮추었다. 즉 영유아는 온전한 인명으로 간주하지는 않았다. 또한 태아살해에 해당하는 낙태에 대해서도 '불인자류'에, '사람들에게 염매(厭魅)와 같은 사술을 전하여 낙태를 돕는 등 각종 사악한 방법을 쓰는 행위는 20과에 해당한다'라고 규정했다. 태아의 경우 온전한 인명의 5분지 1 정도로 점수를 둔 것이다. 「원료범공과격」이 익녀와 낙태 문제에 가장 높은 배점인 100점을 준 데 비하면 상대적으로 그 비중이 떨어진다.

이 사실을 다루었던 기존 연구에서는 불교와 도교의 교리 차이로 그 이유를 설명한 바 있다.[27] 즉 도교적 색채가 강한 「원료범공과격」이 영유아의 생명을 중시한 반면, 승려인 연지대사 주굉이 편찬한 『자지록』은 불교 교리의 영향을 받아서 영아와 태아를 온전한 개체로 취급하지 않았다는 것이다. 그러나 「원료범공과격」과 『자지록』의 차이가 교리에서만 연유했다고 보기는 어렵다. 「원료범공과격」은 상술한 바대로 삼교합일의 경향이 뚜렷하여 전형적인 도교 공과격이라고 볼 수는 없다. 또한 「원료범공과격」과 『자지록』은 선서라는 동일한 범주에 속하지만, 전자가 자신의 실천을 전제로 한 데 비해 후자는 어디까지나 교화의 수준에 머물고 있다.

사실 원황이 공과격을 만들고 실천한 것은 아들을 얻기 위한 개인적인 소망과 직결되어 있었다. 이 때문에 자연스럽게 대를 이을 자손의 출생, 낳고 기르는 생육(生育)의 문제, 출산을 담당하는 여성의 문제 등이 보다 중시된 것으로 생각된다. 물론 불교보다는 도교 쪽이 태생적으로 성과 출생, 가족 문제를 보다 적극적으로 다루고 비중을 두고 있음은 분명하다.

---

27 陳玉女, 「明代墮胎、產亡、溺嬰的社會因應—從四幅佛教墮胎產亡水陸畫談起」, 臺南: 『成大歷史學報』, 2006. 사실 이 연구는 사실 명대의 낙태와 출산시의 사망, 溺嬰 문제에 초점을 맞춘 것이므로 공과격 비교 자체를 목적으로 삼은 것은 아니다.

3. 여성관의 범위와 한계

이제 원황이 어떤 의도에서 익녀와 여성의 정절 문제에 비중을 두었는지, 그 특징은 무엇인지 그의 개인적인 삶과 사회적 배경이라는 두 가지 요소에 초점을 맞추어 본다. 원황의 여성관, 정절관 등을 직접적으로 언급한 기록은 없다. 그러나 여타 저술 속에서 적어도 그가 일상에서 체험하는 어떤 일들을 공과의 대상으로 삼았는지 유추해 볼 수는 있다. 불교 신자이기도 했던 원황은 기본적으로 생명을 중시하고 살육이나 폭력으로부터 사람과 생물을 지키려는 입장이었다. 특히 여성의 생명과 정조에 관심을 둔 것은 후사를 얻으려고 했던 그의 필생의 소원과 관련이 있다고 본다. 원황은 보지현 지현으로 재임했던 시기, 1590년을 전후하여 아들을 얻는 비법을 담은 『기사진전(祈嗣眞詮)』을 저술했다.[28] 이때는 이미 그가 아들 천계를 얻은 뒤였기 때문에 이를테면 득남의 성공비결을 여기에 담은 셈이다. 원황의 『기사진전』에 의해 누군가가 아들을 얻게 된다면 원황 자신은 「원료범공과격」의 50공에 해당하는 '한 사람의 후사를 이어준다'라는 선행을 실천하는 격이 된다. 이 책자의 출간 자체가 원황의 '적선'의 많은 부분을 차지했던 것으로 추정된다.

이 짧은 책자는 대부분 도교 수련과 관련된 다양한 방법들로 채워져 있다. 그 방법들은 내단법과 양생술, 도교 계통의 의학 지식이 총 동원되어 신비주의적인 경향이 강하다. 그런 가운데서도 『기사진전』의 개과, 적선, 화실(和室) 등의 항목에는 그의 여성관과 부부 및 가정생활에 대한 주장이 담겨있다. 말하자

28 袁黃, 『祈嗣眞詮』(無卷數, 浙江鮑士恭家藏本), 新編叢書集成90, 臺北: 新文豊出版公社, 1985. 이 책자는 改過、積善、聚精、養氣、存神、和室、知時、成胎、治病, 祈禱의 10조목으로 구성되었다. 이중 改過、積善은 자손을 얻는 자들이 반드시 가져야 할 품성, 덕, 수양에 대해 논하며 자식을 얻기 위해 마땅히 신불에게 올려야 할 기도에 대해서도 서술했다. 이 중 '改過第一'과 '積善第二' 부분은 청대 초기 『丹桂籍』上에 포함되어 원황의 다른 저술인 立命扁, 謙虛之作을 묶어서 『袁了凡先生四訓』으로 불리게 된다.

면 공과격의 가정생활 실천편에 해당하는 내용이라고 할 수 있다. 여기서 여성은 생명을 품고 기르는 고유성을 지녔기 때문에 늘 심신의 건강을 유지하고 존중받아야 할 소중한 존재로 다루어졌다. 원황은 화실편(和室篇)에서 부부가 반드시 서로 감정이 통하고 화목해야만 자손을 얻을 수 있다고 강조했다. "자손이 태어나는 기본은 전적으로 부인에게 달려 있다. 그런데 세상에 자식을 구하는 자들이 (아이를 낳을 수 있는) 측실을 더 늘이려고 힘쓸 뿐 부인과의 화목은 무시한다. 늘이기에만 힘쓰면 (정실과 측실이) 불화하며 서로 질투하고 미워하는 마음이 생겨 생육이 불가하다. 부인과 화락해야만 자식이 생기는 것은 천지가 화합해야만 만물이 생기는 것과 같은 이치이다."라고 주장했다. 즉 여성이 가정생활에서 결코 불행하거나 원한을 품어서는 안 되며 부인과의 애정, 품위를 갖춘 부부생활이 아니면 하늘은 훌륭한 후사를 허락하지 않는다는 것이다.

나아가 불임을 주로 여성의 책임으로 간주하던 당시의 상식과는 달리 부부관계를 개선해야만 자식이 생긴다고 주장했다. 더욱이 원황은 불임을 치유하는 일이 가장인 남성 자신을 바로잡는 데서 시작해야 한다고 강조했다. 이를 테면 일상생활에서 "엄격하고 가혹한 태도나 언사, 무리한 일처리로 부인에게 유감이나 공포심을 주어서는 안 된다. 의문이 있으면 반드시 서로 대화로 해결하며, 아플 때에는 서로 돌보고, 매사에 서로 보완하는 관계를 맺어야 한다"는 등의 구체적인 방향까지 제시하였다. 또한 이상적인 가정의 모습은 평등과 화목, 예의를 기본으로 하여 부부간에도 붕우(朋友)의 의리가 존재해야 한다고까지 주장하였다. 임신과 출산 과정에서 여성을 보호하고 가정 내에서도 여성을 인격과 감정을 갖춘 동등한 개체로 존중해야 한다는 내용은 가부장의 권한이 절대시되던 당시 사회에서 획기적인 것이었음에 분명하다.

그러나 이러한 부녀자 보호의 입장은 정실 부인에게서 좋은 아들을 얻기 위한 지극히 한정된 영역에 국한되며 그 파급효과가 컸다고 보기에도 어렵다. 이것은 원황 개인의 한계라고 하기 보다는 당시의 시대적인 제약으로 보는 것이 옳다. 무엇보다도 당시 중국 사회에서는 「원료범공과격」에서 큰 비중을 차지하는 '익녀'현상에서 단적으로 나타나듯이 여성의 생명과 인권이 극도로 무시되고 있었다. 많은 사회사, 문화사 연구들이 지적한 바와 같이 익녀로 대표되는 여아 살해는 명대를 관통하는 심각한 사회문제였고 17세기에도 여전히 기승을 부리고 있었다.[29]

원황의 고향인 가선(嘉善)현이 속한 절강 및 강소(江蘇), 복건(福建) 등 문화와 경제의 선진지역에는 익녀 풍속을 비판하는 기록들이 다수 발견된다.[30] 특히 원황과 같은 시대를 살았던 풍몽룡(馮夢龍)과 같은 명사 역시 일부러 권계문(勸戒文)을 남겨 영아를 익사시키는 풍속을 경계하기도 했다.[31] 익녀 현상은 명청대를 통틀어 정부와 민간 양측 모두 명확하게 금지하고 범죄시했던 사안이었다. 공과격과 자지록의 예에서 볼 수 있듯이 많은 선서들이 익녀 관련 조항을 두어 이 풍습을 막고자 했다. 그러나 익녀는 대부분 은밀하게 이루어졌기 때문에 공권력의 재제 대상이 되기는 어려웠다.

여아 살해라는 타기할만한 풍습이 근절되지 않았던 데에는 여러 가지 요소들이 복잡하게 얽혀 있었다. 영아 살해의 가장 주요한 원인은 자녀 양육이 불가능할 만큼 빈곤한 가정형편이었다.[32] 여기에는 절대적인 가난 이외에도 신생아

---

29 常建華, 「明代溺嬰問題初探」, 『中國社會歷史評論』 第四輯, 商務印書館, 2002. 이 논고에는 당시까지의 연구사의 흐름도 정리되어 있다. 구미권 연구로는 Ann Waltner, *Infanticide and Dowey in Ming and Eaely Qing China*, Honolulu, HI: University of Hawaii Press, pp. 193-218 참조.

30 常建華, 「清代溺嬰問題新探」, 李中清, 郭松義, 定宜庄編 『婚姻家庭與人口行為』, 北京大學出版社, 2000. 常建華는 지방지의 익녀 기록의 빈도가 가장 높았던 절강 지역에 익녀 풍속이 가장 성행했다고 추정했다. 절강에서도 경제적 선진 지역인 嘉興이 여타 지역보다 익녀 관련 기록이 많았다는 것이다. 그러나 익녀 기록이 많은 지역이 반드시 익녀가 가장 성행한 곳이며, 여타 지역에는 이런 풍습이 없었다고 단정하기는 어렵다고 본다. 왜냐하면 기록문화가 발달한 지역은 악습에 대한 증언과 자기 비판이 기록화될 가능성 역시 가장 높기 때문이다. 강남지역에 비해 경제와 문화가 뒤떨어진 후진 지역의 익녀 기록이 상대적으로 적다고 해서 풍습 자체가 없었던 것은 아니다. 다만 이 연구에서 지적한 것처럼 문화의 최선진 지역인 절강지역에 익녀가 보편적으로 발생했다는 데는 이견이 있을 수 없다.

31 馮夢龍, 陳煜奎校點, 『壽寧待志』, 福建人民出版社, 1983 pp. 51-53.

32 林麗月 역시 빈곤과 남아 선호, 혼인에서 재물을 따지는 풍속이 영아살해의 주요한 원인이라고 지적했

가 기존 가족의 생계를 위협할 수 있다는 계산과 선택도 포함될 수 있다.[33] 사실 출생 직후의 영아를 유기하거나 살해하는 풍습은 중국 사회에 국한된 것은 아니었다. 일본의 경우 갓 태어난 영아를 없애는 '솎아내기(間引き)'라는 풍습이 오랜 기간 지속했으며 소수이기는 하지만 조선에서도 영아 살해를 경계하는 기록이 남아있다. 근세의 인구증가와 지역 경제의 불안정성이 이러한 관행을 확산시켰다고 할 수 있다.[34]

그러나 중국 사회에서는 절대적인 빈곤에 못지않게 딸을 출가시키는 비용으로 인해 익녀가 확산되는 추세였다. 당시 기록들은 익녀가 발생하는 근본 이유로 혼사에서 재물을 중시하는 풍조를 꼽고 있다.[35] 일반적으로 혼사를 치르는 데에는 많은 비용이 필요했지만 신부 집안의 부담이 더 컸다. 중상류층이라고 해도 혼사에는 각기 상응하는 혼례 비용과 예물이 요구되었기 때문에 경제적으로 큰 손실을 입을 수밖에 없었다. 게다가 송대 이래, 신부 쪽에서 신랑 집안에 보내는 예물은 점점 늘어나는 추세였고 중산층 이상은 많은 경우 지참금이 오고 갔다.[36] 상류층의 유력한 가문에서 딸을 시집보낼 때는 신랑 가문에 토지나 가옥, 점포 등을 증정하는 일도 빈번했다. 이 때문에 일부 가정들은 가산 유지를 위해서 암묵적으로 영아 단계에서 여아를 줄이는 방식을 택하게 되었다. 경제적 여유와 선진 문화를 향유하던 상류층에서조차 선택적인 여아 살해는 드문 일이 아니었다.

다. 林麗月, 「風俗與罪愆: 明代的溺女記敍及其文化意涵」, 游鑒明主編, 『無聲之聲Ⅱ, 近代中國的婦女與社會(1600-1950)』 臺北: 中央研院近史所, 2003, p.4.

33 梁其姿, 「殺嬰, 棄嬰, 育嬰堂」, 臺北: 『歷史月刊』, 第3期, 1988, p.42, ___, 『十七, 十八世纪长江下游之育婴堂』, 『中國海洋發展史論文集』第一輯, 中央研究院中山人文社会科学研究所, 1984, pp.97-130.

34 常建華, (2002), p.125.

35 Kathryn Bernhardt, 'A Ming-Qing Transition in Chinese Women's History? The Perspective from Law', Gail Hershatter, "Remapping China : fissures in historical terrain" Stanford University Press, 1996.

36 方建新, 「宋代婚姻論財」, 『歷史研究』 第3期, 1986.

익녀는 대부분 분만 직후, 산파나 산모 자신에 의해 행해졌고 사산이나 출산 시의 사고로 위장되곤 했다. 익녀는 여성에게 지우기 힘든 상처를 입혔다. 모친들이 자신과 같이 잔혹한 운명을 겪지 말라는 마음에서 갓 낳은 딸을 익사시키곤 했다는 기막힌 증언도 남아 있다.[37] '재녀(災女)', 즉 여아를 출산하거나 여자로 태어난 자체가 재앙이며 죄악이라는 식의 여성 경시 풍조가 당시 사회에 만연하고 있었다. 게다가 익녀 풍조는 윤리적인 문제도 낳았지만 중국 사회 전반에 예기치 않은 구조적인 악영향을 미쳤다. 결혼 적령기 여성의 절대적 부족으로 인해 상대자를 찾지 못하는 남성들이 늘어났던 것이다. 빈민층 남성들은 중년이 넘어서야 결혼하거나 심지어 평생 처를 얻지 못하는 경우도 많았다. 이로 인해 매매혼이나 임대혼, 여아를 데리고 와서 키운 뒤에 신부로 삼는 동양혼(童養婚) 등의 기형적인 혼인 형태가 기승을 부리게 되었다. 남녀 인구비율의 불균형은 연쇄적인 악순환으로 이어져서 심각한 사회 불안요인으로 커져 갔다.

이러한 상황에서 「원료범공과격」의 '부녀자의 정절을 지켜준다'는 항목의 실질적인 적용 범위를 판정하기는 대단히 어렵다. 주자학적 도덕관에서는 정절을 이상적인 윤리로 칭송했지만 현실에서는 중하류 계층의 여성들이 정절을 지킨다는 것은 결코 수월한 일이 아니었다. 시집이나 친정에서 과부를 강제로 재혼시키거나 매매와 임대의 대상으로 삼는 경우도 적지 않았다. 사실 원황 자신조차 민간에서 처자를 성적인 목적으로 임대하거나 첩으로 제공하는 풍속에 대해 특별한 경계심을 가지고 있지 않았다. 일례로 원황의 공과격이 실린 『음즐록』의 적선편(積善篇)에는 '죽을 죄인을 살려 낸 지립(支立)의 부친'이라는 사례가 실려 있다.

이것은 제목 그대로 사형에 처해지게 될 죄인을 살려 낸 선행을 소개한 것

---

37 陳玉女, 앞의 논문, pp.89-90.

인데 대략의 내용은 다음과 같다.[38] 지립의 부친은 형리로 재직하던 중, 억울한 누명을 쓰고 중형을 판결 받은 죄수를 구해 주려고 했다. 감격한 죄수는 은혜를 갚기 위해 아내와 의논한 뒤 그녀를 지립의 부친에게 '제공'하기로 했다. 그녀는 주연을 마련하여 부친을 초청하여 그 뜻을 전하였다. 부친은 이를 거절했지만 죄수가 석방될 수 있도록 최선을 다했다. 풀려난 죄수는 다시 아내와 의논한 끝에 젊은 딸을 여종으로 삼으라고 제안했다. 부친은 예를 갖추어 그녀를 첩으로 맞아들였고 마침내 아들 지립을 얻었다. 그 뒤 지립은 약관의 나이에 장원급제하고 자손 대대로 부귀와 명예를 누리게 되었다. 지립은 원황의 고향 가선현의 지방관을 역임한 인물이며 그의 아들인 지대륜(支大綸) 역시 1574년 진사시험에 합격하여 그 뒤 문인 관료로 명성을 얻었다.[39]

즉 원황은 이 사례에서 누구나 알고 있는 지역 실존 인물의 예를 들어 무고한 인명을 구하면 복을 받게 된다는 것을 증명하고자 했다. 그러나 지립의 외조부인 죄수가 자신의 처를 제공하려고 한 것, 지립의 모친이 되는 딸을 첩으로 보낸 일은 전혀 선악 판단의 대상이 되지 않았다. 사실 아내를 임대하는 전처(典妻), 사고 파는 매처(賣妻) 현상이 특별히 기괴한 행위가 아니라 일반적인 풍습으로 용인되고 있었던 것이다. 보통 아내를 얻기 힘든 빈곤층에서 주로 발생했지만 부유층에서도 아들을 얻기 위해 출산 경험이 있는 여성을 임대하기도 했다.[40] 처자의 임대와 매매는 그 방법과 형식이 대단히 다양하지만 대부분 금전이 오고 갔다. 원황의 고향인 절강성 남부지방에서는 계약 기간과 조건을 명시한 계약서가 작성되는 등 처자의 전매는 마치 상거래처럼 일상적으로 심상하

---

38 尚榮 · 徐敏, 趙銳(譯註),『中華經典藏書: 了凡四訓』 中華書局, 2016.

39 重修『嘉善縣志』(清光緒十八年刊本), 南京: 江蘇古籍出版社, 권19.

40 이 문제 전반에 대해서는 다음 연구를 참고할 수 있다. 葉麗婭, 『典妻史』, 廣西民族出版社, 2000, Matthew Sommer, *Polyandry and Wife-Selling in Qing Dynasty China-Survival Strategies and Judicial Interventions*, Univ.of California Press, 2015.

게 처리되곤 했다.

아내를 임대하는 전처 풍속은 중국 사회에서 계속 확산되는 추세였다. 17세기 이후 청대에는 전처가 최고조에 달했다는 증언들이 속출한다.[41] 지방의 하위 행정기관인 주현(州縣)의 재판정에는 아내 임대와 매매에 따른 각종 소송과 분쟁이 쇄도하고 있었다. 일부 증언에 의하면 이런 행위 모두가 남편의 강요에 의해 여성의 의사를 완전히 무시한 채 약취형식으로 진행된 것은 아니었다. 법정에서 다루어진 소송 사건들 중에는 사실상 부부가 합의에 의해 갈라선 뒤, 여성이 금전을 받고 재혼하여 전 남편과 그 돈을 나눈 것으로 판단되는 사례도 상당수 발견된다. 지방관청에서는 합당한 댓가가 지불된 경우, 여성을 임대하거나 매매한 남성의 권리를 인정해주곤 했다. 그러나 어떤 경우라도 여성에 대한 처우가 대단히 낮았음은 부인할 수 없다.

「원료범공과격」에서 제시된 여성과 영유아, 태아를 보호하는 조목들은 단순히 개개인의 일탈 방지나 도덕적 무장으로 해결될 수 있는 차원은 아니었다. 특히 부녀자의 정절을 지켜주는데 많은 비중을 둔 이 공과격은 사실 정절이 지켜지기 힘들었던 사회를 역으로 비쳐 주는 거울상과 같은 역할로 한정될 수밖에 없었다.

맺으면서

원황은 자신이 속한 사회와 일상생활을 함께 하는 공동체를 개선하려는 의지와 소명의식이 강했던 인물이었다. 원황은 선행을 권장하는 선서를 간행하고 선회를 조직하면서 도덕적 실천에 의한 개인과 사회의 구원을 주창했다. 원황

---

41 岸本美緖, 「妻を売ってはいけないか-明清時代の売妻·典妻慣行」, 東京: 『中国史学』 8, 1998.

의 선서들은 통속화된 삼교합일적 성격을 띠면서 남녀노소 누구나 쉽게 이해하고 수용할 수 있는 민중도덕률로 자리 잡았다. 공과격은 이를 위한 일상의 행동 지침이었다. 비록 아들을 얻으려는 소망을 이루기 위해서였지만 그의 공과격 장부에는 여성과의 공생을 위한 나름의 모색이 담겨있었다.

「원료범공과격」은 17세기, 경제와 문화의 선진지대이며 유, 불, 도교의 정수를 융합하려는 유연한 사고방식이 전개되던 강남 지역사회의 산물이기도 했다. 원황 뿐만 아니라 수많은 경세적 경향의 지식인들이 사회 구제와 변혁 활동에 동참하고 있었다. 본문에서 제시했듯이 익녀와 여성문제에 대한 고발과 비판의 기록이 이 지역에서 가장 많이 남아 있는 점은 주목할 만하다. 보다 낙후된 다른 지역에 비해 익녀가 더 성행하고 여성의 인권이 더 심하게 유린되었기 때문이라고 판단하기는 어렵다. 영아 살해나 여성의 비참한 처지에 대한 빈번한 비판과 고발은 적어도 이러한 현상이 윤리적, 사회적 문제로 의식되었음을 알려준다. 공과격은 그 최소한의 공감과 문제의식을 말해준다.

원황의 시대에는 공과격을 만들고 날마다 기록하는 행위의 주체가 남성으로 한정된다. 여성이 객체로만 존재하다는 점은 이 표가 가진 한계이며 표를 낳은 시대의 한계이기도 했다. 또한 남성이 현세의 행복과 가문의 영속을 바라면서 개과천선하는 방법을 유일한 해결 방향으로 내놓은 공과격이 여성 문제에 대한 근본적인 해결책일 수는 없다. 그럼에도 원황의 공과격에서 남성이 일상에서 실천해야 할 선행에서 여성과 관련된 항목이 상당한 비중을 차지한 점은 시대적, 사회적 맥락과 연결시켜 그 의의를 평가할 필요가 있다. 원황의 부인이 날마다 공과격 기록 상황을 살피면서 선행난이 비어있으면 이를 질책했다는 일화가 말해주듯이[42] 「원료범공과격」은 사대부 집안의 가정 윤리로서 환영받았을

42 "了凡先生的夫人非常賢慧, 經常幫助他行善布施, 並且依照功過格記下所做的功德, 因為她沒有讀過書, 不會寫字 ; 因此用鵝毛管沾紅墨水, 每天在歷書上做記號. 有時了凡先生較忙, 當天所做功德較少, 她就皺眉頭, 希望先生能多做些善事." (清)彭紹升撰. 「袁了凡居士傳」, 『了凡四訓』.

가능성이 높다. 생활을 같이하는 사람들의 눈높이와 수요에 맞춘 공과격의 존재는 공존을 위한 최소한의 기준, 혹은 노력에 의해 개선될 수 있는 미래의 청사진으로 간주되었을 수도 있다.

공과격 양식은 넓은 범위로 전파되면서 오랫동안 생명력을 유지했다. 17세기 이래, 공과격은 중국인의 사고방식과 일상에 지속적으로 영향을 미친 것으로 평가된다. 이것은 공과격이 일방적인 전달과 수용이 아니라 수용자의 이해, 적용, 변형 등의 일련의 현지화 과정을 거쳤기 때문에 비로소 가능한 일이었다. 이런 까닭에 다양한 공과격 각각의 짜임새와 지향점을 통해 이 표가 수용된 시공간의 구체적인 '일상성'을 복원하는 작업도 기대할 수 있다. 이 점, 다음 연구를 위한 과제로 남겨두고자 한다.

참고문헌

袁黃, 『祈嗣眞詮』(無卷數, 浙江鮑士恭家藏本), 新編叢書集成90, 臺北: 新文豊出版公社, 1985袁黃, 『明賜進士袁了凡先生陰騭錄·功過格欵』(元祿14年, 雒東獅子穀升蓮社識本), 日本京都大學圖書館所藏影本

袁黃, 尚榮·徐敏, 趙銳(譯註),『中華經典藏書: 了凡四訓』, 北京: 中華書局, 2016

袁黃撰, 劉邦謨, 王好善輯, 『寶坻政書』, 北京圖書館古籍珍本叢刊, 第48冊, 北京: 書目文獻出版社,1 998

重修, 『嘉善縣志』(淸光緖十八年刊本), 南京: 江蘇古籍出版社

雲棲袾宏撰, 『自知錄』, 『中華大藏經』, 臺北: 修訂中華大藏經會, 1968

馮夢龍, 陳煜奎校點, 『壽寧待志』, 福建人民出版社, 1983

거자오꾸앙(葛兆光),이종미 역, 『고대 중국 사회와 문화』, 동국대학교 출판부, 2014,

余英時, 『中國近世宗教倫理與商人精神』(上), 安徽教育出版社, 2001

葉麗婭, 『典妻史』, 廣西民族出版社, 2000

吳震, 『明末淸初勸善運動思想硏究』 臺北 : 臺大出版中心, 2009

游子安, 『善書與中國宗教』, 游子安自選集, 臺北: 博揚文化, 2012

鄭志明, 『中國善書與宗教』, 臺北: 臺灣學生書局, 1988

吉岡義豊, 『世界の宗教九 道教, 永世への願い』, 東京: 淡交社, 1970

夫馬進, 『中国善会善堂史研究』, 京都: 同朋舍出版, 1997

酒井忠夫,『增補中國善書の研究』上,下, 東京: 国書刊行会, 2000

奥崎裕司, 『中国郷紳地主の研究』, 汲古書院, 1978

Cynthia Brokaw, *The Ledgers of Merit and Demerit: Social Change and Moral Order in Late Imperial China*, Princeton UP, Princeton 1991: 包筠雅, 杜正貞·張林譯, 『功過格明淸社會的道德秩序』, 杭州:浙江人民出版社, 1999

Kathryn Bernhardt, 'A Ming-Qing Transition in Chinese Women's History? The Perspective from Law', Gail Hershatter, "Remapping China : fissures in historical terrain" Stanford University Press, 1996

Matthew Sommer, Polyandry and Wife-Selling in Qing Dynasty China-Survival Strategies and Judicial Interventions, Univ.of California Press, 2015

박상수, 「원불교 초기 교단의 工夫 점검법」, 『원불교사상』23, 1999.

차혜원, 「임진전쟁기(1592-1598), 明朝의 여론과 정책결정」 제55회 전국역사학대회 발표집 『역사속의 민주주의』, 2012

方建新, 「宋代婚姻論財」, 『歷史研究』 第3期, 1986

常建華, 「明代溺嬰問題初探」, 『中國社會歷史評論』 第四輯, 商務印書館, 2002.

常建華, 「淸代溺嬰問題新探」, 李中淸, 郭松義, 定宜庄編 『婚姻家庭與人口行為』, 北京大學出版社, 2000

梁其姿,「殺嬰, 棄嬰, 育嬰堂」, 臺北:『歷史月刊』, 第3期, 1988
____,『十七, 十八世纪长江下游之育婴堂』,『中國海洋發展史論文集』第一輯, 中央研究院中山人文社会科学研究所, 1984
吳震,「關於袁了凡善書的文獻學考察—以『省身錄』『立命篇』『陰騭錄』為中心」, 北京大學中国社会科学院哲学研究所:『季刊中國哲學史』, 2016年 3期
王衛平, 馬麗,「袁黃勸善思想與明清江南地區的慈善事業」, 合肥:『安徽史學』2006-4
王衛平,「慈風善脈: 明末清代江南地區的慈善傳承與發展」,『蘇州大學學報』2016-5
游子安,「明末清初功过格的盛行及善书所反映的江南社会」, 北京:『中国史研究』, 中国社会 科学出版社, 1997-4期
林麗月,「風俗與罪愆: 明代的溺女記敍及其文化意涵」, 游鑒明主編,『無聲之聲Ⅱ, 近代中國的婦女與社會 (1600-1950)』臺北: 中央研院近史所, 2003
趙園,「《人谱》与儒家道德伦理秩序 的建构」, 河北:『河北学刊』, 2006-1期.
朱新屋,「20世紀以來中國善書研究的回顧與展望」,『西華師範大學學報(哲學社會科學版)』2014-第1期
陳玉女,「明代墮胎、產亡、溺嬰的社會因應—從四幅佛教墮胎產亡水陸畫談起」, 臺南:『成大歷史學報』, 2006
蔡良昇,「明清之際士大夫另一種道德選擇—以劉宗周「功過格」為考察」, 臺灣:『暨南史學』第16號, 2013
岸本美緒,「妻を売ってはいけないか-明清時代の売妻·典妻慣行」, 東京:『中国史学』8, 1998
秋月観暎,「太徹信仰と功過格-道蔵本功過格をめぐる二·三の問題」, 弘前大学人文学部紀要『文経論叢』8-3, 1973

전산 역사학

- 빅 데이터에서 빅 시뮬레이션까지[1, 2]

안드레아 나네티, 슈안정(남양이공대)

Andrea Nanetti, Siew Ann Cheong

1. 서론: 전산 역사학적 상상력

역사가들이 실제의 역사를 더 잘 이해하기 위해 전산 역사학이 필요한가?

---

1 본 연구는 2016 마이크로소프트 리서치 아시아 공동 연구 프로그램 및 2016 마이크로소프트 Azure for Research로부터 연구비를 지원받아 수행되었다. 역사적 기억 엔지니어링(Engineering Historical Memory, EHM)이라고 명명된 본 연구 프로젝트는 안드레아 나네티(Andrea Nanetti)가 프린스턴 대학교 방문 학자로 재직 중이던 2007년에 의해 처음으로 이론화되었다. 실제 웹 개발은 그가 카 포스카리 베네치아 대학교(Università Ca' Foscari Venezia)에서 방문 교수로 재직 중이던 2012년에 시작되었고, 2013년부터는 현재 그가 예술·디자인·미디어학부 부학장으로 재임 중인 싱가포르 남양이공대학교(Nanyang Technological University, NTU Singapore)에서 실행되었다. 남양이공대학교에서 나네티는 NTU 스타트업 연구비 지원 사업(2014-2016 M4081357), 2014 마이크로소프트 리서치 아시아 공동 연구 프로그램, 2015 마이크로소프트 Azure for Research, 2016 마이크로소프트 리서치 인턴십 프로그램 등으로부터 연구비를 지원받았다. 본 연구는 "NTU 국·내외 연구 네트워크: 역사 과학의 데이터 추동적 행위자 기반 모델링과 시뮬레이션을 위한 NTU 학제간 연구소" 산하 "상호작용적 세계사를 위한 데이터 통합(1205-1533)" 프로젝트(2017-2020 M4011828)를 NTU 1군 연구비 지원 사업(2017-2019)에 신청하고 선정되는데 기여하였다. EHM 도메인(www.engineeinghistoricalmemory.com)은 2002년 나네티에 의해 볼로냐대학교 문화유산 보존 역사·방법론학과의 스핀오프(academic spin-off)로 설립된 이탈리아 비공개 유한 회사인 Meduproject S.r.l.에 의해 관리된다. 이 회사는 2001년에 제1회 이탈리아 고도 지식 기반 프로젝트 사업 계획 경연 대회에서 입상한 바 있으며, 이탈리아 신기술·에너지·환경공사로(Italian National Agency for New Technologies, Energy and Environment)부터 재정적 지원을 받은 바 있다.

2 이 글은 Springer 출판사의 전산사회과학 시리즈 중 하나로 기획되어 첸슈헹 (Shu-Heng Chen)이 편집한, 『전산사회과학과 전산인문학에서의 빅데이터』(*Big Data in Computational Social Science and Humanities*, Shu-Heng Chen ed., Cham (Switzerland): Springer International Publishing AG [October (hardcover); 9 November (e-book)] 2018)의 제 18장, "Computational History: From Big Data to Big Simulations"을 저자들의 동의와 저작권자인 Springer사로부터의 번역/재사용 허가를 받아 번역한 것임.

아서 스탠리 에딩턴 경(Sir Arthur Stanley Eddington)(1882-1944)은 1927년에 진행되었던 『기퍼드 강연』(*Gifford Lectures*)에서 "자연과학 분야에서 실제를 넘어서는 영역에 대해 고찰함으로써 실제를 더 깊이 이해할 수 있다"라고 언급한 바 있다(Eddington, 1929, pp. 266-267). 전산 기술의 출현 이전에 알베르트 아인슈타인(Albert Einstein)이 즐겨했던 사고 실험(thought experiment)은 인간이 관찰할 수 있는 범위를 넘어서는 시나리오들을 상상할 수 있도록 한다는 점에서 가치가 있었다. 아인슈타인은 논리적 귀결이 이끄는 대로 이 시나리오들을 따라가서, 놓쳤을지도 모르는 것들을 포착했고 다른 우주에 살았더라면 어떤 다른 일들이 가능할지를 깨닫게 되어 궁극적으로 훨씬 더 심층적인 수준에서 작동하는 물리 법칙들을 이해하게 되었다(Eddington, 1929).

필자들은 에딩턴의 이러한 주장이 역사 과학 분야에서의 시뮬레이션에도 똑같이 적용된다고 믿는다. 역사 기술(記述)은 '일어났던 일'(사실)에 입각하는 반면, 컴퓨터 시뮬레이션은 '일어날 수도 있었던 일'(반사실)을 우리에게 말해준다. 인과 관계적 '메커니즘기반 이해'를 벗어나지 않는 보편적인 법칙들이 역사에 있어 존재하는가 하는 질문에 답하는 것은 오직 실제로 일어났던 일들과 일어날 수도 있었던 일 양자에 대한 아주 정밀한 평가를 통해서만 가능하다(Paolucci & Picascia, 2011, p. 135). 컴퓨터 시뮬레이션의 능력은 역사 과학이 1·2차 자료를 평가함에 있어 공통의 규범적 연구 양식을 개발할 수 있도록 도움을 줄 수 있다. 컴퓨터 시뮬레이션은 또한 역사가가 연구 문제들을 주관적이고 서술적으로 확인하고 평가하는데 있어 새로운 자유를 선물할 것이다. [그림 1]은 역사학이 전산학적 학문 분과로서 발전해 나갈 수 있는 단계들을 보여준다.

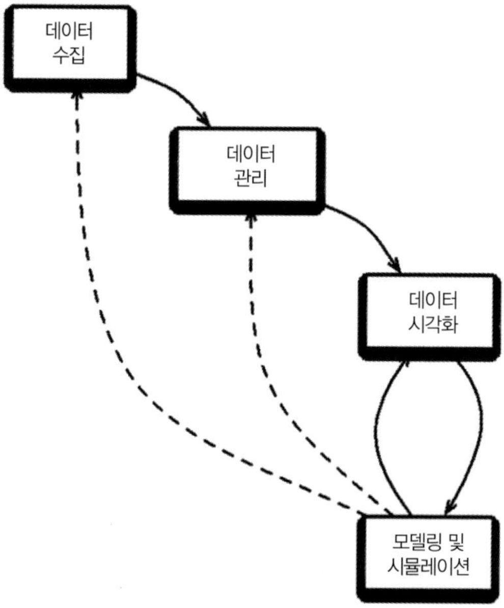

[그림 1] 역사학이 전산학적 학문 분과로 발전하기 위해 거쳐야 하는 단계들

일반적으로 이러한 종류의 학문적 진보를 이루는 것은 특수한 온톨로지(ontology)들을 개발하여 역사가들이 사료들로부터 데이터를 분석하고 실체(entity)들을 인식할 수 있도록 돕는 것을 의미한다. 이 데이터들을 전자 데이터베이스에 매핑(mapping)하는 한편, 분석적 환경에서 사용하여 위키피디아(Wikipedia), 오픈스트리트맵(Open Street Map)과 같은 불균질적인 자료들과 구글 학술검색(Google Scholar), 마이크로소프트 아카데믹(Microsoft Academic)과 같은 검색 엔진들로부터 파싱(parsing)된 텍스트들과 인식된 실체들 사이에 연계(linkage)를 구축할 수 있다. 이 작업이 가능해지려면, 역사 데이터가 온라인 및 오픈액세스 데이터베이스에 게시되어 적절한 방식으로 공유될 수 있어야 한다. 역사가 집단은 각 데이터베이스 상에 정리된 대규모의 디지털 데이터들을 보유하고 있지만, 그 중 대부분이 특정 기관 내 개별 연구자들의 개인 저장장치에 보관되어 있는 경우가 많아 유용하게 쓰이지 못하고 있다.

연구자들은 출판된 저서나 학술지 논문을 통해 자신들이 보유하고 있는 데이터들을 부분적으로 공유하지만, 이러한 데이터들은 언제나 연구자의 서술 방향에 맞게 조작되어야 하기 때문에 다른 목적을 위해 사용되기 위해서는 역설계 과정이 필수적이다. 인용과 주석이 "진실성(authenticity)을 보여주기 위한 절차"(Ginzburg, 2012a, p. 21)라면, 근대 이래로 역사가들은 "주장을 뒷받침하기 위해 제공되는 증거의 유일한 형식"(Grafton, 1994, 1995, 1997)으로서 흔히 각주를 활용해왔다. 하지만 시간이 지나면서 이러한 각주들은 찾는데만도 상당한 시간이 소요되는 다루기 힘든 연결망으로 변질되어버릴 수 있다. 따라서 이 모든 자료들을 한데 모아 인식 가능한 전체로 만들기 위해서는 인간의 능력을 넘어서는 영역에서의 시도들이 필요하다.

그러므로, 데이터베이스의 인터페이스가 사용자친화적으로 설계되어야할 뿐만 아니라, 전문가들은 온톨로지들과 어휘들을 기반으로 하여 데이터들을 조직하고 태깅(tagging)해야만 한다. 그렇게 해야만 (예를 들어) 데이터들을 수집하여 국제적 학문 공동체가 공유할 수 있는 하나의 그래프 데이터베이스를 구축할 수 있고, 모든 연구자들이 자신들이 원하는 특정 데이터들을 쉽고 빠르게 찾을 수 있게 될 것이다.[3] 통일된 온톨로지들 및 어휘들은 사료들로부터 데이터들을 추출하여 링크드 데이터(linked data)—시맨틱 웹(Semantic Web)에서 데이터 내보내기, 공유, 연결하기를 할 수 있는 최상의 방식—의 형태로 모델링을 하는데 사용될 수 있다. 또한 다른 솔루션들 중 하나의 예를 들면, 통일된 온톨로지들과 어휘들은 데이터를 그래프로 재현[4]하는데도 사용될 수 있다(Grinin & Korotayev, 2010; Graham et al., 2016).

---

3 그 예로, 마이크로소프트 아시아 연구소(Microsoft Research Lab-Asia) 그래픽 엔진, 링스 애널리틱스(Linx Analytics) 등이 있다.

4 그 예로, 연계 데이터용 제이슨(JavaScript Object Notation for Linked Data, JSON-LD)를 사용하는 자원 기술 프레임워크(Resource Description Framework, RDF) 등이 있다.

안타깝게도, 거의 모든 역사 데이터베이스들은 특정 연구 과제나 프로그램들의 최종 결과물 이상의 역할은 수행할 수 없도록 설계되어있다. 앞으로 더 나아가기 위해서는 새로운 데이터 세트들을 추가하여 데이터베이스들을 확장시킬 필요가 있다. 여러 역사 데이터베이스들 중 훌륭한 예시로는 마이클 맥코믹(Michael McCormick)의 『로마·중세 문명 디지털 아틀라스』(*Digital Atlas of Roman and Medieval Civilizations*), 피터 터친(Peter Turchin)의 『세스햇: 세계 역사 데이터뱅크』(*Seshat: Global History of Databank*), 데이비드 크리스천(David Christian)의 『빅 히스토리 프로젝트』(*Big History Project*), 마크 드포(Mark Depauw)의 『트리스메기스투스』(*Trismegistos*), 리프 아이작센(Leif Isaksen)의 『펠라기우스』(*Pelagios*), 미국 국립과학재단의 지원을 받아 패트릭 매닝(Patrick Manning)이 개시한 『역사 정보·분석 협력 프로젝트』(*Collaborative for Historical Information & Analysis*, CHIA)(Manning, 2013, 2015)가 있다. 데이터들을 메타 데이터와 결합시키는 기능을 갖추고, 이러한 데이터-메타 데이터의 결합체를 시각화하여 얻는 새로운 통찰들에 근거하여 시뮬레이션을 가동할 수 있게 된다면, 이 데이터베이스들은 역사 지식 포털로 자리매김할 수 있을 것이다.

각 역사 데이터들과 결합된 메타 데이터를 확인하는 필수적인 작업 외에도, 각 학문 분과의 연구자들 사이에서 일어나는 상호작용과 그에 대한 데이터들이 메타 데이터의 형식으로 기록될 필요가 있다. 분명 이러한 종류의 전문가들 사이의 상호작용은 컴퓨터 데이터베이스의 도움이 없이는 일어나기가 어렵다. 이는 사료들에 대한 전문가들의 평가들이 대부분 출판 이전의 추정 단계에 있는 것들이어서 아무리 오래 기다리더라도 학술지 논문이나 저서에서는 찾아볼 수 없기 때문이다. 이러한 의미에서 만약 어느 데이터베이스가 매우 다양한 이용 가능 상태의 데이터들을 보유하고 있고 데이터 세트를 증식시킬 수 있는 메타 데이터를 보유하고 있다면, 이는 디지털 컴퓨터가 역사학에 가져다 줄 수 있는 하나의 혁명이 될 것이다. 그것은 역사가들로 하여금 데이터와 보다 밀접하게 상호작용할 수 있도록 도울 것이며, 그 결과 연구자들이 상호간에 더욱 밀접하게 교류할 수 있도록 도울 것이다.

하지만, 만약 우리가 이 단계에서 멈춰버린다면, 데이터 세트와 메타 데이터는 계속해서 축적될 것이고 이용 가능한 데이터와 메타 데이터의 규모가 매우 빠른 속도로 확장되어 어느 전문가도 그것들을 더 이상 이해할 수 없게 될 것이다. 그러므로 전산 역사학의 제3의 물결이 가져다 줄 기회들을 제대로 활용하고자 한다면, 역사가들은 데이터와 메타 데이터를 더 잘 이해하는데 있어 컴퓨터의 도움을 받아야만 한다. 즉, 단순히 컴퓨터가 데이터 관리를 보조하는 차원에서 한 발짝 더 나아가(Graham et al., 2016, pp. 73-111), 보다 정교화된 토픽 모델링(topic modelling)과 데이터 시각화(data visualisation)—"새롭고 창조적인 방식으로 데이터를 이해하기 위해 데이터를 변형, 압축, 조작하는 작업"(Graham et al., 2016, pp. 113-158, pp. 159-194)—및 네트워크 분석(Hitzbleck & Hübner, 2014, pp. 7-15; Graham et al., 2017, pp. 195-264)의 수준에까지 이르러야 하는 것이다.

데이터 시각화의 단계에서, 역사가들은 데이터의 패턴을 발견하기 위해 컴퓨터 과학자들로부터 다양한 머신 러닝(machine learning) 전략들을 빌려올 것이다. 역사가들은 전통적으로 데이터들을 직접 처리하는데 오랜 시간을 소비하기 때문에, 가설을 만들어내고 자신들의 기억으로부터 데이터들을 끄집어내 그 가설의 정당성 뒷받침하는 데 있어서는 탁월한 능력을 보여준다. 하지만, 그들이 자신들의 이론화 방식에 부합하지 않는 많은 다른 데이터 패턴들을 놓치게 될 가능성 또한 높다. 수년 간 컴퓨터 과학자들에 의해 개발된 데이터 시각화와 머신 러닝 방법들의 조합은 역사가들이 놓칠 수 있는 이러한 패턴들의 대부분을 발견하도록 도울 수 있다. 필자들은 그러한 방법들의 활용 빈도가 두 가지 이유에서 저조했다고 생각한다. 우선, 역사 데이터베이스들이 파편화되어있어 상이한 데이터 세트들을 아우르는 패턴들을 검출할 수 없었고, 다음으로 새로운 방법들 자체가 전통적으로 역사학자들의 학문적 훈련 과정에 포함되어 있지 않았기 때문이다. 하지만 보다 중요한 이유는 역사 데이터베이스들이 인간 연구자의 질문에만 적합하게 설계되어 있을 뿐 머신 쿼리(machine query)에 이어 머신 러닝이 이루어지도록 구조화되어 있지 않기 때문이다.

역사학이 완전한 전산학적 학문 분과로 이행하는 마지막 단계는 존 홀랜드(John Holland)가 언급한 바와 같이 모델링과 시뮬레이션을 활용하여 역사적 빅 데이터를 알고리즘적인 빅 시뮬레이션(big simulation)을 통해 탐구하는 것이다(Holland, 1975; Mitchell, 1996, pp. 2-3). 모델들은 하향식(방정식 기반)이거나 상향식(규칙 기반)일수 있고, 결론에 도달하기까지 방정식의 논리적 연쇄나 규칙을 따라 '분석'되거나, 컴퓨터가 논리의 연쇄를 따라가 도출한 결과를 우리가 해석할 수 있도록 '시뮬레이션'될 수 있다. 모델들은 파편적인 지식들과 통찰들을 분석이나 (구조가 복잡해질 경우) 시뮬레이션의 도움을 받아 하나의 완전한 전체로 종합해내는 매크로스코프(macroscope)로서 기능하여, 우리로 하여금 역사의 큰 그림을 이해할 수 있도록 도울 것이다.

숀 그레이엄(Shawn Graham), 이언 밀리건(Ian Milligan), 스콧 와인가르트(Scott Weingart)가 요약한 바와 같이, 매크로스코프라는 용어는 복잡 사회(complex society)를 설명하기 위해 조엘 드 로네(Joël de Rosnay)(1979)에 의해서 처음 사용되었다. 문학 비평에서는 매크로스코프와 유사한 개념을 프랑코 모레티(Franco Moretti)(2005)가 '거리두고 읽기(distant reading)'라 지칭한 한편, 조커스(Jockers)(2013)는 그것을 '매크로 분석(macroanalysis)'이라고 명명하였다. 문화사 분야에서는 막시밀리안 쉬히(Maximillian Schich)와 그의 연구팀(Schich et al., 2014, p. 562)이 "데이터 추동적인 거시적(data-driven macroscopic)" 접근법에 대해 예시적으로 설명하였다. 머리 겔만(Murray Gell-Mann)은 『전체를 투박하게 보기: 복잡성에 대한 성찰』이라는 제목으로 2013년 3월 4일부터 6일까지 싱가포르 남양이공대학교에서 개최된 학술대회의 동일 제목의 기조 연설에서, 역사적 과정들에 대해 더 잘 이해하기 위해서는 영국 역사가 아널드 토인비(Arnold Toynbee)에 의해 제창된 접근법을 비판하고 배척하기 보다는 개선하여 활용할 필요가 있다고 주장했다. 12권에 달하는 대작인 『역사의 연구』(*A Study of History*)에서 토인비는 비잔틴 제국을 시작으로 하여 세계 주요 문명들의 발달사를 보여준다(Toynbee, 1934-1961; Gell-Mann, 1997, p. 9; Schäfer, 2001, p. 301). 에레즈 에이든(Erez Aiden)과 장-바티스트 미셸(Jean-Baptiste Michel)(2013) 등의 연구자들 또한 "인간의 역사를 연구하기 위한 매크로스코프"에 대하여 언급한 바 있다(Graham et al., 2016, p. 2).

3절에서 필자들은 방정식 기반 모델링이 지닌 이점에도 불구하고 그것이 역사 연구에 적용될 경우에 발생하게 되는 한계점들을 지적하고, 행위자 기반 모델링(agent-based modelling, ABM)을 채택하는 것이 왜 더 당연하고 적절한 선택인지에 대해 설명할 것이다. 또한 어떻게 행위자 기반 모델들을 개발하는 일에 착수할 것인지, 그리고 그것들을 시뮬레이션하는 것이 우리의 역사에 대한 이해에 어떻게 보탬이 될 수 있는지에 대해 설명할 것이다. 전산학적 실천의 일환으로서의 행위자 기반 모델링은 거시적 접근법에 있어 매우 중요한 요소임에도 불구하고 아직까지도 대부분의 디지털 역사가들에게 낯설게 여겨진다. 비록 행위자 기반 모델링에 대한 관심이 날로 늘어나고 있기는 하지만 말이다(Gavin, 2014). 역사를 조망함에 있어 행위자 기반 모델링은 다른 학문 분과에서와 마찬가지로 일반적인 경향을 설명하고, 거시적 지식에 대해 보완적이며 동시에 매우 다른 길을 제시할 것이다. 조 굴디(Jo Guldi)와 데이비드 아미티지(David Armitage)는 『역사학 선언』(*The History Manifesto*)(2014)에서 거시적 사고의 중요성을 역설했다. 그레이엄, 밀리건, 와인가르트는 자신들의 저서 『역사적 빅 데이터 탐색』(*Exploring the Big Historical Data*)

(2015)에 '역사가의 매크로스코프'라는 부제를 붙였다.

궁극적으로, 모델들을 만드는 목적은 예측을 하기 위함이고 그 예측은 질적인 것이 될 수도, 양적인 것이 될 수도 있다. 만약 우리가 과거를 재시뮬레이션한다면 우리는 반사실적 역사들에 얽힌 시뮬레이션된 세계(Gavin, 2014, p. 24) 안에 존재할 수 있게 된다. 만일 우리가 미래를 시뮬레이션한다면, 우리는 여러 다른 시나리오들을 탐험할 수 있을 것이다. 진화와 실제 과거의 증거들을 어떻게 해석할 것인가에 대한 스티븐 제이 굴드(Stephen Jay Gould)의 책이 출간된 이래로 반사실주의 및 우연성 대 필연성에 대한 논쟁은 근대 진화 생물학의 주요한 주제들 중 하나였다(Gould, 1989). 이 논의는 과학사 일반에서 유의미한 것(Radick, 2005)이 되었고, 오스발도 페소아 주니어(Osvaldo Pessoa Jr.)는 과학사의 반사실들을 평가하는데 있어 컴퓨터 모델들의 역할을 탐구해왔다(Pessoa, 2001). 이 논의는 1997년 가브리엘 스피겔(Gabrille Spiegel)이 논의한 "'텍스트'의 사회적 논리"에 대한 담론에 부합한다. 스피겔은 "문화인류학과 문화사가 담론을 인식 가능한 문화·역사적 형성의 산물로 간주하는 (신)역사주의적 관점을 재도입하는데 있어서는 성공적이었던 반면, 의미의 사회적 구성 과정 안에서 역사를 능동적 행위자로 복권시키는 데는 그다지 성공적이지 못했다"(Spiegel, 1997, p. 9)라고 주장했다. 하지만, 시뮬레이션된 역사들이 어떻게 역사가들을 도울 수 있는지 설명하기 전에, 먼저 시뮬레이션과 역사가들의 주요 문제틀들을 연결시켜 논의해보도록 하자.

1.1. 진실을 추적하는 역사학

『신(新) 옥스퍼드 미국 영어 사전』(*New Oxford American Dictionary*)에 따르면, 그리스어인 ἱστορία/historia는 '본 자, 증언'이라는 뜻이 발전된 '학식이 있는 현자'라는 의미의 histōr라는 단어에서 기원한다. 이 단어는 또한 wit/vit(알다)라는 인도-유럽어족의 어근에서 기원하는 단어인데, wit/vit는 산스크리트어의 veda(지혜)와 라틴어의 videre(보다), 게르만어족인 고대 영어의 witan, 네덜란드어의 weten, 독일어의 wissen과 같은 단어들과 관련이 있다(Joseph & Janda, 2003, p. 163). 이러한 어원들을 추적해보면, 역사란 지혜를 만들고자 하는 의도를 가지고 탐구를 하여 얻게 되는 지식의 일종이며 '질문 · 시험하는' 행위를 의미하는데, 이는 지식(무언가를 하는 방법을 아는 것)으로부터 지혜(어떤 상황 하에서 행동해야하는 지를 아는 것)로 이행하는데 있어 필수적인 행위이다.

만약 우리가 아리스토텔레스(*Poetics*, 51b)에 동의한다면, 역사가들은 존재하는 것(진실)에 대해 말하고, 시인들은 존재할 수 있는 것(가능한 것)에 대해 말한다. 전산학적 모델링의 관점에서 마이클 개빈(Michael Gavin)(2014)은 "표면상으로 전산학적 모델링은 많은 과학적인 요소를 가지고 있지만, 그 핵심 시뮬레이션들은 정교하게 짜여진 허구—과학이나 역사의 인식론적 반대항—처럼 보인다"라고 언급한다. 개빈은 "이러한 지적 탐구의 형식들은 서로 동일할 수 있고, 이는 생산적일 수 있다"라는 의견을 제시한다(2014, p. 1). 하지만, 사정이 그리 간단치만은 않다. 몇 가지 중요한 예를 들어보자. 롤랑 바르트(Roland Barthes)(1967)는 페르디낭 드 소쉬르(Ferdinand de Saussure)의 구조주의 언어학과 그 연장선상에 있는 클로드 레비-스트로스(Claude Lévi-Strauss)의 인류학을 따라, "우리 문화에서 고대 그리스 시대 이래로 역사 '과학'에 종속되어 있던 과거 사건들에 대한 서사가—일부 특징들과 반박 불가능한 의미의 측면에서—서사시, 소설, 희곡에서 발견되는 상상적 서술과 과연 얼마나 다른지" 반문한다.

이러한 해석의 반대편에는 카를로 긴즈버그(Carlo Ginzburg)가 있다. "구조주의의 영향 하에 역사가들은 구조 및 관계의 동일성을 확인하려는 입장으로 선회하였다. 이러한 동일성에 대한 탐구는, 개인의 지각과 의도를 부정하거나 그것들을 개별의 독립적인 경험으로 치부함으로써, 지식을 주관적 의식의 영역으로부터 분리시켰다. 이와 유사하게, 긴즈버그가 갈릴레이의 패러다임이라고 불러온 수, 수열, 수량화[1986, pp. 96-125, pp. 200-213]는 역사를 구조적 관계들의 엄격한 공식화로 변질시켰고, 법칙들을 수립하는 것만이 역사의 임무가 되어버렸다"(Vendrix, 1997, p. 65). 긴즈버그의 에세이집에 대해 출판사가 제공한 시놉시스(Ginzburg, 2012a)에 따르면, 긴즈버그는 "순진한 실증주의와 이른바 정교화된 신회의주의에 담대하게 맞선다. 그는 수십 년 간 탈구조주의에 의해 제기된 다음과 같은 문제들을 깊이 있게 들여다본다: 역사적 사실을 구성하는 것은 무엇인가? 우리는 사실과 허구 사이의 경계를 어떻게 나누는가? 역사와 기억 사이에는 어떤 관계가 존재하는가? 모든 글로 된 문서들을 여러 방식으로 형성하는 역사학적 관습들을 우리는 어떻게 다룰 것인가?"

"그리스가 서양 철학에 남긴 유산은 서양 철학이다"(Williams, 2006, p. 3)라는 버나드 윌리엄스(Bernard Williams)의 유명한 언명은 이러한 상황에서 특히 사실로 자리매김한다. 왜냐하면 플라톤의 『소크라테스의 변명』(*The Apology of Socrates*)(339 BCE)에 나오는 "검토되지 않은 삶은 살 가치가 없다(ὁ δὲ ἀνεξέταστος βίος οὐ βιωτὸς ἀνθρώπῳ)"(*Apology of Socrates*, 38a)라는 대표적 인용구가 여전히 정확한 틀을 제공하기 때문이다. 삶은 ἔλεγχος(elenchus), 즉 검토, 반증 혹은 반박, 대화나 반대 심문, 시험, 특히 반박을 위한 정밀한 조사 없이는 살만한 가치가 없다. 그러한 것이 종종 exetásis 또는 정밀 조사(scrutiny), basanismus 또는 시금(assay)이라고도 지칭되는 소크라테스의 대화법이다(Vlastos, 1983).

고대 그리스 할리카르낫소스(Halicarnassus)의 헤로도토스(Herodotus)(c.484-425 BCE), 르네상스기의 로렌조 발라(Lorenzo Valla)(c.1407-1457), 근대의 레오폴드 폰 랑케(Leopold von Ranke)(1795-1886), 20세기의 마르크 블로흐(Marc Bloch)(1886-1944) 이래로 사료의 진정성과 신뢰성에 대한 비판적 평가는 역사가들이 데이터들을 획득하고 그것들 사이에 인과 관계를 세우는데 있어 필수불가결한 조건으로 이용해온 가장 근본적인 도구이다(Galasso, 2000, pp. 293-353; Ginzburg, 2012a, pp. 7-24). "진실을 통제하고 전달하는데 이용되는 절차들이 시대에 따라 변해왔고"(Ginzburg, 2012a, p. 231), 동일 데이터를 사용하는 방식은 같은 과거의 사건들에 대한 다양한 설명들 속에서 서로 다른 시대, 공간, 문화에 따라 극적으로 달라질 수 있다(Grafton & Marchand, 1994; Guldi & Armitage, 2014; Wang, 2016).

그렇게 역사가들의 주요 문제틀은 오랜 시간동안 지속되어왔다. 1986년, 긴즈버그는 그의 중요 에세이인 「단서들: 증거에 입각한 패러다임의 기원들」에서 어떻게 역사가 예언과 골상학이라는 두 유사과학과 그 기원을 공유하는지 뿐만 아니라, 이 두 유사과학들의 파생 학문들인 법학과 의학과도 같은 기원을 공유하는지에도 주목하였다. "법학과 의학은 오직 흔적, 증상, 단서들을 통해서만 재구성될 수 있는 특수한 사례들을 분석했다. 미래에 대해서는 엄격한 의미의 예언이 있었고, 과거, 현재, 미래에 대해서는 진단과 예후라는 양면성을 지닌 의학 기호학이 있었으며, 과거에 대해서는 법학이 있었다"(Ginzburg, 1989, pp. 104-105; Momigliano, 1985).

1.2. 전산학적 관점에서 본 역사가들의 빅 데이터

전자 컴퓨터는 모든 수준에서 사회와 경제가 작동하는 방식을 급격하게 변화시켰다(Robertson, 1998, 2003). 역사가들은 역사 연구의 진보에 있어서 이러한 기술적 전환이 지니는 중요성을 충분히 인지하고 있다(Ladurie, 1973-1978; Galasso, 2000, pp. 311-315; Ginzburg, 2001; Cohen & Rosenzweig, 2005). 원론적으로는 역사가들이 새로운 기술들에 요지부동의 태도를 취하는 것은 아니다. 모든 역사가들은 어떠한 방식으로든 디지털 시대에 적응해왔다. 그들은 "전산역사학의 첫 두 물결을 경험한 주체로서 1970년

대부터 활발하게 프로그래밍을 수행해왔다"(Graham et al., 2016, p. 58).

컴퓨터는 관측과 이론적 추론의 수준에서 20세기 수학자들과 화학자들을 위해 해주었던 작업을 오늘날 역사가들을 위해 해줄 수 있다(Robertson, 1998). 예를 들어 과거에 화학자들은 분자 모델들을 플라스틱 공과 막대기를 이용해 만들곤 했던 반면 오늘날 모델링은 컴퓨터를 통해 수행된다. 1970년대에 마르틴 카플루스(Martin Karplus)(프랑스 스트라스부르 대학교, 미국 하버드대학교), 마이클 레빗(Michael Levitt)(미국 스탠퍼드 의과대학), 아리에 와셸(Arieh Warshel)(미국 서던 캘리포니아 대학교)은 화학적 작용을 이해하고 예측하는데 사용되는 강력한 프로그램들의 기반이 되는 모델들을 제작하였다. 실제의 삶을 반영하는 이 컴퓨터 모델들은 오늘날 화학 분야의 대부분의 성과를 만드는데 아주 중요한 역할을 했다. 2013년 10월 9일에는 스웨덴 한림원이 "복잡한 화학적 체계의 다중 스케일 모델들을 개발한 이들의 공로를 인정하여" 이 세 연구자들에게 노벨 화학상을 수여하기로 결정했다.

하지만 윌리엄 브라이언 아서(William Brian Arthur)(2009, pp. 150-151)가 언급한 바와 같이, 데이터를 관리하고 다양한 소프트웨어를 가지고 실험하는 일에 몰두하여 데이터 세트들을 새로운 방식으로 조명할 수 있게 된 "디지털인문학적 계기"(Graham et al., 2015, pp. 37-72) 이후로 역사가들은 다시금 변화를 겪고 있는 전산(computation)을 충분히 활용하는 것에 어려움을 느끼고 있는 듯하다. 전산의 주요 기술들 중 하나인 머신 러닝 알고리즘은 급격한 변화를 겪어 이제 자동화와 발견의 속도 측면에서 새로운 지평을 열어주었다(Domingos, 2015). 전산 역사학의 제3의 물결 속에서 역사가들이 강력한 컴퓨팅(computing)과 빅 데이터를 이렇게 쉽게 활용할 수 있었던 적은 없었다(Graham et al., 2016, p. 58). 그러므로 사실 역사가들은 전산 기술을 활용하는 일을 전보다 더 매력적이며 쉽다고 느껴야만 한다. 하지만 현실은 더 복잡한데, 이는 구어에서 문어로, 필사에서 인쇄로, 아날로그에서 전자로,

수학에서 알고리즘적 전산으로 넘어가는 극적인 기술적 전환의 모든 단계에서 역사가들의 기술의 본질로서 계속해서 자리매김해온 사료의 문제가 역사가들이 새 기술에 적응하는 것을 막고 있기 때문이다. 왜 그리고 어떻게 그러한지를 설명해보도록 하겠다.

전산학적 전회 덕에 확장된 연구 능력은 다음과 같은 새로운 전산 추동적(computational-driven) 연구 질문들을 제시하고 그에 대한 새로운 해답들을 내놓는 것을 가능하게 할 것이다: 모든 데이터가 어떤 언어로든 접근 가능하며 디지털화된 형태로 이용될 수 있다면 역사가들은 이것들을 가지고 무엇을 할 것인가? 모든 연구 자료들이 모든 언어로 메타데이터를 통해 디지털화되고 검색 가능해진다는 것은 무엇을 의미하는가? 우리는 지역적 커뮤니티들과 국제적 네트워크 사이의 수렴·발산의 기제를 이해할 수 있는가? 동일한 네트워크 혹은 사람들은 어떠한 방식으로 새로운 부와 발전을 가져오거나 전쟁과 빈곤을 촉발할 수 있는가? 개인, 가족, 도시, 국가의 세계 체계 안에서는 어떤 역학과 기제가 작동하는가? 우리가 '모든' (과거의) 사실들 사이의 관계, 여전히 존재하는 그 사실들의 '모든' 흔적과 증거들, '모든' 사학사(historiography)적 해석들에 대해 알 수 있다면, 우리는 그것들을 기반으로 어떤 종류의 지혜를 얻을 수 있는가? 상향적 보편 법칙들을 모델링하여 미래를 바꾸는 것이 가능한가? (Nanetti & Cheong, 2016, p. 8)

컴퓨터에 데이터를 입력하기 위해 펀치 카드를 도입한 이래로 역사가들은 전산적으로 분석이 가능한 대규모의 데이터 세트들을 만들기 시작했다. 1970년대에 프랑스의 역사가인 에마뉘엘 르 루아 라뒤리(Emmanuel Le Roy Ladurie)는 컴퓨터의 활용이 역사 연구에 미칠 영향을 다음과 같이 처음으로 예견했다: "컴퓨터·정보 기술에 기반한 역사학은 아주 상세한 연구 범주에만 국한되지 않고 '아카이브(archive)'의 구축으로도 이어진다. 데이터가 일단 테이프·펀치 카드로 이전되고 처음으로 어느 역사가에 의해 사용되기 시작하기만 하면, 그 데이터는 아직 시험되지 않은 상관관계 발견하고 싶어 하는 미래의 연구자들을 위해 계속해서 축적될 수 있다"(Ladurie, 1973-1978, p. 1, p. 3).

그 이래로 연구자들은 일상적인 연구 활동을 수행함에 있어 아주 큰 규모의 디지털 데이터 세트들을 여러 언어들과 포맷들로 생산·축적하고 있다. 인터넷상에서 점점 더 많은 수의 역사 데이터뱅크들을 이용하는 것이 가능해지고 있다. 전 세계에서 빅 데이터는 이렇게 역사가들의 기술의 일부가 되어가고 있다. 더욱 많은 수의 역사 데이터베이스들이 온라인화되고 그것들이 다루는 범위가 서로 중첩되어갈수록, 역사가들과 학문 분과로서의 역사학은 늘어나는 이용 가능한 자료들과 해석들의 규모에 대처하기 위해 더욱 더 많은 빅 데이터적 접근법들을 필요로 한다. 하지만 이러한 빅 데이터들이 존재함에도 불구하고 큰 결과물들을 만들어내는 일은 아직까지는 쉽지 않아 보인다. 왜 그럴까?

1.3. 아직까지 '큰' 결과들이 나오지 못하도록 방해한 요인들은 무엇인가?

인지 컴퓨팅(cognitive computing)은 인간의 사고 과정을 시뮬레이션하기 위해 인공지능과 신호처리(signal processing)라는 서로 다른 두 분야에서 방법론들을 차용한다. 반면 전산 역사학은 전산화된 모델 안에서 역사가들의 기술을 시뮬레이션하고자 한다. 인공지능과 자동신호처리 개발의 초기 단계인 지금 데이터의 규모와 복잡성이 현재의 디지털 저장 시스템의 용량과 머신 러닝 능력을 훨씬 뛰어넘기 때문에, 현재의 학문과 기술로는 역사 전체를 자동화하는 것이 일종의 공상과학적인 꿈으로만 존재할 뿐 실현가능한 가정으로는 생각될 수는 없는 실정이다(Pavlus, 2015). 그럼에도 불구하고 전산 역사학은 새롭게 더욱 효율적으로 1·2차 자료를 연구하는 방법들을 개발하는 데 있어 매우 적합하고, 이는 계속해서 진실을 추적하는 역사학의 과제를 수행하는 데 뒷받침이 될 것이다.

역사가들이 새로운 기술에 적응하지 못하고 있는 것은 사료 해석의 문제와 관련되어 있는데, 이는 역사가들이 큰 결과를 도출하기 이전에 우선 많은 데이터들을 다뤄야 하기 때문이다. 역사 기록들을 새로이 조명하기 위해서는 시각화 프로세스를 이용하여 행위자 기반 모델링을 수행하는 것이 필수적인데, 이 과정에서 데이터베이스들의 실체(entity)들과 속성들을 정의내리기 위해 채택되는 온톨로지가 중심적 역할을 수행한다. 따라서 역사의 법칙들과 목적에 대한 논쟁(Gilbert, 1990; Popper, 1999, pp. 105-115)을 하기 전에 전산 역사학은 우선 기계 판독을 할 수 있는 온톨로지들을 정의내리고 표준화된 방법들에 대한 합의를 마쳐야한다. 이 표준화된 방법들은 (사실이라고 알려지거나 가정된 사항들인) 데이터와, (사물·사람에 대해 학습되고 제공된 정보, 사실들인) 데이터들 사이의 관계를 정의하는데 사용된다. 이러한 데이터들과 데이터들 사이의 관계들은 1·2차 자료들로부터 자동으로 추출될 수 있으며, 역사적 증거들—역사가들이 자신들의 믿음이나 주장이 사실이거나 유효하다고 판단하기 활용할 수 있는 사실들의 총체—을 양적으로 증가시키고 질적으로 향상시킬 수도 있다.

인지 컴퓨팅의 관점에서 이 과정은 출처 기반 검증이라고 불린다(Wong et al., 2005). 이러한 관행을 채택하는데 있어 역사 기록들을 머신 러닝 알고리즘이 활용할 수 있는 형태로 제공하기 위해서는, 이 역사 기록들이 우선 모호하지 않은 장(field)들로 분해되어야 한다. 머신 러닝 알고리즘은 우선 1·2차 자료 내의 증거-사실-사건 사이의 관계들을 처리·엔지니어링 할 수 있고, 두 번째로 지방·지역·세계사적 시나리오들(우리의 사례 연구에서는 교역-분쟁-외교 관계들) 안에서 역사 현상을 기술하는 모델들을 구축할 수 있다.

따라서 본고는 사료에 대한 질문들을 다루는 한편, 그 질문들에 대한 해답을 일부 제공하고 역사 연구에 있어 이 새로운 거시적인 전산학적 전환을 촉진하고자 한다. 필자들이 제공하는 해결책은 다음의 두 단계에 거쳐 도출된다: (1) 사료들로부터 사실들을 추출하고 그 사실들 사이의 잠재적 연관 관계를 확인하기 위해, 빅 데이터 자동 서술(big data automatic narrative)을 활용하여 사료의 전산 방식을 재구조화, (2) 행위자 기반 빅 시뮬레이션을 활용하여 사실들 사이의 흐름의 밀집도를 파악함으로써 사회의 비선형적 흐름 안에서 티핑 포인트(tipping point)로 작용하는 사건들을 확인(Gladwell, 2000).

먼저, 역사 데이터들은 컴퓨터 과학 전공자들에게는 비구조적으로 보인다. 즉, 역사 기록들은 모호하지 않은 필드들로 쉽사리 분해되지 않는다. 인구·과세 기록과 같은 예외들이 있긴 하지만 흔하지 않을 뿐더러 19세기까지는 여러 시·공간에 걸쳐 분산되어 있다. 전산학적 관점에서 이러한 사실은 과세·인구 데이터베이스의 측정을 불가능하게 하고 다른 데이터세트들이 축적되는 것을 방해한다. 『피렌체 카타스토 온라인』(*Online Catasto of Florence*)은 과세 기록을 분명하게 보여주는 데이터베이스들 중 하나이다. 이 데이터베이스는 데이비드 헐리히(David Herlihy), 크리스티안 클래피쉬-주버(Christiane Klapisch-Zuber)가 연구책임자로 참여한 『토스카나 지방 피렌체의 인구·재산 조사, 1427-1480년』(*Census and Property Survey of Florentine Dominions in the Province of Tuscany, 1427-1480*)에 기반한 1427-1429년 피렌체의 과세 정보—1969년까지 기록된 약 1만 건의 기록들—를 담고 있다.

두 번째로, 구조화된 데이터들을 위해 개발된 머신 러닝 툴은 있는 그대로 역사 연구에 활용될 수가 없다. 이 문제에 있어서는 1차 자료에 대한 해석과 나아가 다양한 사학사적 서술들에서 그러한 1차 자료들이 어떻게 선택되고 해석되었는지에 대한 분석이 중요하다. 역사가들은 일반화에서 개념화로 이행할 필요가 있는데, 이는 증거, 사실, 사건과 같은 '이론적 단위들'을 분명하게 구분하고, 분쟁, 외교와 같은 '역사적 현상들'을 분명히 구분하는 것이 데이터베이스를 위해 새로운 전산 온톨로지를 생성(Guarino et al, 2009)하여 그것들을 역사 시뮬레이션을 위한 행위자 기반 모델링에 적용(Gavin, 2014)하는 데 있어 필수적인 요건이기 때문이다.

2. 빅 시뮬레이션의 전제조건으로서의 빅 데이터 자동 서술 (big data automatic narrative)

토머스 R. 그루버(Thomas R. Gruber)(1993, 1995)에 따르면 전산 온톨로지는 도메인 용어들의 형식적 사항들을 명시하고 이 용어들 사이의 상호적 관계를 공유할 수 있는 연구 도메인을 필요로 한다. 그루버의 방법론을 따라 안드레아 나네티는 모로시니 코덱스(Morosini Codex)(1205-1433)에서 일관성을 보이는 한 세트의 색인 용어들을 추출(Nanetti, 2010, pp. xxii-xix; pp. 1853-2274)하여 상호적 세계사 연구를 위한 데이터들을 축적하였다. 이 연구 프로젝트는 베네치아의 관점에서 본 세계에 대한 기술을 그 출발점으로 하여, 중국어, 아랍어, 러시아어, 페르시아어 등으로 작성된 동시대의 다른 모든 연대기들을 연구하는 연구자들을 참여시키고자 하는 포부를 가지고 국제 연구팀을 구성해나가고 있다(Nanetti & Cheong, 2016).

이 프로젝트를 베네치아에서 작성된 연대기인 모로시니 코덱스에서부터 시작하는 것은 세계적 맥락에서 볼 때 다음 세 가지 이유로 적절하다. 우선, 모로시니 코덱스는 총 58권으로 이루어진 마린 사누도(Marin Sanudo)의 저명한 『일기』(*Diarii*)(1496-1533)에 이르기까지의 베네치아 세속 역사 서술의 모델이기 때문이다. 모로시니 코덱스는 당시에 알려져 있던 거주 세계 내의 제국들과 도시들 중 시장이 있었던 곳들에 대한 정보를 제공하는 후기 중세 유럽과 지중해 지역 역사에 대한 가장 중요한 국제적 텍스트들 중 하나이다. 이 자료들은 대개 상인들이 주고받던 회보·서한이나 베네치아 평의회 회의록에서 가져온 정치·경제에 대한 많은 기록들을 다루고 있다(Nanetti, 2010, pp. xi-xvii). 두 번째로, 지중해 지역은 인간의 활동이 세상을 변화시켜온 방식들에 대한 가장 길고 가장 잘 연구된 기록들을 보유하고 있다(Abulafia, 2011, pp.

i-xxxi). 마지막으로, 전산학적 관점에서 1205년과 1533년 사이의 시기는 빅 시뮬레이션을 수행하는데 필요한 딱 알맞은 분량의 데이터를 제공한다(Nanetti & Cheong, 2016, pp. 22-25).

세계사에 대한 이 상호작용적 연구가 참조하는 체계는 아프리카-유라시아 대륙 간 커뮤니케이션 네트워크이다. 이 네트워크를 학술적이며 종합적으로 연구한 시초는 독일 지리학자인 페르디난트 프라이헤르 폰 리히트호펜(Ferdinand Freiherr von Richthofen)(1833-1905)의 대작 『중국』(China)(1877-1912)이다. 리히트호펜은 베를린에서 열린 독일 지질학회에서의 두 번의 강연(1876, 1877)에서 자신의 연구 결과들을 예측하였다(Waugh, 2007, p. 3). 1876년 5월 6일에 그는 자신의 첫 강의를 항로들에 대해 논의하는데 할애하였다(Richthofen, 1876). 1877년에 열린 두 번째 강의는 육상 커뮤니케이션에 대한 것이었다(Richthofen, 1877).

이 체계에서 사건들 사이의 주요 관계인 행위들은 교역, 분쟁, 외교이다. 우리는 시뮬레이션에 필요한 행위자로 먼저 정부를 선택하는데, 이는 우리로 하여금 세계적 규모의 사건들 중 교역-분쟁-외교 관계의 연속성과 변화 패턴을 분석할 수 있게 해준다. 더 높은 수준에서 역사가들은 역사 데이터베이스로부터 주요 서술들을 자동으로 추출함으로써 역사의 추이에 대한 가설들을 세울 수 있고, 또한 다른 활동들이나 추가적인 데이터 세트들 안에서 그 가설들을 시험해볼 수 있다.

2.1. 자동화된 출처 확인 및 사실-증거-사건 검증

'과거(past)'란 이 단어의 이름이 보여주듯 지나간 시기를 일컫는 말이다. 과거는 더 이상 현재 우리와 함께하지 않는 것이다. 우리가 신뢰하는 누군가 또는 무엇인가가 과거의 어떤 사건에 대해 증거를 제공할 경우, 우리는 그 과거의 사건을 '사실적'이라고 여긴다. 그러한 사건들을 신뢰한 만한 사람들이 기록한 경우 우리는 그러한 기술들이 '진정성이 있다'고 여긴다. 그 기술들을 읽을 때 쯤이면 우리는 (오직 한 번만 기록되어있다는 사실을 제외하면) '진실성이 있다'고 증명된 연대기 상의 유일한 기록에서부터 '신뢰할 만한' 사람들로부터의 일련의 보증에 이르기 까지 다양한 증거들을 확보할 수 있게 되고, 그리하여 우리는 그러한 기술들을 '신뢰할 만하다'고 여긴다.

두어 개의 사료들에 공통적으로 기록된 기술들 중 서로 상당한 유사성을 띠지만 눈에 띄는 차이점들을 보이는 것들이 흔히 발견되곤 한다. 우리는 이러한 기술들이 하나의 사건을 지시하는 것으로 보아야 하는 것인가, 아니면 서로 다른 사건들을 지시하는 것으로 보아야 하는 것인가? 또 일부 자료들에는 기록되어 있지만 다른 자료들에는 기록이 없는 사건들의 경우, 어떻게 그것들이 사실인지 알 수 있는가? 마찬가지로, 상당한 유사성을 보여주는 기술들의 경우, 어떻게 그것들이 같은 사건을 지시하는지 알 수 있는가? 역사가들은 학문적 훈련 과정의 일환으로 역사 기록들의 진실성을 판단하는 방법을 배우고, 시간이 지남에 따라 그 작업에 점점 더 능숙해진다. 하지만 빅 데이터의 시대에는 데이터와 기록들의 양이 역사가들의 능력을 압도하고 말 것이다. 따라서 역사 기록들을 검증하는 과정을 측정 가능하게 만들기 위해서는 컴퓨터의 도움이 필수적이다.

이 작업을 위해서 필자들은 역사 기록들을 '누가', '무엇을', '언제', '어디에서', '왜', '어떻게'라는 육하원칙의 기초 요소에 따라 분해할 것을 제안한다. 모든 요소들은 기록이 사실로 간주될 수 있기 이전에 먼저 사실이라고 입증될 수 있어야만 한다. 달리 말하면, 어느 기술에 보고된 행위자가 다른 기술들—특히 경쟁관계에 있는 기술—에서도 등장한다면, 그 행위자는 과거에 실존했던 인물이거나 조직일 가능성이 있다. 한편, 행위자가 오직 하나의 기술에만 등장하고 믿기 힘들거나 일관되지 못한 특질들을 가지고 있다고 기술되어 있다면, 그 행위자는 허구의 존재일 가능성이 상당하다. 행위자의 인물 개요가 일관적인지를 검토하는 것은 결코 사소한 일이 아닌 것으로 드러나는데, 이는 상이한 여러 기술들이 다르지만 비슷하게 들리는 이름들을 사용하여 동일한 행위자를 언급할 수도 있기 때문이다. 유사하게, 어떤 일관적 요소가 상이한 기술들을 관통하여 발견된다면, 이는 역사가들이 사건, 지역, 동기, 행위의 존재의 타당성을 확인하는 데 도움을 준다.

위에서 설명한 타당성 검증의 절차에서 육하원칙적 요소들이 세계에 대한 우리의 지식을 구성하는 기본 요소들임을 알 수 있다. 예를 들어, '마르코 폴로(Marco Polo)'라는 이름은 다수의 기술에서 발견될 수 있고, 이 일관성에 근거하여 우리는 과거 속 그의 존재가 사실이라고 생각할 수 있다(Orlandini, 1913). 일관성 있는 기술은 따라서 '마르코 폴로'의 존재에 대한 증거를 제공하는 것이다. 유사하게, '카타이(Catai)'라는 이름은 다수의 기술에서 이 단어가 어떤 장소를 지칭한다는 점을 암시해주는 방식으로 나타난다(Yule & Cordier, 1913-1916). 이에 따라 '마르코 폴로'와 '카타이'는 사실적 데이터로 확립된다. 이 데이터는 비사실적 데이터와는 구별되어야만 한다. 비사실적 데이터는 그 존재가 의심되지는 않지만 그 내용은 사실이 아닐 수도 있는 어떤 믿음들을 가리킨다.

데이터는 그 자체만으로는 우리에게 통찰을 주지 않는다. 우리는 주변의 세계에 대해서 더 많은 것을 배워나가면서, 데이터들 사이의 관계를 그리기 시작한다. 예를 들어, '카타이의 마르코 폴로'라는 데이터는 '마르코 폴로'와 '카타이'라는 각각의 사실적 존재들로부터 우리가 추론할 수 있는 것보다 더 많은 정보를 우리에게 말해준다(Orlandini, 1926). 같은 방식으로 우리는 어떤 관계들이 위조된 것임을 알아낼 수도 있다. 예를 들어, '안코나(Ancona)의 야곱(Jacob)'은 한 여행기의 작가로 추정되는데, 이 여행기에서 그는 1281년에 마르코 폴로보다 4년 먼저 '카타이'에 도달한 것으로 기록되어 있다. 하지만 '카타이'에 대한 야곱의 기술이 조작되었다는 것이 20세기에 와 데이비드 셀번(David Selbourne)에 의해 입증되면서 '안코나의 야곱'은 역사의 풍경에서 사라지게 되었다(Halkin, 2001).

우리는 바깥 세상에 대한 이러한 수준의 앎을 '정보'라고 부른다. 정보는 우리로 하여금 사실적 데이터와 데이터들 사이의 관계에 대해 무언가를 말할 수 있도록 한다. 이 분류 전략에서, 역사적 사실이란 데이터 개체와 그것들 사이의 관계로 분해될 수 있는 정보를 말한다. 역사적 사건은 역사적 사실보다 더 복잡하게 보일지 몰라도, 기본적으로는 서로 연관된 역사적 사실들의 집합이다. 하지만 역사적 사건은 하나의 서술로 구조화된 '정보'의 수준에 머무른다. 여기서 어떤 서술의 '왜'라는 요소를 사실로 검증하고 확립하는 것이 아주 어렵다는 점에 주의해야 한다. 왜냐하면 행위의 동기는 흔히 그것들을 누가 해석하느냐에 따라 다르게 해석되는데, 이는 어떤 행위를 했다고 여겨지는 행위자들이 그 행위를 하게 된 동기에 대한 기록—그것이 진실이든 아니든—을 제공하지 않을 수도 있기 때문이다. 또한 밝혀내기 어려운 어떤 이유들로 인해 행위의 동기들이 후대의 기술들에서 재해석될 가능성이 높다는 것도 주지의 사실이다. 어떤 행위의 동기에 사실로서의 지위를 부여하는 것은 주요 난제인데, 이는 이 시도가 타당성 검증을 위한 일관된 기준들을 세우는 단계에서 실패할 가능성이 매우 높기 때문이다.

러셀 L. 애코프(Russell L. Ackoff)(1989)에 의해 대중화된 '데이터, 정보, 지식, 지혜(Data, Information, Knowledge, Wisdom, DIKW)'의 위계구조에서 지식은 세계에 대한 우리의 앎에서 정보보다 상위에 위치하고, 지혜는 가장 높은 수준의 앎을 나타낸다. DIKW 위계구조에서 지식이란 문제를 해결하고 세계에 어떤 행위를 가하기 위해 일련의 과정으로 조직화된 정보들의 집합이다. 지혜란 행동을 해야 할 때와 하지 말아야 할 때를 아는 것인데, 이러한 구분을 해야 하는 이유는 어떤 문제들은 해결할 가치가 없을 수도 있고 때로는 어떤 문제를 먼저 해결할지 우선순위를 정해야 하기 때문이다. 역사가의 목표는 궁극적으로 지혜에 도달하는 것이지만, 지혜를 얻는 과정은 필연적으로 지식 획득의 단계를 수반한다. 지혜와 같이 규정적이고 예방적인 앎에 이르는 데 있어 모델링과 시뮬레이션은 꼭 필요하다.

하지만 역사적 사건들에 기반하여 행위자 기반 모델을 구축하는 방법과 반사실적 역사를 얻기 위해 행위자 기반 모델을 시뮬레이션하는 방법을 설명하기 전에, 우선 역사가들과 물리학자·컴퓨터 과학자들이 데이터, 정보, 사실, 증거, 사건을 정의하는 서로 다른 방식에 대해 살펴보도록 하겠다. 이 비교는 〈표 1〉에 기술되어 있다.

〈표 1〉 자연과학 및 컴퓨터과학 연구자들과 달리 역사가들 및 다른 인문학 분야 연구자들이 데이터, 정보, 사실, 증거, 사건을 정의하는 방식

	역사학/인문학	자연과학(물리학)/컴퓨터과학
데이터	사실로 알려지거나 추정된 것들로 추론의 기초를 제공함(철학)	컴퓨터에 의한 작동이 수행되는 데 필요한 수량, 속성, 부호·기호
정보	사물·사람에 대해 제공되거나 학습된 사실들	컴퓨터에 의해 처리, 저장, 전송된 데이터들
사실	– 증거나 보도·기사의 일부로 활용된 정보 – 해석의 반대항으로서의 사건의 진실(법) – 믿음·명제가 사실이거나 타당한지를 나타내는 이용 가능한 사실·정보의 총체 – 법적 조사에서 사실 관계 규명에 사용되거나 법정에서 증언으로 받아들여질 수 있는 개인적으로 제공된 정보, 문서에서 추출된 정보, 물체의 형태로서의 정보	정보와 동의어
증거	믿음·명제가 사실이거나 타당한지를 나타내는 이용 가능한 사실·정보의 총체 법적 조사에서 사실 관계 규명에 사용되거나 법정에서 증언으로 받아들여질 수 있는 개인적으로 제공된 정보, 문서에서 추출된 정보, 물체의 형태로서의 정보(법)	정보·사실의 복제가능성(일관성)을 보여주는 데이터들의 집합
사건	일어나는 일 중 특히 중요한 것들	어떤 프로세스의 단일 발생 건

2.2. 역사 데이터 세트의 복잡 네트워크적 시각화: 교역-분쟁-외교에 대한 사례 연구

출처 및 타당성 검증의 문제가 해결되었고, 육하원칙에 따라 서술된 역사적 사건들로 구성된 데이터베이스가 성공적으로 구축되었다고 가정해보자. 우리는 이제 그러한 데이터베이스에서 통찰을 이끌어내는 문제를 남겨두고 있다. 행위자 기반 모델을 구축한 이후에는 통찰을 얻는 것이 훨씬 더 쉬워질 텐데, 이는 시뮬레이션을 이용해 빈틈들을 메울 수 있고 사건들을 활성화할 수 있기 때문이다. 하지만 통찰들은 행위자 기반 모델 구축 자체에 필요한 요소이기도 해서, 우리는 결국 닭이 먼저냐 달걀이 먼저냐의 문제에 봉착하게 되는 셈이다. 그러므로 필자들은 행위자 기반 모델을 이용한 활성화 대신 데이터베이스로부터 나타날 수 있는 가장 중요한 서술들을 도출해내기 위하여 모델 없는 시각화 전략을 활용한다. 이를 수행하는 데 복잡 네트워크 접근법(complex-network approach)이 이용될 것이다.

첫 번째로, 필자들은 다중 그래프(multigraph)를 그릴 것이다. 이 다중 그래프에서 노드(node)는 행위자—우리의 예비 연구에서 이 행위자는 정부였다—를 나타내고, 노드들은 세 가지 서로 다른 유형의 가중 링크(weighted link)에 의해 연결된다. 이 가중 링크들 중 하나는 분쟁, 다른 하나는 외교, 마지막 하나는 교역을 나타내기 위해 사용될 것이다. 후속 연구들에서는 다른 행위들이 추가될 수 있다. 모든 링크의 가중치를 0으로 설정하고 시작한다. 특정 사건과 연루된 행위자들과 그들의 행위를 확인한다. 예를 들어, 베네치아가 로마로 출정하는 것에 대한 기록에서, 행위자들은 베네치아와 로마의 각 정부이고, 행위는 전쟁이다. 따라서 베네치아와 로마 사이의 분쟁 링크에 가중치 1을 부여한다. 필자들은 데이터베이스 내에 있는 모든 사건들의 목록을 검토한 후에, 시간 통합적 다중 그래프를 완성하였다[그림 2]. 우리는 복잡 네트워크 문헌 안에서 커뮤니티 검출 방법을 사용(Girvan & Newman., 2002; Blondel et al.,

2008; Alvarez et al., 2015)하여 계속적으로 전쟁, 평화, 교역 관계에 있는 노드들의 집합을 확인할 수 있다. 만약 그러한 집합이 존재한다면, 역사가들은 그 집합을 설명하기 위해 반드시 문화·지정학적 이유들을 찾아내야만 한다.

이 데이터베이스를 이용한다면 일시적으로 형성되는 전쟁, 평화, 교역 관계에 있는 노드들의 집합을 확인할 수 있다. 이 집합들을 발견하기 위해 우리는 역사 속에서 서로 다른 시기들을 나타내는 복잡한 다중 그래프들의 연대표를 만들 필요가 있다. 우리가 여기서 발견하는 패턴들은 역사의 흐름을 성기게 나타낼 것이므로, 추가적인 설명들이 다시금 요구된다. 마지막으로, 우리는 데이터베이스에 대하여 시간 분해 분석(time-resolved analysis)을 수행하여 우리들의 설명의 성분들을 형성하는 주요한 사건들[그림 3]을 확인할 수 있다. 그리고 역사가들이 주목해야하는 주요 시기들[그림 4] 또한 확인할 수 있다.

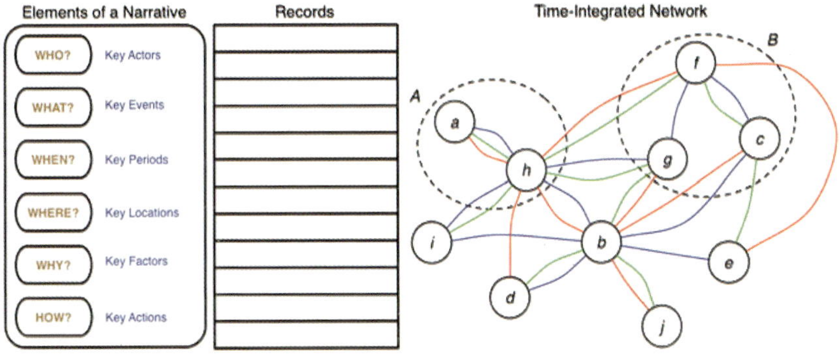

[그림 2] 역사 데이터베이스에서 기록들의 목록을 이용하여 시간 통합적 복잡 다중 그래프 구성하기. 본 데이터베이스에서 기록들은 (육하원칙의 요소들을 갖춘) 서술들로 조직되어있다. 이 복잡 네트워크에서 노드들은 정부들을 나타내는 한편, 링크들은 활동들을 나타낸다(빨간색은 분쟁을, 파란색은 외교를, 초록색은 교역을 나타낸다). 점선으로 된 원들은 커뮤니티 검출 방법을 활용하여 발견된 도식적으로 지속되는 노드들의 집합을 나타낸다.

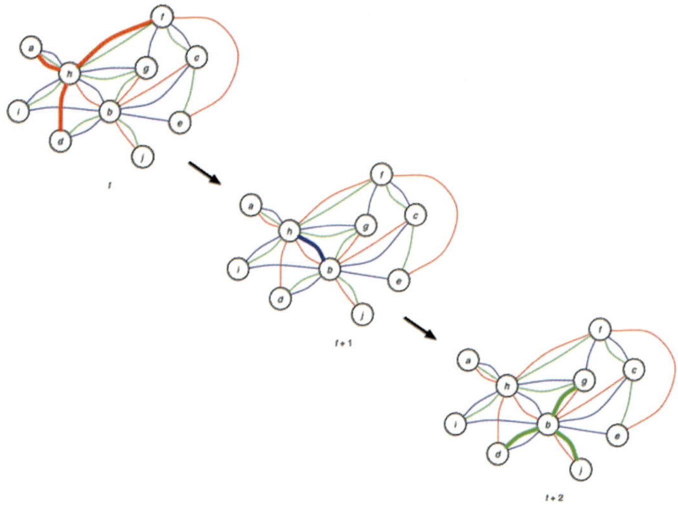

[그림 3] 이 그림에서 연속적인 시간대인 *t*, *t* + 1, *t* + 2에서 활성화된 사건들은 두꺼운 링크로 표시하여 강조되어 있다. *t* 시간대에서 *h*에 사건(분쟁)들이 수렴되는 것 *t* + 2 시간대에서 b로부터 사건(교역)들이 발산되는 것은 *t* + 1 시간대에서 *h*와 *b*를 포함하는 사건들이 '주요 사건'임을 보여준다.

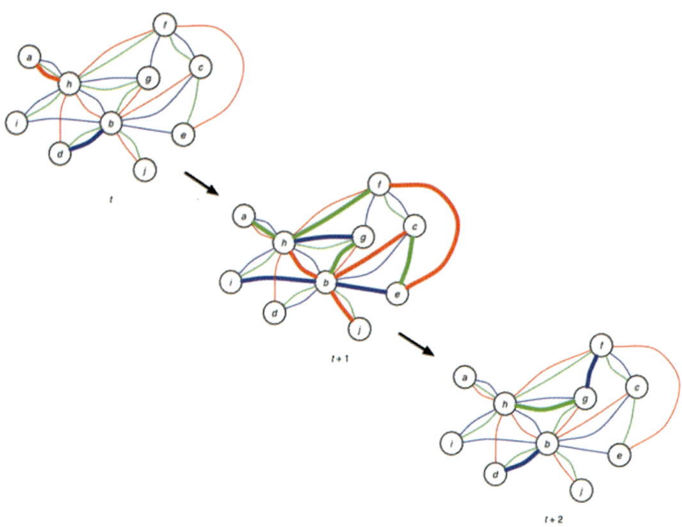

[그림 4] 이 그림에서, 연속적인 시간대인 *t* + 1, *t* + 2에서 활성화된 사건들은 두꺼운 링크로 표시하여 강조되어 있다. *t* 시간대와 t + 2 시간대에서보다 *t* + 1 시간대에서의 사건들의 수가 극적으로 증가한 것은 *t* + 1 시간대를 '주요시기'라는 것을 확인시켜준다.

2.3. 형식적 모델과 비형식적 모델: 패턴에서 모델로의 이행

시간 통합적 복잡 네트워크와 그에 기반한 시간 분해적 분석에서, 우리는 대규모의 역사 서술들을 발달시키는데 사용할 수 있는 많은 패턴들을 읽어낼 수 있다. 이 작업은 쉽게 느껴질 것이고 서술들은 설득력 있게 들릴 것인데, 이는 우리가 역사 데이터베이스에서 주요 서술 요소들을 추출해냈기 때문이다. 자동 서술 방법이 없다면 이와 같은 사학사는 역사가들에게 훨씬 많은 노력을 요구할 것이다. 불행히도 오늘날 역사 데이터베이스들은 인간 질문 검색 툴이 잘 설계되어 있는 데이터베이스라고 하더라도 머신 러닝 전략을 통한 조사를 지원하도록 설계되어있지는 않다. 자동 서술과 다른 형식의 데이터 시각화를 활용하여 패턴을 발견하도록 하려면, 현존하는 역사 데이터베이스들을 체계적으로 재조직하는 작업이 필수적이다.

하지만, 우리는 어떤 의미에서 비형식적 모델들을 대표하는 데이터 시각화와 패턴 탐색에서 멈춰서는 안 된다. 역사적 이해를 목표로 하는 우리의 탐구에서 그런 패턴들은 오늘날 경제학자들이 양식화된 사실(stylized facts)이라고 부르는 것들이다(Arthur, 2014). 이러한 패턴들은 튀코 브라헤(Tycho Brahe)(1546-1601)(Rawlins, 1993)가 수집한 천문학적 '빅 데이터'에서 발견된 행성 운동에 대한 케플러 법칙(Kepler's laws)과 비견될 수 있다. 그러한 거시적 연구 방법론들에 의해 만들어진 비형식적 모델들(e.g. Schich et al., 2014)은 단어들을 통해 명료하게 설명될 수 있고, 생각들을 조직화하는 기반으로 활용될 수 있을 것이다. 하지만, 비형식적 모델들은 설명이나 예측을 하는 능력이 없는데, 이는 우리가 그것들이 무엇인지는 알지만 왜 그러한 방식으로 만들어졌는지는 알지 못하기 때문이다. 역사적인 현상들을 설명하고 그것들이 언제 다시 일어날지를 예측하려면 우리는 뉴튼의 법칙에 상응하는 역사적 법칙을 필요로 한다. 이러한 역사적 법칙이 형식적 모델이고, 이들은 방정식의 형식이나 한 세트의 규칙(행위자 기반 모델)들로 서술될 수 있다. 뉴튼의 법칙이 케플러의 법칙을 설명하는 방식을 모방하고 역사학에서의 전산학적 전회의 역할을 이해하기 위해서, 피터 터친(Peter Turchin)은 문명이 농업 혹은 군사적 점령을 통해 어떠한 방식으로 확장하는지를 기술하는 하향식 모델을 구축하였다(Turchin, 2003). 터친은 고도로 집적된 역사 데이터로부터 몇몇 매개 변수(parameters)를 추출함으로써, 자신의 기술 추동적 '클리오 역학(cliodynamics)'이 세계 주요 문명들의 역사적 궤적을 얼마나 근접하게 따라가는지를 보여줄 수 있었다(Turchin & Nefedov, 2009).

클리오 역학의 고안은 고무적으로 보일 수도 있지만, 그것이 인간의 행위자성이 지니는 중요성을 과소평가한다는 점은 문제적이다. 교역을 하든, 전쟁을 하든, 평화 협정을 맺든, 인간 사회는 언제나 결정을 내려야하는데, 불행히도 클리오 역학의 접근법을 그 논리적 귀결에 이르기까지 따른다면, 역사의 어느 부분도 다른 결과를 가져오지 못할 것이다. 즉, 역사는 불가피한 것이 되어버리는 것이다. 이는 참사 발생 가능성 계산에 대한 고든 우(Gordon Woo)의 이론화와는 반대되는 것이다. 인간의 행위를 역사 속에 재기입하고 역사가 인간의 의사 결정에 따라 변할 수 있다는 가능성을 열어두어 반사실적 서술을 가능하게 하고자 한다면, 우리의 궁극적 목표는 역사적 행위자 기반 모델을 만드는 것이어야 할 것이다.

3. 행위자 기반 모델링과 시뮬레이션

17세기 뉴튼에 그 기원을 두고 있는 방정식 기반 모델링과 비교했을 때, 행위자 기반 모델링과 시뮬레이션은 그 역사가 아주 짧다. 다수의 개인들의 결정이 가져오는 결과들의 집합에 대해 숙고한 초기의 사상가들이 있기는 했겠지만, 탐구 방식으로서의 행위자 기반 모델링과 시뮬레이션은 20세기 중반이 되어서야 비로소 시작되었다고 볼 수 있다. 이는 행위자 기반 모델링과 시뮬레이션의 역사를 전자 컴퓨터의 개발과 떼어놓고 생각할 수 없기 때문이다. 일찍이 1971년에 노벨 경제학상 수상자인 토머스 크롬비 셸링(Thomas Crombie Schelling)은 격리 모델을 개발하였다. 이 모델에서는 행복한 행위자들은 그대로 있는 반면, 불행한 행위자들은 이동한다(Schelling, 1971). 행위자들은 자신들의 이웃들 중 자신들과 비슷한 사람들의 비율이 일정 수준 이상이면 행복하고, 그렇지 않으면 불행하다. 코인과 모눈종이를 이용하여 시뮬레이션을 해 본 셸링은 행위자들이 자신들과 비슷한 이웃들에 대한 선호도를 아주 조금만이라도 가지고 있더라도 격리된 이웃이 형성된다는 것을 보여줄 수 있었다.

대학에서 전자 컴퓨터가 연구 툴로 대중화되기 시작했던 1980년대에 정치학자인 로버트 액설로드(Robert Axelrod)는 컴퓨터 프로그램들끼리 경쟁하는 죄수의 딜레마(Prisoner's Dilemma) 토너먼트를 개최하였다(Axelrod, 1980). 최초의 진정한 행위자 기반 시뮬레이션이었던 이 경기에서, 행위자인 각 컴퓨터 프로그램은 결정 및 전략 변경 능력이 있는 다른 컴퓨터 프로그램들과 경기를 하면서 어떤 전략을 사용할 것인지 결정을 해야만 했다. 1980년대 후반에는 크레이그 레이놀즈(Craig Reynolds)가 보이드(Boids)라는 행위자 기반 모델을 개발한다. 이 모델은 조류와 어류의 군집화를 설명하기 위해 고안된 모델이었다(1986). 이 모델에서 행위자는 다음의 세 가지의 단순 규칙을 따른다: (1) 이웃의 평균 이동 방향에 맞춰 이동하기, (2) 이웃들과 가까운 곳에 있기, (3) 이웃들과의 충돌을 피하고 그들의 속도에 자신의 속도를 맞추기.

비슷한 시기에 컴퓨터과학자인 존 홀랜드와 경제학자인 브라이언 아서(Brian Arthur)는 세계 최초의 인공 주식 시장을 개발하고 있었다. 이 인공 주식 시장에서 적응 능력이 있는 컴퓨터 프로그램 형태의 행위자들은 주가가 어떻게 변할지에 대한 스스로의 예측에 따라 주식을 사고 팔았다(Palmer et al., 1994). 산타페 연구소(Santa Fe Institute)의 이 인공 시장 모델에서 행위자들은 자신들의 목록에 있는 예측 모델들 중에서 최상의 예측 모델을 가지고 거래에 임한다. 이 예측 모델들은 임의 변이 또는 모델 간의 교배 과정을 거치며 시간이 지남에 따라 진화한다. 홀랜드와 아서는 시장과 행위자들이 실제 시장과 마찬가지로 결코 안정화되지 않고 끊임없이 부침을 반복한다는 사실을 발견했다. 1991년에 발표한 한 논문에서 홀랜드와 존 밀러(John Miller)는 자신들의 모델을 '행위자 기반 모델'이라고 지칭했고, 이 명칭이 계속해서 쓰이게 되었다(Holland & Miller, 1991).

그 이래로 행위자 기반 모델 분야는 급격하게 확장했다. 경제학자들이 이 새로운 전산학적 방법론을 최초로 채택하기는 했지만, 행위자 기반 모델은 다른 사회과학 분과들에서도 빠르게 확산되었다. 특히, 조슈아 엡스타인(Joshua Epstein)과 로버트 액스텔(Robert Axtell)은 슈거스케이프(Sugarscape) 행위자 기반 모델을 만들어 대규모의 북미 인디언 거류지의 흥망성쇠를 설명하였고, 이 프로젝트에 대한 책을 집필함으로써 사회과학 분야에서 행위자 기반 모델을 대중화시켰다(Epstein & Axtell, 1996). 현재 행위자 기반 모델은 상당히 성숙한 기술로 진화해있다. 이제는 행위자 기반 모델에 대한 주요 학술대회들이 열리고, 그 분야의 주요 전문가들이 박사 후 연구원들과 박사과정생들을 위해 하계·동계 프로그램들을 개설하기도 한다. 하지만, 툴로서의 행위자 기반 모델의 확산은 사회과학과 인문학 분야 전반에 걸쳐 균일하게 진행되지 않았고, 역사학의 경우 그 채택이 늦어졌다. 이 절에서 필자들은 우선 역사가들이 어떻게 행위자 기반 모델들을 구축할 수 있는지, 그들이 행위자 기반 모델들에서 무엇을 배울 수 있는지, 행위자 기반 모델들이 학문 분과로서의 역사학을 어떻게 변모시킬 수 있는지에 대해 설명할 것이다.

3.1. 데이터 추동 시뮬레이션(Data-Driven Simulations)의 필수 요건 및 규칙

존 W. 캐인(John W. Cain, 2014, p. 1)에 따르면 "수학적 모델은 자연 현상을 양적으로 설명하려는 시도이다. 분자생물학에서 수학적 모델들은 다양한 방식으로 나타난다. 어떤 모델들은 결정론적인 반면 다른 모델들은 확률론적이고, 어떤 모델들은 시간을 분리량(discrete quantity)으로 간주하는 반면 다른 모델들은 시간을 연속 변인으로 간주한다. 또 어떤 모델들은 변인들 사이의 대수적 관계를 보여주는 반면 다른 모델들은 그러한 변인들이 시간이 지남에 따라 어떻게 진화하는지를 설명한다". 행위자 기반 모델은 비록 방정식 기반이 아닌 규칙 기반이지만 위의 특징들 중 다수를 공유한다. 행위자 기반 모델의 이러한 이점을 활용하고자 하는 역사가들은 우선 행위자 기반 모델들을 구축하는 방법을 배워야 한다. 행위자 기반 모델들을 개발하려면, 역사가들이 데이터베이스를 구축하고 적절히 재구조화할 때 반드시 고려해야만 하는 시·공간 이외에도 특수한 필수 요건들이 충족되어야 한다.

첫 번째로, 데이터베이스 엔지니어링에 사용되는 실체들의 온톨로지에서 역사가들은 다음을 확인하여야 한다: (1) (필수) 목표를 설정할 수 있으며 다른 행위자와 상호작용하고 환경과 그 변화에 반응할 수 있는 실체로서의 개별체 혹은 집합체인 행위자, (2) (필수) 목표를 성취하는데 필요한 활동을 추출해낼 수 있는 사건, (3) (가능한 경우) 행위자의 의사결정 과정에 영향을 미치는 가장 중요한 외적인 요인인 (환경과 타행위자, 혹은 둘 중 하나에 기인하는) 조건들, (4) (가능한 경우) 행위자가 목표 추구를 위해 내린 임의적 선택들인 (고유 조건으로서의) 선호도.

예를 들어, 역사적 기억 엔지니어링(Engineering Historical Memory, EHM) 프로젝트에서 우리는 시·공간 외에 첫 기초 실체로서 다음을 확인하기로 결정하였다: (1) 행위자로서의 정부들과 가문들, (2) 조약, 사절 임무, 여행,

상품의 구매 · 판매 · 임대 · 비축, 전투, 난파, 포위, 전쟁 등과 같은 개별 활동들을 분류하기 위한 필터링 범주로서의 교역, 분쟁, 외교, (3) 조건이나 선호도로서의 (상품, 주화, 배 등의) 비행위자적 실체들.

두 번째로, 데이터베이스는 '행위자-행위-조건', 즉, 누가 무엇을 왜 했는지의 3중항 추출을 촉진하거나 최소한 그것이 가능한 환경을 조성해야한다. 그리하여 역사가들은 특정 조건 아래에서 행위자들에 의해 취해진 행위들의 빈도와 그 빈도가 얼마나 시 · 공간에 종속적인지를 시각화할 수 있다.

우리는 그런 다음 빈도수가 가장 높거나 가장 중요한 행위자-행위-조건 3중항을 우리의 행위자 기반 모델의 규칙으로 코드화한다. 만약 선호도를 추론할 수 있다면, 선호도 또한 포함될 것이다. 선호도를 추론할 수 없다면, 인간 전문가의 자문을 얻어 행위자들에게 그 시 · 공간에 속하는 사람들의 행동들과 일관된 특성을 보이는 서로 다른 선호도들을 부여할 것이다. 이들은 우리 행위자 기반 모델의 입력 매개 변수가 될 것이다. 이 시점에서 우리는 행위자 기반 모델을 시뮬레이션하기 위한 컴퓨터 프로그램을 작성할 준비를 마치게 된다.

전산 역사학에서 빠져 있는 것이 "한때 모호했던 패턴들과 관계들이 명확해질 때까지 선택적으로 복잡성을 감소시킴으로써, 압축의 과정을 통해" (Graham et al, 2016: 1) 빅 데이터를 파악하는 거시적 모델링이라면, 우리는 이 중요한 빈틈들을 사건사(histoire événementielle)에서 시작하여 미시사를 완성시켰던 아날(Annales)학파의 경험을 따라 채울 것을 제안한다(Le Goff & Nora, 1974, 1985; Burguière, 2006, 2009). 우리의 상상에서 거시적 모델들은 미시사에 의해서 추론될 수 있다. 이러한 관점에서, 빅 히스토리(big history)는 모든 미시사적 상호작용들로부터 출현하는 것이다.

찰스 조이너(Charles Joyner)가 정의했듯이, 미시사(Ginzburg, 2012a, 2012b, pp. 193-214)는 명확하게 정의된 단일한 역사적 단위 · 사건들을 연구하여, 대규모의 구조적 관점과는 반대로 "작은 곳들에서 큰 질문들"을 던지는 것이다(Joyner, 1999, p. 1). 가장 유명한 사례는 카를로 긴즈버그의 『치즈와 구더기』(*Il formaggio e i vermi*, 이탈리아어판 1976, 영어판 1980)이다. 역사학에서 미시사 연구 분야를 창시했다고 여겨지는 이 책에서, 긴즈버그는 다음과 같이 쓴다: "역사가들은 역사가 '위대한 것들'의 역사가 아닌 인간의 역사이며, 일상의 현실을 더 가까이 들여다볼수록 과거를 더 잘 해독할 수 있고 나아가 역사의 즉각성과 현재성을 더 잘 이해할 수 있다는 사실을 배워왔다."

3.2. 우리는 어떤 조건들 하에서 빅 시뮬레이션을 학습할 수 있는가?

2014년에 발표한 성명서에서 마이클 개빈은 역사학이 적은 수의 규칙들에 따라 역사적 사건들의 복잡성을 압축하는 방법인 행위자 기반 모델을 채택할 필요가 있음을 역설하였다. 개빈은 엡스타인과 액스텔(1966)을 따라 행위자 기반 모델의 이 특징을 "생성적 단순성(generative simplicity)"이라고 칭한다. 하지만 개빈은 행위자 기반 모델들이 어떻게 데이터들에서부터 시작하여 구축될 수 있는지를 설명하지는 않는다. 우리는 3.1에서 어떻게 행위자 기반 모델들이 (우리가 장려하고자 하는) 데이터 추동적 프로세스(data-driven process)를 통해 구축될 수 있는지를 설명하였다. 보다 중요한 것은, 적은 수의 '생성적' 규칙 세트들이 정적인 것인지 아니면 이 규칙 세트들이 적응적이며, 진화적 압력들에 반응하여 결국 변화할 수 있는지가 분명하지 않다는 점이다. 홀랜드가 입증한 바와 같이, (변이, 교배, 선택적 복제와 같은) 메타 규칙들은 동일한 반면 규칙들 자체는 결코 안정화되지 않으며 체계 안에는 "끊임없는 새로움"이 존재한다(Holland, 1989, Introduction). 이와 같이 규칙 세트들이 계속해서 변화한다는 점을 생각한다면 과연 우리가 역사의 과정들에 대해 이해하고 있다고 말할 수 있을까?

또한 행위자 기반 모델들을 시뮬레이션하면 우리는 많은 수의 시뮬레이션된 역사들을 가지게 될 것이다. 그렇다면 우리가 시뮬레이션된 역사들의 도움으로 관측된 역사를 이해한다는 것은 무엇을 의미하는가? 이 질문을 풀어내기 위해, 우리가 인간의 선호도와 행동의 대부분을 이해하고는 있지만 인구에 대한 완전한 데이터는 가지고 있지는 않다고 가정해보자. 하나의 행위자 기반 모델을 구축한 후에 우리는 행위자들의 선호도에 대한 가정을 세워야 할 것이다. 다른 가정들은 당연히 우리에게 다른 시뮬레이션 결과들을 내놓을 것이다. 하지만 만약 우리가 역사가 '이해될 수 있다'고 믿는다면 질적으로 다른 결과들의 수는 우리가 시뮬레이션을 하는 가정들의 수보다 더 적음이 틀림없다. 이것은 서로 다른 가정들에 기반한 많은 수의 시뮬레이션들이 동일한 질적 결과를 낳을 것임을 의미한다. 이 시점에서 몇 가지 불가피한 결론들에 대해 논의해볼 수 있다.

첫 번째로, 일부 결과들은 아주 많은 수의 가정들로부터 도출될 수 있는 반면, 다른 결과들은 훨씬 더 적은 수의 가정들로부터 도출될 것이다. 전자의 결과들을 확고한 결과로, 후자의 결과들을 취약한 결과로 부를 수 있을 것이다. 이러한 의미에서 결과들은 모두 등가인 것이 아니며, 우리는 그것들을 행위자 기반 모델링과 시뮬레이션을 통해 분류할 수 있다. 두 번째로, 많은 상이한 가정들이 똑같은 질적 결과를 낳기 때문에, 우리가 내리는 가정들의 많은 측면들은 분명 중요하지 않은 것들일 것이다. (만약 그렇지 않았다면 다른 시뮬레이션 결과가 도출되었을 것이기 때문이다.) 가정들의 오직 몇몇 측면들만이 중요한 것일 수도 있다는 것이다. 이러한 인식은 결과가 소수의 주요 요인들에 의해서 설명될 수도 있음을 의미한다. 세 번째로, ('전쟁', '평화'와 같이) 질적으로 다른 두 결과로 이어지는 역사적 궤적들은 그것들이 서로 갈라지는 시간상의 어떤 분기점에 이르기 전까지는 서로를 아주 밀접하게 따라갈 수도 있다. 이 시간상의 분기점은 시뮬레이션된 역사들이 티핑 포인트를 지나는 때이다. 두 개의 서로 다른 결과들을 도출해내는 주요 요인들을 비교하고 그것들이 서로 어떻게 변별되는지를 비교함으로써 역사의 티핑 포인트들과 체제 변환에 대해 더 잘 이해할 수 있게 된다.

3.3. 티핑 포인트: 변화를 조사하는 측정 가능한 해결책 (역사의 근본적·비선형적인 동력)

마지막으로, 세계사에 대한 인과적 서술을 이끌어내고 원인이 되는 기제들과 과정들을 확인하기 위해, 우리는 무엇이 티핑 포인트이고 무엇이 티핑 포인트가 아닌지를 더 잘 이해할 필요가 있다. 위의 논의에서 우리는 티핑 포인트가 두 가지의 질적으로 서로 다른 역사적 궤적 쌍을 갈라놓는다고 이미 언급했다. 분명 티핑 포인트는 하나의 사건일 수 있고, 따라서 그 사건과 관련된 행동은 하나의 원인으로 이해될 수 있다. 하지만 티핑 포인트가 되는 사건에서의 행위는 단지 사건의 원인일 뿐 역사적 궤적들을 분기시키는 요인은 아니라는 점을 분명히 해두자. 이를 이해하기 위해서, 우리는 '낙타의 등을 부러뜨린 지푸라기 하나'라는 속담에 대해 생각해봐야 한다. 낙타의 등에 얹힌 이 한 가닥의 지푸라기는 분명 티핑 포인트가 될 수 있다. 하지만 낙타의 등이 부러지게 된 데 있어서 낙타의 등에 이미 얹혀져있던 다른 모든 지푸라기들보다 이 한 가닥의 지푸라기가 더 중요한 원인이 되었다고는 할 수 없는 것이다.

궁극적으로 이를 통해 우리가 얘기하고자 하는 것은 우리가 낙타의 등에 짐을 계속 실어왔으며, 낙타를 계속해서 점점 더 티핑 포인트에 가까워지도록 몰아왔다는 것이다. 데이터베이스에서 추출된 역사 서술과 그 서술과 한 데 묶인 반사실적 궤적들의 집합에서 인과적 요인은 반드시 역사적 궤적들을 따르는 주요한 다른 일련의 요인들과 함께 검토되어야만 한다.

그렇다면 우리는 티핑 포인트를 어떻게 이해해야할까? 역사적 궤적들이 분기하기 시작한 직후에 한 묶음의 궤적들을 따르는 일련의 인과 요인들을 추출할 수 있다. 우리는 이 일련의 인과 요인들을 비교하여 궤적의 각 다발들이 서로 다른 결과를 향하도록 만드는 일련의 요인들 사이의 주요한 차이점을 확인할 수 있다. 티핑 포인트가 되는 사건들의 행위와 비교해보면, 인과 요인들에 있어서의 이러한 차이는 중요하지 않은 것으로 보였던 작은 결정들이 어떻게 특정한 결과가 도출되는 데 큰 영향을 미치게 되는지를 보여준다.

마지막으로, 우리는 미시적 행위자 기반 모델을 이용하여 반사실적 역사들을 만들어냈기 때문에, 시뮬레이션이 진행 중인 상황에서 행위자들의 선호도와 행동에 어떤 종류의 변화들을 주면 어떤 변화된 결과가 나오게 되는지를 시뮬레이션을 통해 시험해볼 수 있다. 순진하게 생각해보면, 우리가 행위자들의 선호도와 행동들을 한 결과의 주요 요인들에서 다른 결과의 주요 요인들로 계속해서 바꿔나가면, 우리는 분명 바람직하지 않은 결과로 귀결되는 일부 시뮬레이션들의 결과를 바꿔 놓을 수 있을 것이다.

4. 결론: 전산학적인 역사로부터 배우기

우리는 계속해서 사람들에게 "역사로부터 배우라"라고 말한다. "연설가의 목소리가 아닌 어떤 다른 목소리가 시간의 증거, 진실의 빛, 기억의 삶, 삶의 연출가, 고대의 전령이라고 불리는 '역사'를 불멸에 헌신하도록 만드는가?(*Historia vero testis temporum, lux veritatis, vita memoriae, magistra vitae, nuntia vetustatis, qua voce alia nisi oratoris immortalitati commendatur?*)"(Marcus Tullius Cicero, *De Oratore*, II, p. 36). 만약 우리가, 역사의 주어진 순간 또는 일련의 조건들에 대한 완벽한 기술이 미래의 조건들에 대한 앎을 선물할 것이라고 주장하는 이 유명한 키케로의 인용구를 열역학적 패러다임의 렌즈로 들여다보고 "새로운 사회는 오래된 것의 자궁에서 잉태된다"(Lechte, 20003, p. 106)라고 가정한다면, 점점 더 복잡해지는 우리 세계의 회복력과 지속가능성을 향상시키고 혁신을 촉진시키기 위해서는 인간의 경험이라는 보물—궁극의 데이터—을 가능한 한 소중히 여겨야 한다(Nanetti et al., 2013, pp. 104-105).

하지만, 역사적 에피소드들을 둘러싼 상황들은 결코 동일하지 않고, 특히 우리 자신이 처해 있는 상황과는 더더욱 같지 않다. 설령 과거에 특정한 외교적 계책이 전쟁을 막을 수 있었다고 하더라도, 우리는 그와 똑같은 계책을 오늘날 다시 사용할 수는 없다. 상황과 행위자 모두가 변했기 때문이다. 그럼에도 불구하고, 우리 사회의 역사라는 것이 복잡한 데이터들이 주어진 상황에서 우리가 선택해야 하는 적은 수의 결과들 중 하나라면, 행위자 기반 모델은 우리로 하여금 서로 다른 결과들 사이의 관계를 이해하고, 결과들의 상태도(phase diagram) 상에서는 서로 이웃해 있는 결과들 사이에서만 결과의 변화가 가능하다는 것을 이해하도록 돕는다. 더욱 중요한 것은, 행위자 기반 모델 덕분에 시뮬레이션들을 어떤 특정한 결과로 몰아가는 주요 요인들을 확인할 수 있고 이 결과를 이웃하는 다른 결과들과 구별짓는 티핑 포인트의 속성이 무엇인지 확인할 수 있다는 점이다.

전산 분석은 생태학, 진화론, 동적체계론, 복잡이론(e.g. Holland, 1989, 2000, 2012)의 모델들을 차용하여 그것들을 역사적 과정에 적용해 인문학의 역량을 증진시킬 수 있고, 수세기를 생존해온 문헌학적, 역사학적, 예술사학적, 인류학적 방법론들의 틀과 규칙들에 새로운 힘을 부여할 수 있다. 그렇게 함으로써, 우리는 현재를 더 잘 이해하는 데 필요한 지식을 축적하고, 지식을 전파하여 우리가 더욱 더 바라는 미래의 가치들에 영향을 미칠 수 있다.

행위자 기반 모델 시뮬레이션들로부터 반사실적 역사들을 만들어내고 그것들을 기록된 역사들과 대비시켜 봄으로써, 우리는 티핑 포인트들을 발견해낼 수 있다. 만약 우리가 역사로부터 배워 우리의 선조들이 저질렀던 똑같은 실수들을 반복하지 않고자 한다면, 우리는 반드시 티핑 포인트들로 이어지는 추론과 결정의 과정들을 이해해야만 한다. 그래야만 우리는 인류 문명이 바람직한 결과를 낳을 수 있는 방향을 향하도록 도울 수 있는 지혜를 습득할 수 있으며, 어떻게 잘못된 신념이 역사를 바꿀 수 있는지에 대한 의식을 지니고 함께 어우러져 사는 기술을 숙련할 수 있다(Eco, 1998).

우리의 상상에서, 역사적 빅 데이터들에 대한 이러한 서술 추동적 분석은 다중 스케일의 행위자 기반 모델들을 발전시킬 수 있도록 도울 수 있고, 이 행위자 기반 모델들은 컴퓨터를 통해 시뮬레이션되어 반사실적 역사들의 집합체를 만들어낼 수 있다. 이렇게 만들어진 반사실적 역사들의 집합체는 실제 역사와 그것에 대해 다루는 사학사가 어떻게 발전해왔는지에 대한 우리의 이해를 심화시킬 수 있다.

역사적 데이터와 정보에 대한 연구, 해석, 보존, 관리에서 기인하는 형식적이고 실질적인 문제들을 해결하는 것은 (관계형, 그래프형, 혼합형) 데이터베이스와 알고리즘·전산적·통계적·복잡 네트워크적 기술들과 이론들을 만들어내고 진보시키는 작업들을 포함한다.

이러한 방식으로 역사가들은 훈련을 통해 특수한 지역·시기적 단위에 대해 특화된 자신들의 능력을 살리면서도 그로 인해 생길 수 있는 실질적·이데올로기적인 시야의 편협함을 극복할 수 있다. 이는 역사가들이 자신들의 데이터 세트에 다른 역사가들의 데이터 세트를 추가하고 자신들의 훈련의 일부가 아니었던 다국적의 추가적 접근 방식들을 가지고 자신들의 이론들을 시험해보는 작업을 통해 가능하다.

번역: 박효원 (연세대학교 영어영문학과 대학원 박사과정)

참고문헌

Abulafia, D. (2011). *The great sea: A human history of the Mediterranean*. New York: Oxford University Press.

Ackoff, R. L. (1989). From data to wisdom. *Journal of Applied Systems Analysis*, 16, 3-9.

Aiden, E., & Michel, J.-B. (2013). *Uncharted: Big data as a lens on human culture*. New York: Riverhead.

Alvarez, A. J., Sanz-Rodríguez, C. E., & Cabrera, J. L. (2015). Weighting dissimilarities to detect communities in networks. *Philosophical Transactions of the Royal Society A: Mathematical, Physical and Engineering Sciences*, 373, 2056. https://doi.org/10.1098/rsta.2015.0108.

Arthur, W. B. (2009). *The nature of technology. What it is and how it evolves*. New York: Free Press.

Arthur, W. B. (2014). *Complexity and the economy*. Oxford: Oxford University Press.

Axelrod, R. (1980). Effective choice in the prisoner's dilemma. *The Journal of Conflict Resolution*, 24(3), 379-403.

Barthes, R. (1972). *Critical essays* (R. Howard, Trans.). Evanston: Evanston Northwestern University Press.

Barthes, R. (1967). Le discours de l'histoire. *Social Science Information*, 6(4), 63-75.

Big History Project. (2012-Present). Big History Institute, Macquarie University, Sydney, Australia. Retrieved January 15, 2016, from https://www.bighistoryproject.com.

Blondel, V. D., Guillaume, J.-L., Lambiotte, R., & Lefebvre, E. (2008). Fast unfolding of communities in large networks. *Journal of Statistical Mechanics: Theory and Experiment*, 2008(10), P10008. https://doi.org/10.1088/1742-5468/2008/10/P10008.

Brahe, T. (1993). In D. Rawlins (Ed.), *Tycho's star catalog: The first critical edition* (Vol. 3, pp. 3-106). DIO.

Burguière, A. (2006). *L'École des annales: Une histoire intellectuelle*. Paris: Odile Jacob.

Burguière, A. (2009). *Annales school: An intellectual history*. Ithaca, NY: Cornell University Press.

Cain, J. W. (2014). Mathematical models in the sciences. *Cellular and Molecular Life Sciences*. https://doi.org/10.1007/978-1-4614-6436-5_561-1.

CHIA. (2011). http://www.chia.pitt.edu/. Accessed 15 Jan 2017.

Cohen, D. J., & Rosenzweig, R. (2005). Digital history: *A guide to gathering, preserving, and presenting the past on the web*. Philadelphia: University of Pennsylvania Press.

de Rosnay, J. (1979). *The macroscope: A new world scientific system*. New York: Harper & Row.

Digital Atlas of Roman and Medieval Civilizations. (2007-Present). Harvard University. Retrieved January 15, 2016, from http://darmc.harvard.edu.

Eco, U. (1998). *Serendipities: Language and lunacy* (W. Weaver, Trans.). New York: Columbia University Press.

Eddington, A. S. (1929). *The nature of the physical world. The Gifford lectures 1927.* New York, Cambridge: Macmillan, Cambridge University Press. See also the edition Annotated and Introduced by H. G. Callaway. Newcastle upon Tyne: Cambridge Scholars Publishing 2014.

Engineering Historical Memory. (2012-Present). Meduproject S.r.l. (spin-off company of the University of Bologna) and Microsoft Azure. Retrieved January 15, 2016, from http:// www.engineeringhistoricalmemory.com.

Epstein, J. M., & Axtell, R. L. (1996). *Growing artificial societies. Social science from the bottom up*. Washington, DC: Brookings Institution, MIT Press.

Galasso, G. (1984). Fonti storiche [Historical sources]. In *Enciclopedia del Novecento, VII* (pp. 198-212). Roma: Istituto dell'Enciclopedia Italiana.

Galasso, G. (2000). *Nient'altro che storia [Nothing but history]*. Bologna: Società Editrice Il Mulino.

Gavin, M. (2014). Agent-based modeling and historical simulation. *Digital Humanities Quarterly*. Retrieved from digitalhumanities.org/dhq/vol/8/4/000195/000195.html#p2

Gell-Mann, M. (1997). The simple and the complex. In D. S. Alberts & T. J. Czerwinski (Eds.), *Complexity, global politics, and national security* (pp. 2-12). Washington, DC: National Defense University.

Gilbert, F. (1990). *History: Politics or culture? Reflections on Ranke and Burckhardt.* Princeton, NJ: Princeton University Press.

Ginzburg, C. (1980). *Il formaggio e i vermi. Il cosmo di un mugnaio del '500 [The Cheese and the worms: The cosmos of a sixteenth-century miller]* (J. Tedeschi, A. Tedeschi, Trans.). Torino Einaudi, Baltimore: Johns Hopkins University Press (Original work published 1976 (Italian)).

Ginzburg, C. (1989). *Miti, emblemi, spie [Clues, myths, and the historical method]* (J. Tedeschi, & A. Tedeschi, Trans.). Torino Einaudi. Baltimore: Johns Hopkins University Press (Original work published 1986 (Italian)).

Ginzburg, C. (2012a). *Il filo e le tracce. Vero falso finto [Threads and Traces. True False Fictive*] (A. Tedeschi, J. Tedeschi, Trans.). Bologna, Berkeley, CA: Feltrinelli, University of California Press (Original work published 1986 (Italian)).

Ginzburg, C. (2012b). Microhistory, two or three things that I know about it. In Idem 2012. Op. cit., 193-214.

Ginzburg, C. (2001). Conversare con orion. *Quaderni Storici*, 23(3), 905-913.

Girvan, M., & Newman, M. E. J. (2002). Community structure in social and biological

networks. *Proceedings of the National Academy of Science of the United States of America*, 99(12), 7821-7826.
Gladwell, M. T. (2000). *The Tipping Point: How Little Things Can Make a Big Difference*. New York: Little Brown.
Gould, S. Jay. (1989). *Wonderful Life: The Burgess Shale and the Nature of History*. London: Hutchinson Radius.
Grafton, A. (1994). The footnote from de Thou to Ranke. In: A. Grafton, & S. L. Marchand (Eds.), Proof and persuasion in history. In *History & theory* (Vol. 33, pp. 53-76), Hoboken, NJ: Wiley.
Grafton, A. (1995). *Die tragischen Ursprünge der deutschen Fußnote*. Berlin: Wagenbach.
Grafton, A. (1997). *The footnote: A curious history*. Cambridge: Harvard University Press.
Grafton, A., & Marchand, S. L. (1994). Proof and persuasion in history. In *History & theory* (Vol. 33). Middletown: Wesleyan University Press.
Grafton, A., Goeing, A., Michel, P., & Blauhut, A. (Eds.). (2013). *Collectors' knowledge: What is kept, what is discarded/Aufbewahren oder wegwerfen: Wie sammler entscheiden*. Leiden: Brill.
Graham, S., Milligan, I., & Weingart, S. (Eds.). (2016). *Exploring big historical data. The Historian's macroscope*. London: Imperial College Press.
Grinin L, A Korotayev (eds.). 2010. History & mathematics. Trends and cycles. Volgograd: 'Uchitel' Publishing House.
Gruber, T. R. (1993). A translation approach to portable ontologies. *Knowledge Acquisition*, 5(2), 199-220 tomgruber.org/writing/ontolingua-kaj-1993.htm.
Gruber, T. R. (1995). Toward principles for the design of ontologies used for knowledge sharing. *International Journal of Human-Computer Studies*, 43(4-5), 907-928 tomgruber.org/writing/onto-design.htm.
Guarino, N., Oberle, D., & Staab, S. (2009). What is an *ontology*. In S. Staab & R. Studer (Eds.), *Handbook on ontologies* (pp. 153-176). Berlin: Springer Verlag.
Guldi, J., & Armitage, D (2014). *The history manifesto*. Cambridge University Press, Cambridge. New updated version 5th February 2015, Retrieved January 7, 2017, from doi: https://doi.org/10.1017/9781139923880.
Halkin, H. (2001). The strange adventures of Jacob d'Ancona: Is a memoir of China purportedly written by a thirteenth-century Jewish merchant authentic? And if not, what then? *Commentary Magazine*, 111(4). https://www.commentarymagazine.com/articles/the-strange-adventures-ofjacob-dancona.
Hirschi, C. (2011). The origins of nationalism. *An alternative history from ancient Rome to early modern Germany*. Cambridge: Cambridge University Press.
Hitzbleck, K., & Hübner, K. (Eds.). (2014). *Die Grenzen des Netzwerks 1200-1600*. Ostfildern: Jan Thorbecke Verlag der Schwabenverlag AG.
Holland, J. (1975). Adaptation in natural and artificial systems. *An introductory analysis*

with applications to biology, control, and artificial intelligence. Ann Arbor: University of Michigan Press.

Holland, J. (1989). *Induction: Processes of inference, learning, and discovery*. Cambridge: MIT Press.

Holland, J. (2000). *Emergence: From chaos to order*. Oxford: Oxford University Press.

Holland, J. (2012). *Signals and boundaries: Building blocks for complex adaptive systems*. Cambridge: MIT Press.

Holland, J. H., & Miller, J. H. (1991). Artificial adaptive agents in economic theory. *American Economic Review*, 81(2), 365-371.

Jockers, M. L. (2013). *Macroanalysis: Digital methods & literary history*. Champaign: University of Illinois Press.

Joseph, B. D., & Janda, R. D. (2003). On language, change, and language change - Or, of history, linguistics, and historical linguistics. In B. D. Joseph & R. D. Janda (Eds.), *The handbook of historical linguistics*. Oxford: Blackwell Publishing.

Joyner, C. W. (1999). *Shared traditions: Southern history and folk culture*. Urbana: University of Illinois.

La, M. L. V. *François de. 1669. OEuvres* (Vol. 15). Paris: Libraire Louis Billaine [The fifth (and final) edition has been published in Dresde by Michel Groll between 1756 and 1759: OEuvres de François de La Mothe Le Vayer, conseiller d'État ordinaire, etc. Nouvelle édition revue et augmentée. Imprimée à Pfoerten, et se trouve à Drede chez Michel Groell, 7 tomes en 14 volumes in-8].

Ladurie, E. L. R. (1973-1978). *Le Territoire de L'Historien* (Vol. 2). Paris: Gallimard.

Le Goff, J., & Nora, P. (Eds.). (1974). *Faire de l'histoire* (Vol. 3). Paris: Gallimard.

Le Goff, J., & Nora, P. (Eds.). (1985). *Constructing the past: Essays in historical methodology*. Cambridge: Cambridge University Press [This book presents a selection of ten of the most significant contributions to the three-volume Faire de l'histoire, 1974].

Lechte, J. (2003). *Key contemporary concepts*. From abjection to zeno's paradox. New York: SAGE.

Manning, P. (2013). *Big Data in History*. Basingstoke UK: Palgrave Macmillan.

Manning, P. (2015). A World-Historical Data Resource: The Need is Now. *Journal of World-Historical Information* 2-3/2:1-6.

Mitchell, M. (1996). *An introduction to genetic algorithms*. Cambridge: MIT Press.

Momigliano, A. (1985). History between Medicine and Rhetoric. *Annali della Scuola Normale Superiore di Pisa. Classe di Lettere e Filosofia*. Serie III XV/3:767-780.

Moretti, F. (2005). *Graphs, maps, trees: Abstract models for literary history*. New York: Verso.

Nanetti, A. (2010). *Il Codice Morosini: Il Mondo Visto da Venezia (1094-1433) [The Morosini codex: The world as seen from Venice (1094-1433)]* (Vol. 4). Spoleto:

Foundation CISAM.

Nanetti, A., & Cheong, S. A. (2016). The world as seen from Venice (1205-1533) as a case study of scalable web-based automatic narratives for interactive global histories. *The Asian Review of World Histories*, 4(1), 3-34. https://doi.org/10.12773/arwh.2016.4.1.003.

Nanetti, A., Cheong, S. A., & Filippov, M. (2013). Interactive global histories: For a new information environment to increase the understanding of historical processes. In *2013 culture and computing* (pp. 104-110). Los Alamitos: IEEE Computer Society.

Nanetti, A., Lin, C.-Y., & Cheong, S. A. (2016). Provenance and validation from the humanities to automatic acquisition of semantic knowledge and machine reading for news and historical sources indexing/summary. *The Asian Review of World Histories*, 4(1), 125-132. https://doi.org/10.12773/arwh.2016.4.1.125.

Olstein, D. (2015). *Thinking history globally*. New York: Palgrave Macmillan.

Online Catasto of Florence. (1969). In: D. Herlihy, C. Klapisch-Zuber, R. Burr Litchfield, A. Molho (Eds.), Brown University (pp. 1427-1429). Retrieved January 2, 2017, from http://cds.library.brown.edu/projects/catasto/overview.html.

Orlandini, G. (1913). *Origine del Teatro Malibran. La Casa dei Polo e la Corte del Milion*. Venezia: Nozze Alverà-Trevisanato.

Orlandini, G. (1926). Marco Polo e la sua famiglia. *Archivio veneto-tridentino*, *9-10*, 1-68.

Palmer, R. G., Arthur W. B., Holland J. H., LeBaron B., Tayler P. (1994). Artificial economic life: A simple model of a stock market, Physica D 75:264-274. Retrieved January 15, 2017, from https://www.phy.duke.edu/~palmer/papers/arob98.pdf.

Paolucci, M., & Picascia, S. (2011). Enhancing collective filtering with causal representation. In *2011 culture and computing* (pp. 135-136). Los Alamitos: IEEE Computer Society.

Pavlus, J. (2015). A new map traces the limits of computation. A major advance reveals deep connections between the classes of problems that computers can and [yet?] can't—possibly do. *Quanta Magazine*. Retrieved from quantamagazine.org/20150929-edit-distancecomputational-complexity.

Pelagios. (2011-Present). Pelagios commons. Retrieved January 15, 2016, from http://commons.pelagios.org.

Pessoa, Osvaldo Jr. (2001). Counterfactual histories: The beginning of quantum physics. *Philosophy of Science* 68, 519-530.

Popper, K. (1999). *All life is problem solving*. (P. Camiller, Trans.). New York: Routledge.

Popper, K. (1994). *Alles leben ist problemlösen*. München: Piper Verlag.

Progetto Cronache Veneziane e Ravennati. Fondazione Casa di Oriani. (2016). Retrieved January 15, 2016, from http://www.cronachevenezianeravennati.it.

Radick, G. (2005). Other Histories, Other Biologies. In Anthony O'Hear (ed.), *Philosophy, Biology, and Life*. Cambridge: Cambridge University Press, 21-47.

Reynolds, C. (1986). Boids [An artificial live program which simulates flocking birds in 2D]. Retrieved January 15, 2017, from http://www.red3d.com/cwr/boids.

Richthofen, F. V. (1876). Über den Seeverkehr nach und von China im Altertum und Mittelalter. *Verhandlungen der Gesellschaft für Erdkunde zu Berlin*, 1876, 86-97.

Richthofen, F. V. (1877). Über die zentralasiatischen Seidenstrassen bis zum 2. Jh. n. Chr. Verhandlungen der Gesellschaft für Erdkunde zu Berlin, 1877, 96-122.

Richthofen, F. V. (1877-1912). *China. Ergebnisse eigener Reisen und darauf gegründeter Studien* (Vol. 5). Berlin: Reimer.

Robertson, D. S. (1998). *The new renaissance: Computers and the next level of civilization*. Oxford: Oxford University Press.

Robertson, D. S. (2003). *Phase change: The computer revolution in science and mathematics*. Oxford: Oxford University Press.

Sanudo, M. (1879-1902). In R. Fulin, F. Stefani, N. Barozzi, G. Berchet, & M. Allegri (Eds.), *Diarii* (Vol. 58). Venezia: Stabilimento Visentini cav. Federico Editore.

Schäfer, W. (2001). Global civilization and local cultures. A crude look at the whole. *International Sociology*, 16(3), 301-319 Also in Rethinking Civilizational Analysis, eds. Saïd Amir Arjomand and Edward A. Tiryakian, 71-86. London: SAGE Publications.

Schich, M., Song, C., Ahn, Y.-Y., Mirksky, A., Martino, M., Barabási, A.-L., & Helbing, D. (2014). A network framework of cultural history. *Science*, 345, 558-562. https://doi.org/10.1126/science.1240064.

Seshat: Global History Databank. (2011-Present). The Evolution Institute. Retrieved January 15, 2016, from http://seshatdatabank.info.

Shelling, T. C. (1971). Dynamic models of segregation. *Journal of Mathematical Sociology*, 1(2), 143-186.

Spiegel, G. M. 1997. *The Past as Text*. Baltimore and London: The Johns Hopkins University Press.

Toynbee, A. J. (1934-1961). *A study of history* (Vol. 12). London: Oxford University Press.

Trismegistos. (2004-Present). University of Leuven and University of Cologne. Retrieved January 15, 2016, from http://www.trismegistos.org.

Turchin, P. (2003). *Historical dynamics: Why states rise and fall*. Princeton, NJ: Princeton University Press.

Turchin, P., & Nefedov, S. A. (2009). *Secular cycles*. Princeton, NJ: Princeton University Press.

Vendrix, P. (1997). Cognitive sciences and historical sciences in music: Ways towards conciliation. In I. Deliège & J. Sloboda (Eds.), *Perception and cognition of music* (pp. 64-74). Hove, UK: Psychology Press.

Vlastos, G. (1983). The socratic elenchus. *Oxford Studies in Ancient Philosophy*, 1, 27-58.

Wang, G. (2016). Heritage and history. In: Third Singapore heritage science conference, Nanyang Technoogical University, Singapore, 25 January 2016. Retrieved January 6, 2017, from youtube.com/watch?v=-0wXSnqcAlM&list=PLasWJveXPWTE02EHZ2zsxzPxU6m3-GQli&index=3.

Waugh, D. C. (2007). Richthofen's "Silk Roads": Toward the archaeology of a concept'. *The Silk Road*, 5(1), 1-10.

Williams, B. (2006). *The sense of the past*. Princeton, NJ: Princeton University Press.

Wong, S. C., Miles, S., Fang, W., Groth, P., & Moreau, L. (2005). Provenance-based validation of E-science experiments. In: Y. Gil, M. Enrico, V. Richard Benjamins, & M. A. Musen (Eds.), The semantic web—ISWC 2005. Proceedings of the fourth international semantic web conference, Galway, Ireland, November 6-10, 2005 (pp 801-815). Berlin: Springer Verlag.

Woo, G. (2011). *Calculating catastrophe*. London: Imperial College Press.

Yule, H., & Cordier, H. (1913-1916). *Cathay and the way thither* (Vol. 4). London: The Hakluyt Society.

컬쳐로믹스 기반 서간문의 시대별 친밀성 변화 분석

송민, 허고은(연세대, 문헌정보학과)

1. 서론

디지털 인문학이란 정보통신기술(Information & Communication Technology, ICT)의 발전으로 인해 가속화된 디지털 시대가 도래함에 따라 인문학 텍스트를 전자적인 연구로 연결하여 문화적인 추세나 사회적인 경향을 분석하는 학문을 의미한다. 디지털 인문학에서의 중요한 과제는 학술적으로 생성되는 방대한 디지털 자원을 의미있게 활용하는데 있다. 최근에는 구글에서 제공하고 있는 대규모 도서 디지털화 프로젝트(https://books.google.com)를 통해 방대한 양의 텍스트 데이터에 대한 디지털 접근이 가능해졌다. 또한 구글에서는 Ngram Viewer (https://books.google.com/ngrams) 서비스를 제공하여 디지털화된 구글 책 전체를 기반으로 해당 단어 혹은 구(phrase)를 검색하여 각 연도별로 얼마나 사용되었는지 그래프화하여 시각적으로 표현한다. 시대적인 흐름에 따라 해당 단어(구)에 대한 사용성을 기반으로 사람들의 생활과 문화, 역사에 대한 현상을 추적하고 이해하여 연구할 수 있는 정보가 될 수 있다. 이처럼 컴퓨터 기술은 개념적 변화를 포착하기 위해 기존에 작성된 텍스트들을 사용할 수 있으며 이러한 개념에 기초하여 Gärdenfors (2004)는 개념적 공간의 이론을 제안하였다.

또한 비교적 최근에 등장한 이론인 "Culturomics"는 디지털 인문학보다 폭이 좁고, 코퍼스 언어학보다 광범위한 의미를 담고 있는 이론으로 "Culture"와 "Omics"의 합성어로 생물정보학(bioinformatics) 이나 컴퓨터 생물학(computational biology) 연구 분야에서 사용되는 "genomics", "proteomics", "transcriptomics" 등의 개념을 포함하는 다양한 분야의 연구들을 분석하고 통합하는 연구 영역의 집단(-ome)을 Omics로 표현한다. 2010년 12월, 구글과 문화 천문대(Cultural Observatory), 하버드 대학교, 브리태니커 백과 사전(Encyclopaedia Britannica), 미국 문화 유산 사전(American Heritage Dictionary)이 컬쳐로믹스 접근법을 기술한 연구를 발표하였으며 동시에 구글랩스(Google Labs.)에서 세계 최초의 실시간 컬쳐로믹스 브라우저를 런칭하였다 (http://www.culturomics.org/). 최근 들어 컬쳐로믹스의 개념을 마이닝과 접목하여 새로운 지식을 자동적으로 창출하는 연구들이 시도되어 왔다 (Bohannon, 2011; Michel et al., 2011; Letcher, 2011; Borin et al., 2013; Willems, 2013; Tang & Guo, 2016).

개인 서신(personal letter)은 특정 시간과 문화의 맥락에서 서로에게 글을 작성하는 사적이고 복잡하며 개인적인 의사소통에 해당하는 복잡한 장르이다 (Halsband, 1965). 18세기와 19세기에 효율적인 이동 수단이나 우편 시스템의 개발, 운송 공간의 증가로 인해 서신 활용도가 높아졌다. 개인 서신을 작성하는 것은 서간체 소설(epistolary novel) 이라는 새로운 문학 장르의 인기와 함께 증가하게 되었다. 20세기와 21세기에 들어서면서, 이메일, 채팅, 소셜 네트워크 사이트 등의 매체로 인해 서간문의 의사소통이 보다 쉬워졌다.

서간문과 관련한 기존의 연구에서는 패턴 인식과 시각화에 대한 접근 방식으로 수행이 된 NORA(Clement et al., 2007)와 MONK 프로젝트가 있지만 문자나 다른 유형의 서신 교환에 대한 연구가 진행되지 않았다. Twistori.com과 WeFeelFine.org는 감정과 관련한 내용을 다루고 있는 웹사이트이다. 하지만 이들은 단방향으로 구성되어 있고 트위터 기반으로 짧은 구절만을 포함하고 있기 때문에 서간문에 대한 분석이 용이하지 않다. 서간문은 자기 현시, 유머, 비밀 공유, 비공식적인 합의 수행, 서신을 주고받는 당사자들끼리의 어휘나 관용어에 대한 사용 등 상호 이해가 가능한 약칭 등이 사용된다. 이들은 Gerber가 언급한 "epistolary ethics"(Gerber, 2005) 에 포함되는 사적인 언어를 의미한다. 서신에 표현된 친밀성(intimacy)을 분석한 연구들이 수행 되어왔다(Ruecker, 2001; Youngman, 2009; Song et al., 2009). 특히 이러한 서신 내의 다양한 표현들은 시간이 지남에 따라 다양한 형태로 차이를 보일 수 있다.

서간체 서신(epistolary letters)에서 고전과 현대의 시대적인 차이를 과학적이고 문화적인 측면에서 살펴볼 필요가 있다. 따라서, 본 고에서는 두 시대에서 작성된 서간문 서신을 대상으로 시간적 변화에 따른 친밀성의 차이를 분석하고자 한다. 본 고에서 설정한 연구 질문은 다음과 같다:

1) 서간문에 나타난 언어의 발전과 확장에 대한 특성이 발견될 수 있으며, 시간이 지남에 따라 감정적인 단어의 사용에 차이가 있는가?
2) 대규모 서간문 텍스트 데이터를 분석하는 것은 개인적인 의사소통 현상의 이해에 도움이 되는가?

분석을 위한 데이터 집합으로는 고전 서간문의 경우 고전 문학을 전자책으로 제공하고 있는 프로젝트 구텐베르크 (http://www.gutenberg.org/)에서 대표적인 고전 서간문 10건을 선정하였으며, 현대 서간문의 경우 사랑의 서신과 관련한 대표적인 3개의 웹 사이트를 선정하였다. 데이터 수집 후 전처리를 수행하였고 단어의 중요성을 TF*IDF (Salton et al., 1983)기반의 가중치로 부여하였다. 각 시대별 의미적인 단어들의 관계를 분석하기 위해 Word2Vec (Mikolov et al. 2013) 기반 의미적 분석을 수행하였으며 감성 분석에 활용되는 온톨로지인 SenticNet (http://sentic.net/)을 적용하여 상위 단어의 특성을 시대별로 분석하였다.

다음 2장에서는 본 연구의 방법론을 기술하며, 3장에서는 분석 결과를 상세히 기술하고 4장 결론으로 마무리 한다.

2. 방법론

본 연구의 목적인 시대별 서간문에 나타난 대표적인 감정 단어기반 특성을 친밀성의 측면에서 살펴보기 위해 설계한 본 연구의 전체적인 연구 개요는 [그림 1]과 같다. 연구 방법론은 각 절에서 상세히 기술한다.

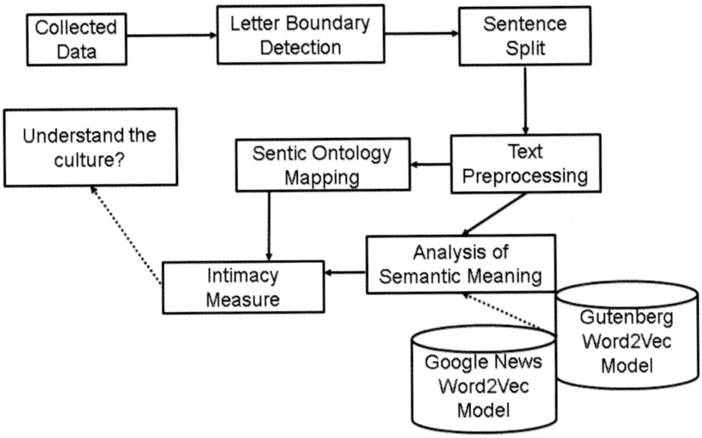

[그림 1] 연구 개요

2.1 데이터 수집

고전과 현대 서간문을 비교하기 위한 첫 단계로 각 시대의 대표적인 서간문 데이터를 수집하였다. 고전 서간문은 프로젝트 구텐베르크(http://www.gutenberg.org/)에서 제공하는 세계적인 문학 작품을 중심으로 데이터를 수집하였다. 쿠텐베르크 프로젝트는 1971년 마이클 하트(Michael Hart)에 의해 시작된 프로젝트로, 현재 58,000개 이상의 eBook을 무료로 제공하고 있다. 다음과 같이 대표적인 10개의 고전 서간문을 분석 대상으로 선정하였다.

· The Love Letters of Henry VIII to Anne Boleyn; With Notes by Henry VIII

· The love letters of Abelard and Heloise by Peter Abelard and Héloïse

· Love-Letters Between a Nobleman and His Sister by Aphra Behn

· Juliette Drouet's Love-Letters to Victor Hugo by Juliette Drouet and Louis Guimbaud

· The Love Letters of Mary Wollstonecraft to Gilbert Imlay by Mary Wollstonecraft

· Love Letters of Dorothy Osborne

· Lucy Maud Montgomery Short Stories

· Love-Letters to Victor Hugo: Works Of Hugo

· Love Letters of Nathaniel Hawthorne

· The Complete Works of Nathaniel Hawthorne: Novels, Short Stories, Po

또한, 현대 서간문의 경우 아래 세 개의 사이트에서 데이터를 수집하였다. 이 사이트들은 사랑과 관련된 시의 구절, 우정 관련 시, 사랑 이야기와 사랑의 서신 등에 대한 광범위한 내용들을 포함하고 있으며 특히 The Romantic 사이트의 경우 세계에서 가장 낭만적이며 미국의 로맨스 전문가로 알려져 있는 저자인 Michael Webb이 운영하는 블로그이다.

· Love Letter Daily (https://loveletterdaily.com)

· Poems Lover (http://www.poemslovers.com)

· The Romantic (http://theromantic.com)

자바 오픈 소스 라이브러리인 Jsoup을 이용하여 HTML언어로 구성된 웹 문서를 파싱했다. Love Letter Daily 사이트에서는 메인 페이지에서 페이지별로 기록되어 있는 서신 1,033건, Poems Lover에서는 "Love Letters" 카테고리의 "I Love You"에 해당하는 서신 169건, The Romantic 사이트에서는 "TIPS&IDEAS" 카테고리에 "Love Letters"로 구분되어 있는 총 1,680건의 서신을 수집하여 총 2,882건이 분석 대상이 되었다.

2.2 문장 분할과 전처리

웹으로부터 파싱하여 수집한 텍스트 데이터에 문장 분할과 전처리를 수행하였다. 자연 언어 처리의 기본 툴을 제공하고 있는 Apache OpenNLP에서 제공하는 정규 표현(Regular Expression) 기반의 간단한 룰 집합으로 문장을 인식하는 문장 분할 방법을 적용하여 분석 대상을 문장 단위로 구분하였으며 한 문장 내에서 공백을 기준으로 토큰화를 수행하였다. 각 토큰에서 불용어(stopwords)를 제외한 후, 품사(Part-of-speech, POS) 태깅을 수행하여 명사(NN, NNS), 고유명사(NNP, NNPS), 명사구(NP)와 동사 기본형(VB), 동사 과거형(VBD), 동명사 또는 현재 분사(VBG), 과거 분사(VBN), 비3인칭 단수 현재 (VBP), 3인칭 단수 현재 (VBZ) 를 추출하여 분석 대상이 되는 단어들로 텍스트를 정제하였다.

더불어 단어의 중요도에 대한 식별력을 높이기 위해 정보검색과 텍스트 마이닝 영역에서 잘 알려져 있는 단어 가중치 알고리즘인 TF*IDF (Salton et al., 1983)를 적용하였다. TF(Term Frequency)는 단어빈도로 문헌 당 단어의 출현 빈도수를 나타내며, 단어빈도의 정규화를 위해 단어빈도에 곱해지는 문헌빈도(Document Frequency, DF)의 역의 값으로 역문헌 빈도(IDF)를 사용한다. 역문헌 빈도는 전체 문헌집단 내에서 단어가 갖는 문헌 식별 능력을 측정하는 가중치로 보통 log(N/df)로 표현한다.

TF*IDF 값이 2 이상인 단어의 수는 고전 서간문은 5,726건의 고유 단어가 추출되었고, 현대 서간문은 3,662건의 고유 단어로 구성되었다. 또한 두 시기에 모두 출현한 공통된 단어들의 수는 2,100건의 고유 단어이다.

고전 서간문의 빈도수와 TF*IDF 기반 상위 10개 단어는 〈표 1〉과 같다. Love 단어가 1,774건으로 가장 높은 빈도수를 차지하였고, TF*IDF 기준으로는 una, Goodwin, Julian, phoebe, Juliette, Liverpool 단어가 순서대로 100이상의 TF*IDF 값을 가졌다. 이들은 빈도수 기반으로는 Juliette를 제외하고 100이하의 빈도수를 가지는 단어들이지만 문헌 내 단어의 중요성이 높은 단어들이다.

〈표 1〉 고전 서간문의 상위 10개 단어

단어	TF*IDF	빈도수	단어	TF*IDF	빈도수
love	8.518264	1774	una	401.2021	71
letter	17.53404	1408	godwin	237.3308	42
heart	6.352466	1099	julian	237.3308	42
thou	55.37778	1094	phoebe	175.1727	31
write	13.33567	977	juliette	154.8086	177
tell	25.1394	957	liverpool	118.6654	21
little	14.99329	930	hugo	87.43299	178
time	17.49091	885	eloisa	84.761	15
thee	49.32915	780	wollstonecraft	73.45953	13
day	14.18427	735	philintus	73.45953	13

〈표 2〉는 현대 서간문의 빈도수와 TF*IDF 기반 상위 10개 단어 정보이다. 빈도수 기반으로는 고전 서간문과 동일하게 love 단어가 3,209건으로 가장 높

은 빈도수를 차지했다. TF*IDF 기반으로는 철인3종경기를 의미하는 triathlon 단어가 가장 높은 값을 가졌다. 2 순위를 차지한 Promise 단어를 제외하고 상위 10개 단어는 모두 빈도수가 현저히 낮은 값을 가졌다.

〈표 2〉 현대 서간문의 상위 10개 단어

단어	TF*IDF	빈도수	단어	TF*IDF	빈도수
love	1.994499	3209	triathlon	80.82936	12
heart	5.109719	946	promise	78.73315	178
time	4.546029	880	bagel	60.62202	9
day	7.158617	767	popover	53.88624	8
feel	8.052881	667	rabbit	47.15046	7
life	6.440443	662	rollin	40.41468	6
share	2.084096	656	caterpillar	33.6789	5
post	3.728156	505	appointment	33.6789	5
website	1.87959	492	looney	33.6789	5
main	1.87959	481	ken	33.6789	5

2.3 Word2Vec 기반 의미적 유사 단어 추출

Word2Vec (Mikolov et al. 2013) 은 최근에 소개된 딥러닝 기반의 학습 표현으로 머신 러닝 커뮤니티에서 중점적으로 관심을 가지게 된 인공 신경망으로 이루어진 텍스트 처리기법이다. 유사한 문맥에서 나타난 단어는 의미적으로 유사할 것이라는 "distributional hypothesis"의 가정에 의해 단어가 가지는 의미를 다차원의 벡터 공간에서 벡터화하는 방식을 의미한다. 즉, 유사한 문맥에서 출현한 단어의 벡터 표현은 서로 유사한 의미를 갖게 된다. Word2Vec을 기반으로 단어간의 의미적인 유사성에 따라 두 시대의 서간문에 출현한 단어들의 특성을 살펴보았다.

학습을 위한 언어 모델로는 각 시대별로 두 모델을 적용하였다. 우선, 고전 모델은 데이터 수집에서 기술한 고전 서간문들의 정보원인 프로젝트 구텐베르크 사이트에서 제공하고 있는 모든 전자 책을 수집하여 모델을 생성하였으며

30,768 건의 영어 책에 해당되는 단어 벡터로 구성되었다. 더불어, 현대 모델은 구글이 제공하고 있는 약 1000억 단어의 구글 뉴스 데이터 집합으로 훈련된 단어 벡터인 GoogleNews-vectors-negative300.bin.gz를 적용하였다. 이 모델에는 3백만 단어 및 구의 300차원의 벡터로 구성되어 있다. 구의 경우 Mikolov et al (2013)이 제안한 간단한 데이터 중심의 방법론으로 구성하였다.

각 고유 단어를 대상으로 두 가지 Word2Vec 모델을 적용하여 단어 당 상위 20개 의미적 유사 단어들을 추출하였고 차원 축소 방법인 t-SNE를 기반으로 단어들 간의 관계를 거리기반으로 표현하여 연관 단어들의 토폴로지를 확인하였다.

2.4 SenticNet 온톨로지 기반 감성 단어

본 고에서는 친밀성의 개념을 측정하기 위해 글로벌 온톨로지인 SenticNet을 사용하였다. SenticNet은 2009년 CASE(Cooperative Awards in Science and Engineering) 연구 프로젝트의 일환으로 MIT 미디어 연구실에서 스털링 대학과 Sitekit Solutions Ltd. 와 협업하여 자연어에서 표현되는 개념적이고 정서적인 정보를 컴퓨터가 쉽게 접근할 수 있도록 만든 기술이다. 단어의 동시 출현 빈도에만 의존하는 대신 개념의 집합(bag-of-concepts) 모델을 사용하여 의미와 언어학을 활용하여 극성 감지(polarity detection)와 감정 인식(emotion recognition)과 같은 작업을 수행하는 개념 수준의 감성 분석이다. 언어패턴을 활용하여 문장 내 절(clauses) 간의 의존 관계(dependency relation)를 기반으로 개념과 개념 간의 감성을 표현한다. 지식 베이스(knowledge base)로서 SenticNet은 10만개의 자연어 개념과 관련된 일련의 의미론(semantics)과 sentics, 극성(polarity)을 제공한다. 의미론은 입력 개념과 가장 의미론적으로 관련된 개념을 의미하며, sentics는 4개의 정서적 차원(Pleasantness, Attention, Sensitivity, and Aptitude)의 관점에서 표현된 감정 범주화 값이다. 각 정서적 차원의 의미는 〈표 3〉과 같다. 또한 극성은 -1부터 1까지의 강한 부정에서 강한 긍정을 나타내는 실수로 표현된다.

〈표 3〉 4가지의 정서적 차원과 설명

차원	설명
유쾌함(Pleasantness)	상호 작용 양상에 즐거운 상태
관심(Attention)	상호 작용 내용에 관심이 있는 상태
감성(Sensitivity)	상호 작용 역학에 익숙한 상태
적성(Aptitude)	상호 작용 혜택에 확신이 있는 상태

3. 결과 분석

3.1 TF*IDF 기반 시대별 단어의 중요성 동향 분석

단어의 중요성을 측정하기 위해 적용한 TF*IDF 값을 기준으로 2 이상인 단어들인 고전 서간문의 총 5,762개의 단어, 현대 서간문의 3,662개의 단어를 분석하였다. 또한 두 시대에 모두 출현한 공통 단어들인 총 2,100개의 단어의 단어 패턴을 살펴보았다.

두 시대에 모두 출현한 공통된 단어들 중 각 시대별 TF*IDF 기준으로 상위 34개의 단어들의 정보는 〈표 4〉, 〈표 5〉와 같다. 〈표 4〉는 고전 서간문에서 TF*IDF 기준 상위 단어들과 해당 단어의 고전과 현대에서의 TF*IDF 값을 나타낸다. 파란색상의 단어는 현대에 낮은 TF*IDF 값을 가지는 하위 7개 단어 정보이며, 빨간색상의 단어는 현대에 높은 TF*IDF 값을 가지는 상위 7개 단어 정보이다. 또한 〈표 5〉는 현대 서간문에서 TF*IDF 기준 상위 단어들과 해당 단어의 현대와 고전에서의 TF*IDF 값을 나타낸다. 파란색상의 단어는 고전에 낮은 TF*IDF 값을 가지는 하위 7개 단어 정보이며, 빨간색상의 단어는 고전에 높은 TF*IDF 값을 가지는 상위 7개 단어 정보이다.

〈표 4〉 고전 서간문의 상위 34개 단어 정보

Term	TF*IDF (고전)	TF*IDF (현대)	Term	TF*IDF (고전)	TF*IDF (현대)
hugo	87.43299	5.349486	valentine	31.47161	15.50955
shelley	67.8088	6.042633	jane	30.57668	8.455752
thou	55.37778	7.847554	else	30.44922	6.612217
temple	50.82111	6.042633	daughter	30.09424	7.689513
lady	48.82233	4.78987	father	29.52191	10.34412
thy	45.43385	12.08527	thine	29.228	5.819489
poet	42.7084	3.448543	town	29.20072	9.98735
sir	41.63793	6.042633	people	29.1267	8.411863
brother	40.4507	7.546548	company	28.83488	7.081315
lord	39.96015	10.96603	leo	28.25367	4.863978
marry	38.87984	6.807151	dutch	28.25367	5.819489
victor	38.61783	5.231703	extremely	28.14335	8.024228
dish	34.09424	15.37903	thomas	28.12444	5.126342
fortune	33.53921	29.42217	ill	27.29204	30.15659
anne	32.15811	5.637168	king	26.76991	5.031032
kindness	32.08782	4.720877	house	26.71322	8.625151
story	31.96812	5.027085	romance	26.67473	6.448469

〈표 5〉 현대 서간문의 상위 34개 단위 정보

Term	TF*IDF (현대)	TF*IDF (고전)	Term	TF*IDF (현대)	TF*IDF (고전)
promise	78.73315	14.30647	material	20.20734	7.142583
appointment	33.6789	8.293312	star	19.9593	4.041295
ill	30.15659	27.29204	tea	19.52048	9.915172
fortune	29.42217	33.53921	wont	19.3983	5.788461
pudding	28.48642	10.62162	training	19.3983	4.734443
ornament	26.83217	4.734443	progress	18.99094	6.798883
pearl	22.54867	4.957586	que	18.99094	22.09407
apple	21.93207	9.915172	fellow	18.99094	18.2035
coffee	21.69872	7.101664	weight	18.88351	4.628676
painting	21.30132	9.104242	stock	18.7232	7.89197
circle	21.14921	3.778931	fantasy	17.73278	7.89197
link	21.14921	3.704823	christmas	17.70301	6.219984
path	21.05026	9.447328	tree	17.63165	7.021334
lobster	20.92681	26.22634	sex	17.45847	9.523445
thee	20.50537	49.32915	risk	17.23393	5.668397
tennis	20.20734	9.468885	fish	16.9115	13.6462
imaginary	20.20734	9.647434	cage	16.9115	7.436379

시간의 흐름에 따른 단어의 동향을 파악하기 위해 [그림 2]와 같이 3가지의 패턴인 (a) 지속적으로 중요한 단어 (b) 중요성이 감소한 단어 (c) 중요성이 증가한 단어로 구분하였다. 각 그래프의 X축은 7개의 대표 단어들이며, Y축은 각 단어의 TF*IDF 값을 나타낸다. 파란색상은 고전, 주황색상은 현대의 TF*IDF 값을 의미한다.

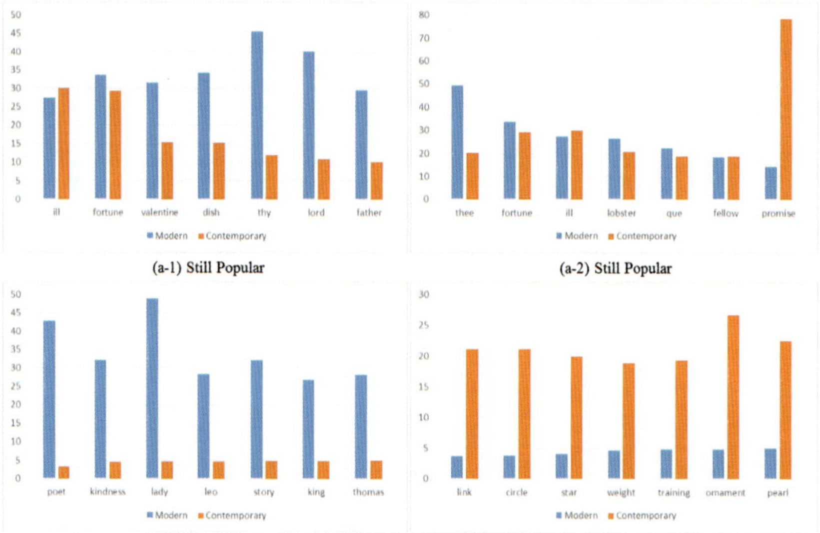

(a-1) Still Popular　(a-2) Still Popular

(b) Less Popular　(c) More Popular

[그림 2] 단어의 시대별 3가지 패턴

(a) 지속적으로 중요한 단어는 (a-1) 고전의 중요 단어들 중 현대에서도 상위 단어인 ill, fortune, valentine, dish, thy, lord, father 와 (a-2) 현대의 중요 단어들 중 고전에서도 상위 단어인 thee, fortune, ill, lobster, que, fellow, promise 단어들로 구성되었다. Ill, fortune 단어는 (a-1)과 (a-2)의 기준에 모두 충족한 대표적인 중요 단어이다. 특히, (a-1)에서는 유일하게 ill 단어가 고전보다 현대의 TF*IDF값이 더 높게 나타났다. 또한 (a-2)에서 ill, fellow, promise 단어가 고전보다 현대의 TF*IDF 값이 더 높게 나타났다.

Promise 단어는 현대에서 고전의 무려 5.5배 이상 높은 값을 가졌다.

중요성이 감소한 단어는 〈표 4〉의 고전 중요 단어들 중 현대에서 하위 7개 단어인 poet, kindness, lady, leo, story, king, Thomas 단어들이다. 특히 lady 단어는 이들 중 현대와 고전의 TF*IDF 값의 차이가 가장 크게 나타난 단어로 고전대비 현대에서 10배 이상 중요성이 감소하였다. Poet 단어 역시 시대간 TF*IDF값의 차이가 lady 단어 다음으로 크게 나타났으며 12배 이상 중요성이 감소하였다.

중요성이 증가한 단어는 〈표 5〉의 현대의 중요 단어들 중 고전에 TF*IDF 하위 7개 단어로 나타난 link, circle, star, weight, training, ornament, pearl 단어들이다. 이들은 모두 고전에서 TF*IDF 값이 5 이하인 단어들이며 ornament 단어는 시대별 TF*IDF 값의 차이가 가장 큰 단어이다.

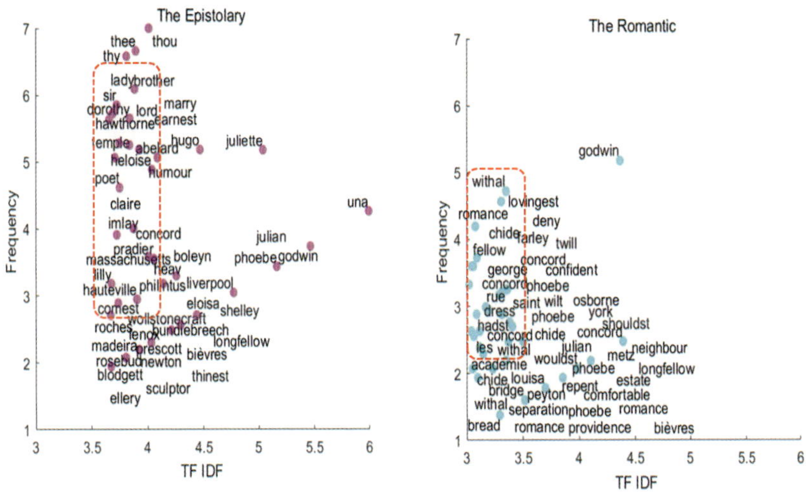

[그림 3] TF*IDF와 빈도수 기반 상위 50개 단어의 분포

[그림 3]은 각 시대별로 TF*IDF 기반 상위 50개의 단어들을 추출하여 도식화한 그래프이다. 좌측 그래프는 고전 단어의 분포이며, 우측 그래프는 현대 단

어의 분포이다. X축은 TF*IDF 값을 의미하며, Y축은 빈도수를 의미한다. 고전의 단어들은 대부분 3.7~4.3의 범위에 대다수 분포되어 있으며 넓은 분포의 빈도수를 가지고 있다. 현대의 단어들은 대부분 3~3.5의 범위에 대다수 분포되어 있으며 빈도수도 godwin 단어를 제외하고 5이하의 값을 가졌다.

3.2 동시출현 단어 시각화 분석

동시출현 단어란 한 문헌 내 존재하는 단어와 단어 간의 동시출현 빈도를 기반으로 단어 쌍을 구성하는 방법으로 두 단어의 동시출현 빈도가 높을수록 두 단어는 높은 주제적 연관성이 있다는 것을 의미한다. 단어 쌍의 동시출현 빈도수를 계산한 후 네트워크 형태로 보여주기 위해 시각화 작업을 수행하였다. 시각화 도구로는 오픈 소스로 제공되는 Gephi(Bastian et al., 2009)를 적용하였다.

네트워크 상의 각 노드는 단어를 의미하고 두 노드를 연결하는 에지는 동시출현 단어 빈도수이다. 네트워크 분석은 하나의 노드가 다른 노드들과 얼마나 많이 직접적으로 연결되어 있는지를 판단하는 연결정도(degree) 중심성을 기반으로 수행하였다. 즉, 특정 노드가 이웃하고 있는 다른 노드들의 수가 많을수록 해당 노드는 다른 노드들에 비해 높은 영향력을 가진다고 볼 수 있다.

또한 네트워크 내의 그룹별 특징을 살펴보기 위해 Gephi에서 제공하는 군집화(modularity)알고리즘으로 커뮤니티 분석을 수행하였다. 한 그룹을 구성하는 커뮤니티는 유사한 특성을 가지므로 그룹별 특성을 분석하는데 자주 적용되는 방법으로 알려져 있다.

[그림 4]는 고전 서간문에 출현한 단어들 간의 동시출현 빈도 기반 시각화 네트워크이다. 연결정도 중심성이 높은 대표 단어들을 큰 노드로 표현하였으며 커뮤니티 분석 결과 크게 3개의 그룹으로 구분되었다. 좌측의 파란색 그룹의 대표 단어들은 romance, twill, withal, chide, confident, injury 단어들로

구성되어 있으며, 우측의 빨간색 그룹의 대표 단어들은 Julian, phoebe, concord, Liverpool 등의 단어들로 구성되어 있다. 또한 파란색 그룹과 빨간색 그룹의 중간에 위치한 중앙의 회색 그룹의 대표단어는 peyton, william이다.

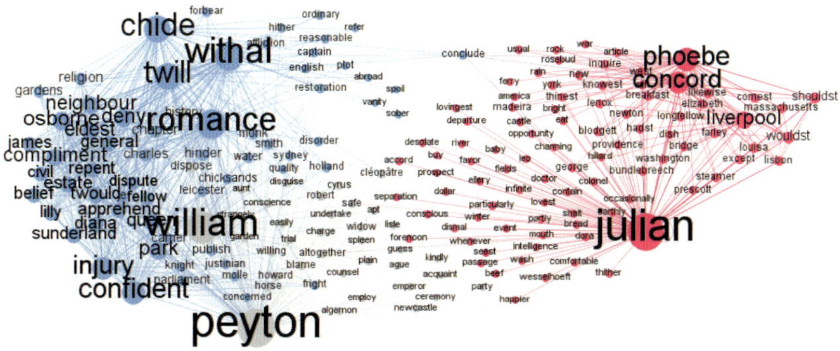

[그림 4] 고전 서간문 시각화 맵

[그림 5]는 현대 서간문에 출현한 단어들 간의 동시출현 빈도 기반 시각화 네트워크이다. 연결정도 중심성이 높은 대표 단어들은 path, painting, chore, fortune, triathlon, compromise, ill, poster, food, pearl 등의 단어들이며 커뮤니티 분석 결과 크게 9개의 그룹으로 구분되었다. 고전 서간문의 3개 그룹과 달리 세부 주제가 구분되었다는 점에서 고전에서는 나타나지 않았던 단어들과 더불어 단어의 표현이 세분화되고 다양화되었다는 점을 확인할 수 있다.

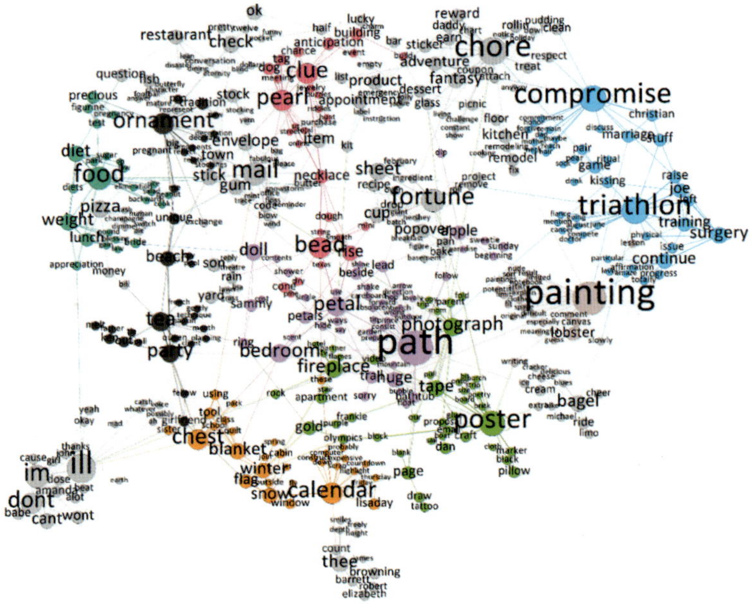

[그림 5] 현대 서간문 시각화 맵

3.3 Word2Vec 모델과 t-SNE 기반 시각화 분석

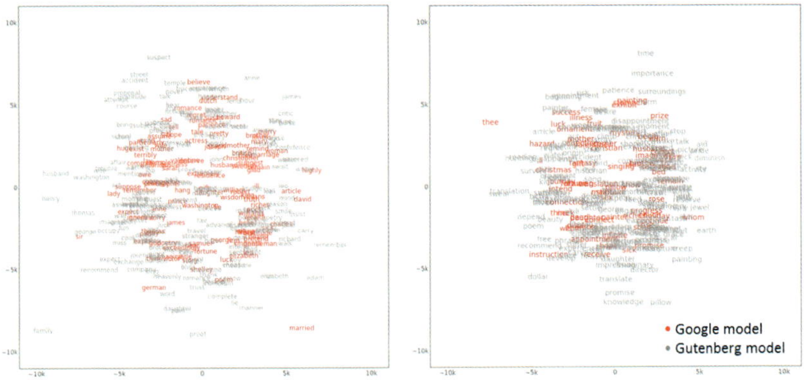

(a) Modern (b) Contemporary

[그림 6] 고전과 현대의 t-SNE 기반 단어 시각화

[그림 6]은 각 시대별 t-SNE 기반 단어 시각화 결과를 나타낸다. 빨간색의 단어들은 구글 Word2Vec 모델 기반 의미적 연관성을 지니는 단어들이며 회색 단어들은 구텐베르크 Word2Vec 모델 기반의 단어들이다. 이들은 차원 축소 방법인 t-SNE를 기반으로 단어들 간의 의미를 표현한 것으로 각 단어의 근처에 위치한 단어들을 확인하여 의미적으로 연관된 단어들의 토폴로지를 확인할 수 있으며 이는 각 시대의 문화를 해석하는데 도움을 줄 수 있다.

고전에서는 Google 모델 기반 married 단어, 구텐베르크 모델 기반 family, proof, husband, henry 등의 단어가 독립적으로 존재하여 다른 단어들과 연관성이 적은 단어들로 나타났다. 현대에서는 구글 모델 기반 thee 단어, 구텐베르크 모델 기반 time, importance, dollar, translate, promise, knowledge, pillow 등의 단어가 중심부와 거리가 멀게 독립적으로 위치하였다.

보다 면밀한 분석을 수행하기 위해 두 단어인 love, marriage와 관련된 단어들을 시대별, 두 Word2Vec 모델별로 살펴보았으며 해당 결과는 [그림 7]과 같다.

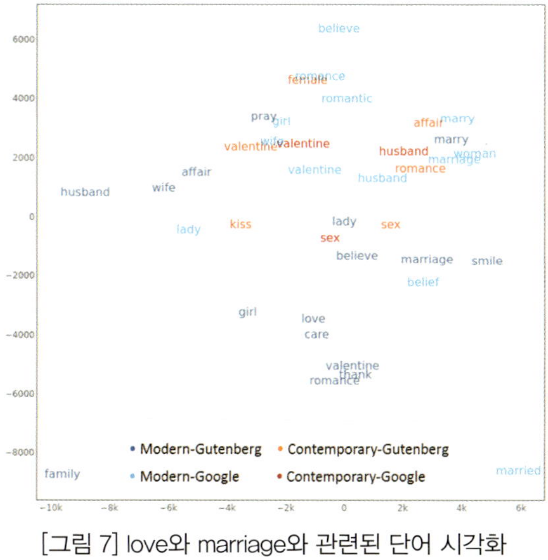

[그림 7] love와 marriage와 관련된 단어 시각화

고전에서 구텐베르크 모델을 적용한 경우 남색으로, 구글 모델을 적용한 단어인 경우 하늘색으로 표현하였다. 또한 현대에서 구텐베르크 모델 기반 단어들은 주황색으로, 구글 모델 기반 단어들은 적색으로 표현했다. 총 38개 단어 중 남색 단어들은 16개 단어들로 구성되어 있으며, 하늘색 단어는 13개, 주황색 단어는 6개, 적색 단어는 3개로 구성되었다.

가시성을 위해 고전과 현대를 구분하여 나타낸 시각화 결과는 〈그림 8〉과 같다. 고전에서 love와 marriage 관련 단어들은 총 29개로 나타났고 9개 단어인 husband, marriage, marry, wife, lady, girl, romance, believe, valentine이 두 모델에서 모두 관련 단어들로 출현하였다. 구텐베르크 모델에서 valentine, thank, romance 단어가 의미적 연관성이 높은 단어들로 나타났고 구글 모델에서는 woman, marriage가 연관성이 가장 높았다. 구텐베르크 모델에서 family 단어, 구글 모델에서 married 단어는 다른 단어들에 비해 연관성이 낮은 단어들로 나타났다.

현대에서는 총 9개 단어들이 출현하였으며 sex, valentine 단어가 두 모델에서 공통적으로 나타났다. 특히 valentine 단어는 고전에서도 공통적으로 출현한 단어들로 시대를 막론하여 중요하게 사용된 단어로 해석할 수 있다. 이 외에도 고전과 현대에서 1회이상 모두 출현한 단어들은 affair, husband, romance 이다. 고전에서는 pray, care, thank, belief, smile 등의 단어들이 등장한 반면 현대에서는 kiss, sex 단어가 출현했다.

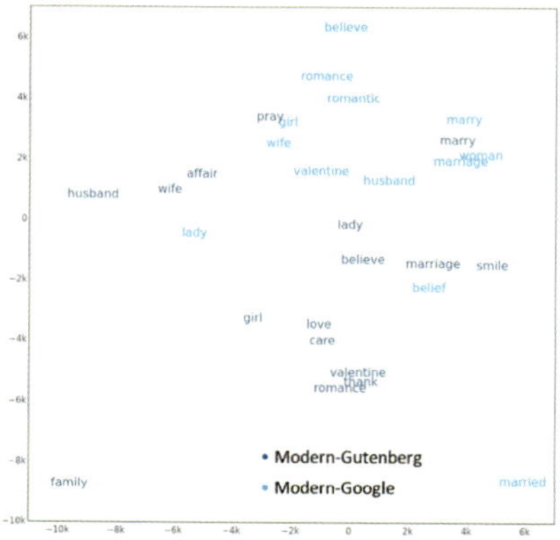

(a) Modern

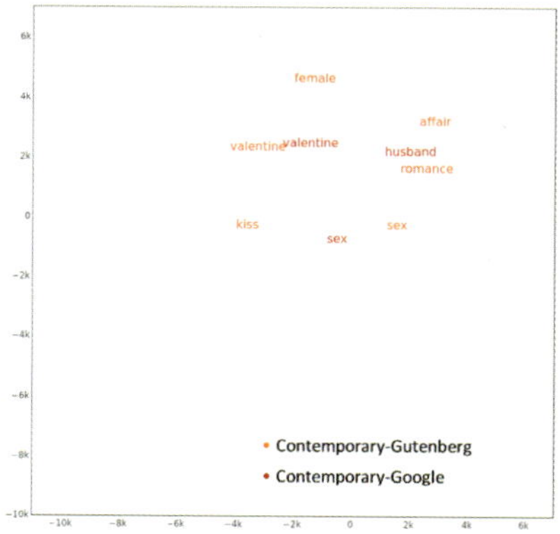

(b) Contemporary

[그림 8] 시대별 love와 marriage 관련 단어들

3.4 SenticNet 기반 의미 분석

3.4.1 5개 차원의 상위 단어 분석

감성 분석에 널리 활용되고 있는 온톨로지인 SenticNet에서 제공하는 4개의 감정 범주화 값과 극성 기반의 각 시대별 상위 단어를 분석하였다. 우선, 고전 서간문을 대상으로 SenticNet을 적용한 결과 중 5개 차원을 기반으로 상위 10개의 단어들은 〈표 6〉과 같다. 적성(Aptitude)은 earnest, kindness, agree 등의 긍정적인 단어들이 상위에 출현하였으며 이 중 earnest, kindness, friend는 5개 차원의 상위 10개 단어 중 고유한 값이다. 관심(Attention)의 경우, 유쾌함(Pleasantness), 극성(Polarity)의 단어와 유사하게 marriage, marry 단어가 모두 출현하였으며 고유 단어는 story, occasion, pleased, believe, deal 이다. 유쾌함(Pleasantness) 에 속한 상위 단어는 compliment, fortune, romance 등이며, 감정을 표현하는 excellent 단어가 고유한 단어로 출현했다. 극성은 marry, romance, fun의 순서로 높은 긍정 값을 가졌으며 person 단어는 고유 단어이다. 감성(Sensitivity) 기준 상위 10개 단어는 다른 4개의 차원과 달리 모두 고유한 단

어들로 구성되었다. 특히, 인물 관련 단어들인 servant, newton, bearer 단어들이 출현하였고, 부정적인 뜻을 지닌 quarrel, pretend, chide 단어가 출현하였다.

감성 차원을 제외하고 4개의 차원에 모두 출현한 단어는 marry, fun 단어이며, marriage, fortune, romance는 적성 차원을 제외한 나머지 3개의 차원에 공통으로 출현한 단어이고 compliment 단어는 관심 차원을 제외한 나머지 3개 차원에 출현했다. 50개 단어 중 중복 단어 19개를 제외하고 고유 단어는 31개로 구성되어 있다.

〈표 6〉 SenticNet 기반 5개 차원의 상위 10개 단어 (고전)

Ranking	Aptitude	Attention	Pleasantness	Polarity	Sensitivity
1	earnest	marriage	compliment	marry	connexion
2	kindness	story	fortune	romance	deserve
3	agree	fun	romance	fun	servant
4	victor	marry	marry	marriage	quarrel
5	passion	occasion	poet	person	newton
6	compliment	fortune	marriage	passion	bearer
7	marry	romance	fun	poet	pretend
8	lover	pleased	excellent	victor	chide
9	friend	believe	lover	compliment	pant
10	fun	deal	agree	fortune	dish

다음으로, 현대 서간문 데이터에 SenticNet의 5개 차원을 기반으로 상위 10개의 단어들은 〈표 7〉과 같다. 적성 차원에서 상위 단어는 gum, award, exhibit 순서로 출현하였고 고유 단어인 bee, halloween이 출현했다. 관심 차원의 단어들은 mail, party, blanket, earn, bookmark 단어가 고유 단어로 출현하였다. 유쾌함 차원의 단어들은 theater, sex, star 등 모두 중복 단어들로 구성되었고, 극성 차원에서도 Sunday, gum, award 등 모두 중복 단어

들이다. 감성 차원은 괴짜, 미친을 의미하는 nut, looney 단어가 등장하였고, pregnancy, caterpillar 등 상위 10개 단어는 모두 고유 단어들이다.

고유단어로만 구성된 감성 차원을 제외하고 gum, Sunday 단어는 나머지 4개 차원에 모두 공통으로 출현하였고, award, exhibit, training, theater, sex 단어는 3개 차원에 공통으로 출현하였다. 21개 중복 단어를 제외하고 고유 단어는 29개 단어이다.

〈표 7〉 SenticNet 기반 5개 차원의 상위 10개 단어 (현대)

Ranking	Aptitude	Attention	Pleasantness	Polarity	Sensitivity
1	gum	mail	theater	sunday	nut
2	award	party	sex	gum	bark
3	exhibit	sex	star	award	wild
4	birthday	blanket	fortune	training	diet
5	bee	sunday	Sunday	exhibit	looney
6	sunday	earn	gum	star	bottle
7	halloween	award	exhibit	theater	fix
8	training	fortune	training	pair	pregnancy
9	pair	gum	birthday	date	costume
10	theater	bookmark	date	sex	caterpillar

두 시대에서 공통으로 출현한 단어는 fortune 한 단어로만 구성된 것으로 보아 시대별로 감성을 표현하는 단어 사용에 큰 차이를 보인다는 점을 확인할 수 있었다. 특히, 고전 서간문에서는 결혼, 사랑 관련 단어들인 marriage, marry, romance, lover 단어들이 빈번히 출현한 반면, 현대 서간문에서는 사랑 관련 단어에 비해 Sunday, birthday, Halloween 등과 같은 특정 일, 특정 장소나 사건을 의미하는 award, exhibit, training, theater, party 등의 단어가 빈번히 출현하여 각 시대별 5개 차원의 상위 감성 단어를 통해 서간문에 표현된 글쓴이의 공통적인 관심사의 차이점을 살펴볼 수 있었다.

3.4.2 MDS 분석

두 시대의 서간문에 차원을 축소하기 위한 방법 중 하나인 다차원 척도법 (Multidimensional Scaling, MDS) 을 수행하였으며, 거리 행렬 기반 데이터의 유사성과 비유사성을 2차원의 X, Y축으로 분포시켜 그래프로 표시하였다. SenticNet기반 상위 200개의 단어 중 고전 서간문에서는 75개 단어가 매치되었으며, 현대 서간문에서는 129개 단어가 매치되었다. 이 중 5개 단어인 dish, fortune, ill, lobster, son 은 두 시대에 공통적으로 출현하였으며 [그림 8]과 [그림 9]에 빨간색상으로 표시하였다.

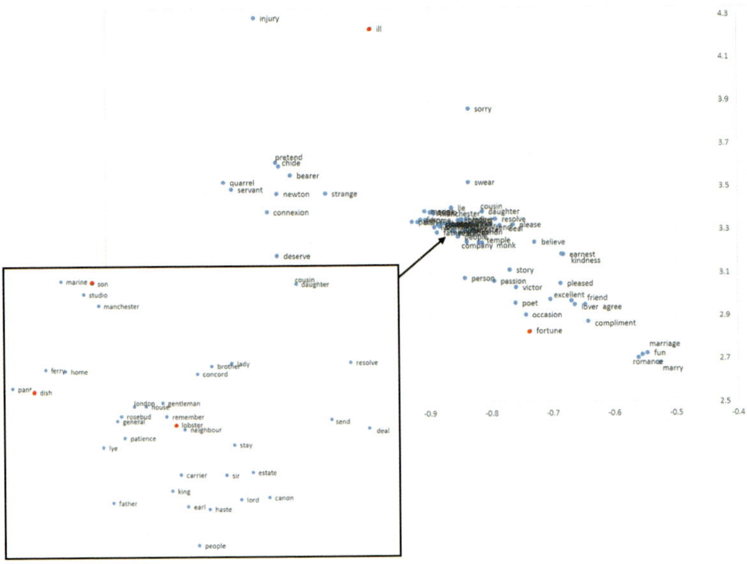

[그림 9] 고전 서간문의 75개 단어의 MDS 결과

[그림 9]는 고전 서간문에 출현한 상위 75개 단어의 MDS 결과를 나타낸다. 중앙에 밀집되어 있는 단어집합에서는 가족 관련 단어나 사람을 지칭하는 단어들 (home, house, father, son, brother, daughter, cousin, sir, king, lady, gentleman, people)이 주를 이루었다. 우측 하단에는 결혼 관련

단어들 (marriage, marry)과 fun, romance 단어가 가깝게 위치하였으며 좌측 중앙에는 감성 차원의 대표 단어들(connexion, deserve, servant, quarrel, newton, bearer, pretend, chide)이 군집을 형성하였다. 감정 단어들 (sorry, please, pleased, earnest, believe, kindness, fun)과 긍정적인 단어들 (excellent, victor, passion, compliment, lover, agree)이 빈번히 출현하였다. 두 시대에 공통적으로 출현한 단어 중 3개 단어인 son, dish, lobster는 중앙에 밀집되어 있으며 ill은 중앙 상단, fortune은 우측 하단에 위치하고 있다.

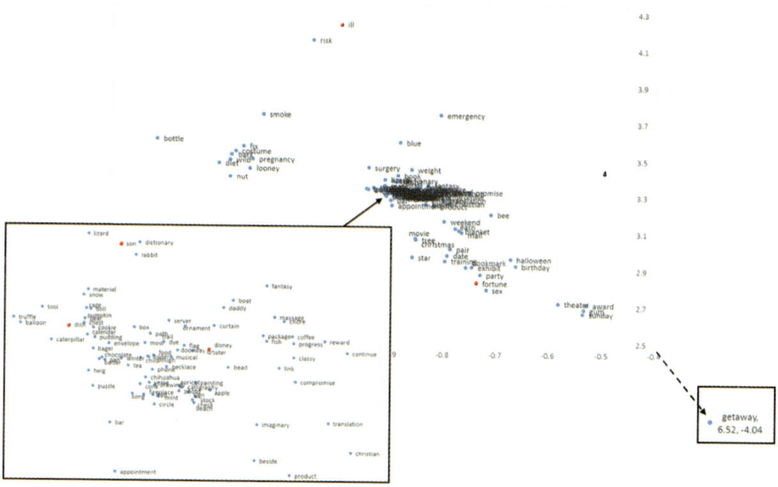

[그림 10] 현대 서간문의 129개 단어의 MDS 결과

[그림 10]은 현대 서간문에 출현한 상위 129개 단어들의 MDS 결과를 나타낸다. 중앙에 밀집되어 있는 단어 집합이 가장 큰 군집을 형성하고 있으며, 이들은 식품관련 단어 (food, pumpkin, truffle, bagle, cookie, batter, pudding, chocolate, fish, coffee, corn, apple, lobster 등) 와 미술관련 단어 (drawing, calligraphy, photo, painting) 가 주를 이루고 있다. 우측

하단에 공휴일과 특별한 일 (halloween, birthday, Sunday, christmas, weekend) 관련 단어가 출현하였다. 중앙 상단에 위치한 ill, risk는 다른 단어 군집과 떨어져있지만 두 단어는 가깝게 위치하여 유사성을 지니는 단어로 확인되었다. 좌측 중앙에는 고전 서간문의 특성과 유사하게 감성 차원의 대표 단어들(nut, wild, diet, looney, bottle, fix, pregnancy, costume) 이 군집을 형성하고 있었다. 또한 getaway 단어는 다른 모든 단어들의 값이 X축은 음수(-), Y축은 양수(+)를 가진 반면 X축은 양수, Y축은 음수 값을 가지는 유일한 단어로 우측 하단에 동떨어져 있었다.

앞서 살펴본 SenticNet 기반 5개 차원의 상위 단어 분석에서와 동일한 결과로, 고전 서간문은 감정과 긍정을 표현하는 단어들이 빈번히 출현한 반면, 현대 서간문의 단어들은 특정 일이나 사건 관련 단어들이 빈번히 출현하였다. 각 시대별 서간문에 표현된 대표적인 단어들의 특성을 통해 시대별로 중요하게 인식되는 감성단어들을 살펴볼 수 있었다.

4. 결론

본 고에서는 고전과 현대의 각 시대의 서신에 나타난 주요 단어들의 특성을 분석하여 각 서간문의 차이점을 살펴보았다. 특히 서간문에 나타난 친밀성의 측면에서 시간적 변화에 대한 분석을 시도하였다.

시간의 흐름에 따른 단어의 중요성 동향은 TF*IDF 기반 두 시대에 공통적으로 출현한 상위 단어들을 대상으로 세 가지의 패턴인 1) 지속적으로 중요한 단어, 2) 중요성이 감소한 단어, 3) 중요성이 증가한 단어로 구분하여 분석을 수행했다. 고전의 단어들은 대부분 3.7-4.3의 범위에 분포되어 있으며, 현대 단어들은 3-3.5 범위에 분포되어 있어 평균적으로 고전 단어에 비해 현대 단어의 TF*IDF 값이 낮게 나타났다.

또한 각 시대별 동시출현 단어를 확인하여 네트워크 분석을 수행하였으며 커뮤니티 분석 결과 고전 서간문의 네트워크에서는 크게 3개의 그룹으로 구별되는 반면, 현대 서간문의 네트워크에서는 보다 다양한 의미를 가지는 9개의 그룹으로 구성되었다. 현대 서간문에서는 새로운 단어들이 출현하였으며 단어의 표현이 세분화되고 다양화 되었다.

Word2Vec 모델과 t-SNE 기반 시각화에서는 love, marriage와 관련된 단어들을 시대별, 두 Word2Vec 모델별로 살펴보았으며 valentine 단어는 두 시대에 구텐베르크 모델과 구글 뉴스 모델 모두 공통적으로 출현하여 시대를 막론하여 중요한 의미적 단어로 해석할 수 있다. 고전에서는 pray, care, thank, belief, smile 등의 단어들이 등장한 반면 현대에서는 kiss, sex 단어가 출현했다.

SenticNet 온톨로지 기반 시대별 상위 단어 분석에서는 두 시대에 공통으로 출현한 단어는 fortune 한 단어로만 나타났다. 시대별 상위 단어의 특성의 차이도 뚜렷하게 나타났다. 고전 서간문에서는 결혼, 사랑 관련 단어들이 빈번히 출현한 반면 현대 서간문에서는 사랑 관련 단어에 비해 특정 일, 특정 장소나 사건을 의미하는 단어가 빈번히 출현하였다. 5개 차원의 상위 감성 단어를 통해 시대적 특성에 따른 관심사와 문화적 차이를 살펴볼 수 있었다. 또한 MDS 분석에서는 5개의 대표 단어 dish, fortune, ill, lobster, son이 두 시대에 공통적으로 출현하였다. 거리 기반 관련 단어들의 군집을 통해 주를 이루는 단어들의 특성을 파악하였다.

종합적으로, 여러 분석 결과 시대별로 감성을 표현하는 단어 사용에 큰 차이를 보인다는 점을 확인할 수 있었다. 본 연구의 결과는 해당 서신이 쓰여진 시대의 사회적 문화적인 특성을 이해하는데 새로운 시각을 제공할 수 있다는 점에서 연구의 의의를 지닌다.

참고문헌

Bastian, M., Heymann, S., and Jacomy, M. 2009. “Gephi: an open source software for exploring and manipulating networks”. *Icwsm*, 8: 361-362.

Bohannon, J. (2011). Google Books, Wikipedia, and the future of culturomics.

Borin, L., Dubhashi, D., Forsberg, M., Johansson, R., Kokkinakis, D., & Nugues, P. (2013, October). Mining semantics for culturomics: towards a knowledge-based approach. In *Proceedings of the 2013 international workshop on Mining unstructured big data using natural language processing* (pp. 3-10). ACM.

Clement, T., Don, A., Plaisant, C., Auvil, L., Pape, G., & Goren, V. (2007, June). 'Something that is interesting is interesting them': Using text mining and visualizations to aid interpreting repetition in Gertrude Stein's The Making of Americans. In *Proceedings of the Digital Humanities Conference* (pp. 40-44).

Gärdenfors, P. (2004). *Conceptual spaces: The geometry of thought*. MIT press.

Gerber, D. A. (2005). Acts of deceiving and withholding in immigrant letters: Personal identity and self-presentation in personal correspondence. *Journal of Social History*, 39(2), 315-330.

Halsband, R. (1965). Lady Mary Wortley Montagu as Letter-Writer. *Publications of the Modern Language Association of America*, 155-163.

Letcher, D. W. (2011, April). Culturomics: A new way to see temporal changes in the prevalence of words and phrases. In *American Institute of Higher Education 6 th International Conference Proceedings Volume 4–Number* (p. 228).

Michel, J. B., Shen, Y. K., Aiden, A. P., Veres, A., Gray, M. K., Pickett, J. P., ... & Pinker, S. (2011). Quantitative analysis of culture using millions of digitized books. *science*, 331(6014), 176-182.

Mikolov, T., Sutskever, I., Chen, K., Corrado, G. S., and Dean, J. 2013. “Distributed representations of words and phrases and their compositionality”. In *Advances in neural information processing systems*, 3111-3119.

Ruecker, S. (2001, January). Intimacy through private language in the letters of Lady Mary Wortley Montagu. In *British Society for Eighteenth Century Studies Conf. Oxford* (Vol. 4).

Salton, G., Fox, E., and Wu. H. 1983. “Extended Boolean information retrieval”. *Communications of the ACM*, 26(11).

Song, M., Youngman, P., & Ruecker, S. Indications of Emotional Connection: Epistolary Text Mining for Intimate Language.

Tang, L., & Guo, C. (2016, August). Design and Implementation of Chinese Historical Text Mining System Based on Culturomics. In *International Conference of Pioneering Computer Scientists, Engineers and Educators* (pp. 314-325). Springer, Singapore.

Willems, K. (2013). 'Culturomics' and the representation of the language of the Third Reich in digitized German books. *Interdisciplinary Journal for Germanic Linguistics and Semiotic Analysis*, 18(1), 87-99.

Youngman, P. A. (2009). *We are the machine: the computer, the Internet, and information in contemporary German literature* (Vol. 41). Camden House.

대규모 제사(題詞) 지도 그리기에 대한 제언[1, 2]

프랜시스 본드, 그레이엄 존 매튜스(남양이공대)
Francis Bond, Graham John Matthews

"뛰어난 발상들은 공공의 재산이다."

루키우스 안나이우스 세네카(Lucius Annaeus Seneca)
『세네카의 삶의 지혜를 위한 편지』 중 「늙음에 대하여」

1. 머리말

제사(題詞, epigraph)란 글의 도입부에 인용되는 문구를 일컫는다. 제라르 주네트(Gérard Genette)(1987, pp. 156-160)는 제사의 용법을 다음의 네 가지로 분류한다. 첫째, 제사는 저작의 제목을 설명하거나 부연한다. 둘째, 가장 일반적으로 제사는 저작의 내용을 설명해준다. 셋째, 제사는 저작과 인용된

---

1 이 글은 *Proceedings of the Eleventh International Conference on Language Resources and Evaluation* (LREC 2018)에 실린 논문을 번역한 것이다.

2 본 연구는 싱가포르 교육부의 1군 연구지원사업인 "문학적 제사의 디지털 지도화: 네트워크 이론과 수천 구의 제사를 활용한 문학적 영향 관계의 양적 분석" 사업과 난양 이공대학교 인문·예술·사회과학대학의 디지털인문학 연구 클러스터의 지원을 받아 진행되었다. 검토위원들의 통찰력 깊은 논평에 감사를 표한다.

저자 사이에 상관관계가 존재함을 주장한다. 넷째, 제사는 저작이 속하는 장르가 무엇인지를 암시하기도 한다. (예를 들면, 낭만주의나 고딕문학 작가들의 경우 고전작가들이나 사실주의 작가들에 비해 더 많은 제사를 사용한다.) 결과적으로, 저자들은 저작의 주제를 설정하고 저작과 기존의 문헌들 사이의 연관 관계를 보여주기 위해 제사를 활용한다고 볼 수 있다.

필자들은 제사들로 이루어진 데이터베이스를 구축하였다. 이는 제사와 (저자, 저작, 발생날짜, 발생국과 같은) 출처에 대한 정보를 지도화하여 문학적 영향 관계라는 것이 시간이 지남에 따라 저자들 사이에 형성되는 연관 관계임을 보여줄 수 있는 일종의 네트워크를 구축하기 위한 사전 작업이다.

제사는 대상 독자를 암시한다. 예를 들어, 이블린 워(Evelyn Waugh)는 고대 그리스어로 쓰인 제사들을 인용하는데, 이는 저자가 자신의 대상 독자들이 서양 고전에 일정 정도 친숙할 것이라고 기대하고 있음을 보여준다. 한편, 앨리 스미스(Ali Smith)는 전 세계 문학에서 수집한 제사들을 인용하는데, 이는 스미스가 세계시민적 독자층을 상정하고 있음을 시사한다. 하지만 가장 중요한 지점은 제사들이 작가들 사이의 영향 관계를 드러내는 명확한 지표로서 기능한다는 점이다. 제사를 통해 우리는 재닛 윈터슨(Jeanette Winterson)과 마거릿 애트우드(Margaret Atwood)가 그리스 비극으로부터 영향을 받았고, 이언 매큐언(Ian McEwan)이 제인 오스틴(Jane Austen)으로부터 영향을 받았음을 알 수 있으며, 로베르토 볼라뇨(Roberto Bolanõ)에게 영향을 미친 작가군이 맬컴 라우리(Malcolm Lowry)에서부터 페트로니우스(Petronius)에 이르기까지 다양하다는 사실을 파악할 수 있다. 문학 작품을 각각의 개별체가 아닌 사상, 철학, 예술적 실천들이 만들어내는 공동의 네트워크로 간주한다면, 사회, 제도, 권력 구조가 예술과 언어 속에 그 자신을 재현해내고, 다시 그 재현들에 의하여 스스로가 재구성되는 방식을 읽어낼 수 있을 것이다. 본 프로젝트는 소위 정전을 구성하는 일군의 특정 작가들에 초점을 맞추는 대신, 문학의 형식들과 시기 전체를 구성하는 더 큰 패턴에 대해 고찰해보고자 한다. 예를 들면, 영국 르네상스기의 작가들이 당시 막 재발굴된 그리스 고전들로부터 막대한 영향을 받은 사실은 흔히 알려져 있지만, 작가들이 제사를 선택하는 패턴에 대한 필자들의 예비 연구는 고대 그리스의 문화가 1950~60년대 영국 작가들에게도 결코 적지 않은 영향을 미쳤다는 새로운 사실을 보여준다. 이러한 사실은 분석 대상이 된 1950~60년대 영국 소설들의 주제들에 대한 보다 상세한 분석에서 드러난다.

보다 광범위한 문학 비평에서 제사는 저자들이 영향 관계를 명시적으로 드러내는 하나의 방법으로 논의되곤 한다(Poplawski, 2017). 그럼에도 불구하고, 오늘날까지도 어느 저자가 어떤 다른 저자들을 인용하는지에 대한 대규모의 양적 연구는 없었다. 마이크로블로그(microblog) 서비스의 일종인 텀블러(Tumblr)의 계정 중에 epigraphic[3]이라는 계정이 존재하기는 하지만, 이 계정에서는 데이터의 다운로드가 불가능할 뿐만 아니라 라이선스 또한 명시되어 있지 않다. 반면, 필자들이 구축한 제사 데이터베이스는 다음과 같은 작업들을 수행할 수 있는 기반을 제공한다.

1) 문학 연구자들이 전통적인 방식으로 다루는 소수의 정전 소설들보다 훨씬 더 방대한 양의 표본들을 추출함으로써 문학장 전체를 조망할 수 있다. 소설이라는 생태계 안에서 제사가 차지하는 비중이 적기는 하지만, 소설 속에 인용된 제사들이 하나의 네트워크로 다루어진다면 이는 새로운 연관 관계와 새로운 관점들을 제시해줄 수 있을 것이다.

2) 지금까지 논의된 적이 없는 문학적 제사의 역사와 그것의 사용 목적 및

3 https://epigraphic.tumblr.com

형식이 진화해온 방식을 연구할 수 있다. 특히 본 프로젝트는 최초로 사용된 제사의 기원을 밝히고 시간의 흐름에 따라 제사의 사용 빈도가 늘어나는지의 여부를 확인하여, 제사의 진화를 변모하는 사회·역사적 맥락과의 연관 관계 안에서 이해하고자 한다.

3) 문학적 제사들과 전문가들이 작성한 표제어들을 함께 수록하게 될 백과사전 집필에 필요한 기초를 세울 수 있다. 이 백과사전은 연구자들과 학생들에게 긴요한 자료가 되어줄 것으로 예상된다.

제사 데이터베이스는 제사의 발전 과정을 기술하고 분석하는 새로운 수단을 제공할 뿐만 아니라, 보다 일반적인 차원에서 소설의 전 세계적 보급과 수용에 대한 우리들의 이해를 잠재적으로 재구성할 수 있다.

제사는 또한 보다 기술적인 문서들에서도 나타나는데, 일례로 『텍스북』(The TeXbook) (Knuth, 1984)은 바이런(George Gordon Byron)의 작품과 북미 활판 인쇄공 조합(The United Typothetæ of America)의 회보(會報)에서 제사들을 인용한다. 우리의 데이터베이스는 문학 작품들에 초점을 두기는 하나 몇몇 기술서들 또한 포함하고 있으며, 추후에 더 많은 기술서들에서 추출한 제사들을 추가할 수 있길 희망한다.

2. 제사 데이터베이스

본 데이터베이스는 다음과 같은 정보들을 기록하고 있다.

1) 제사

- 제사 텍스트
- 제사가 기록된 페이지의 이미지 또는 제사의 온라인 텍스트 링크
- 출처 텍스트의 제목
- 출처 텍스트의 저자
- 발생국 또는 가능한 경우 보다 상세한 지역 정보
- 발생년도
- 제사의 언어
- (인용된 제사의 언어와 제사 원문의 언어가 다를 경우) 원문의 언어
- 매체(소설, 희곡, 노래 등)
- (가능한 경우) 출처 텍스트의 ISBN

2) 저작

- 제목
- 저자
- 초판 발행국 또는 가능한 경우 보다 상세한 지역 정보
- 초판 발행년도
- 저작의 언어(현재는 모두 영어임)
- 저작의 원어
- 장르
- (가능한 경우) ISBN

3) (기타 정보를 보여주는) 비고 (예시. "인용된 작품은 허구임")

일례로, 본 논문에 대한 데이터는 다음과 같을 것이다.

(1) 제사

- The best ideas are common property. (뛰어난 발상들은 공공의 재산이다.)
- [1쪽의 이미지]
- "On Old Age"(「늙음에 대하여」), *Moral Letters to Lucilius*(『세네카의 삶의 지혜를 위한 편지』)
- 루키우스 안나이우스 세네카
- 기원후 65년*
- 로마*
- 영어
- 라틴어*
- 서한
- ISBN = 9780674990845(Loeb Classical Library)

(2) 저작

- "Toward an Epic Epigraph Graph"(「대규모 제사(題詞) 지도 그리기에 대한 제언」)
- 프랜시스 본드, 그레이엄 매튜스
- 일본 미야자키현
- 2017년
- 영어
- 학술논문
- ISSN = ???

"*" 표시는 해당 데이터가 원문에 명시적 드러나지 않은 추정된 데이터임을 의미한다. 많은 판본이 존재하는 『세네카의 삶의 지혜를 위한 편지』와 같은 작품들에 대해서 필자들은 하나의 판본을 선택하는데, 이는 통제어휘를 사용함으로써 추가적인 메타데이터 검색을 가능케 하기 위함이다.

본 데이터베이스가 데이터 간 상호 연결성이 매우 낮은 그래프로 보일수도 있으나, (위치, 시기 또는 장르를 하나의 중심점으로 하여 만들어진 저자 그룹과 같은) 메타데이터를 참조할 수 있게 된다면 본 데이터베이스의 연결성은 강화될 수 있을 것이다.

2.1 텍스트 선택 기준

데이터의 획득은 기회적 수집 전략(opportunistic data collection)과 유도적 수집 전략(guided data collection)을 혼용하였다. 데이터 수집은 우선 남양이공대학교의 인문·사회과학 도서관에서부터 시작하였다. 연구조교들이 제사와 제사가 수록된 메타데이터를 스마트폰을 이용하여 사진 촬영한 후, 이 데이터들을 데이터베이스에 입력하였다. 연구조교들은 ISBN과 초판 발행일시를 정확히 기록하기 위하여 https://isbnsearch.org와 https://bookbrowse.com을 참고하였다. 또한 제사를 추출하는 과정에서 모든 싱가포르 문학 텍스트들이 검토되었는지를 확인하기 위해, 싱가포르 국립 도서관과 남양이공대학교의 인문·사회과학 센터가 공동 집필한 『영문 싱가포르 문학: 참고 문헌 목록 주해본』(*Singapore Literature in English: an Annotated Bibliography*)(Koh, 2008)을 활용하였다.

연구조교들은 이어 싱가포르의 모든 공공도서관들에 소장된 소설들을 체계적으로 조사하였다. 이 단계에서 청소년 소설(Young Adult Fictions)이 데이터베이스의 주를 이룬다는 사실이 분명해졌다. 이는 청소년 소설 작가들의 출판부수가 많고 그들이 제사를 활용하는 빈도가 높기 때문이다. 연구조교들은 제사가 데이터베이스에 미치는 영향도가 정확히 기록될 수 있도록 각 제사 텍스트들에 태그를 다는 작업을 실시하였다.

싱가포르 공공도서관들이 소장하고 있는 문학 분야 장서는 현대문학이 주를 이루기 때문에, 연구조교들은 위키피디아(Wikipedia)를 참고하여 17세기부터 현재까지 영향력이 높았던 문학 작품들의 목록을 작성하였다. 이어 연구조교들은 18세기 온라인 컬렉션(Eighteenth-Century Collections Online, ECCO)[4], 온라인 문학 데이터베이스(The Literature Online, LION)[5], 구글북스(Google Books)[6], 구텐베르크 프로젝트(Project Gutenberg)[7]에 수록된 작성한 문학 작품 목록의 전자인쇄판 문헌들로부터 제사 텍스트를 추출하였다. 문학 작품 목록에는 각 소설이 제사를 포함하고 있는지 여부가 표시되도록 하였다. 이 작업은 필자들에게 제사 및 제사의 확산의 역사에 대한 하나의 상을 제시하였다. 연구조교들은 이후 데이터의 양질화를 위하여 데이터 세트들을 다시 살펴보면서 중복되는 표제어를 삭제하고 메타데이터의 정확성을 체크하여 데이터를 표준화하였다.

2.2 데이터베이스의 현상태

현재 본 데이터베이스는 모든 필드값이 완전히 기재되어있지는 않지만 총 10,921개의 기록을 보유하고 있다. 다수의 제사 데이터들이 그 출처를 전혀 밝히지 못하고 있거나 작가 이름에 대한 기록만을 가지고 있고, 작품명과 발생년도를 보여주는 경우 또한 드물다. 오인용 또한 빈번하게 발견된다.

〈표 1〉은 가장 흔히 인용된 작품을, 〈표 2〉는 가장 흔히 인용된 작가를, 〈표

4 https://quod.lib.umich.edu/e/ecco/index.html.

5 http://www.proquest.com/products-services/literature_online.html.

6 https://books.google.com.

7 https://www.gutenberg.org.

3〉은 가장 흔히 인용된 작품의 유형을, 마지막으로 〈표 4〉는 가장 흔히 인용된 인용구들을 보여준다. 성경을 제외했을 때 가장 많이 인용된 작가는 윌리엄 셰익스피어(William Shakespeare)로, 다른 작가들에 비해 인용 빈도가 월등히 높았다. 고딕문학과 환상문학 작가들도 빈번하게 인용되었는데, 이는 이 장르의 작품들이 다른 장르에 비해 제사를 활용하는 빈도가 더 높다는 사실을 반영한다. 마지막으로, 희곡, 노래, 격언 모두가 자주 인용되는 가운데 시 장르가 가장 흔히 인용되는 출처라는 점은 흥미로운 지점이다.

〈표 1〉 제사에 가장 흔히 인용된 작품

인용수	인용된 작품
129	『성경』
35	『템페스트』 (*The Tempest*)
32	『햄릿』 (*Hamlet*)
23	『실락원』 (*Paradise Lost*)
23	『맥베스』 (*Macbeth*)
22	『로미오와 줄리엣』 (*Romeo and Juliet*)
20	『뜻대로 하세요』 (*As You Like It*)
19	『헤아린 슬픔들의 책』 (*The Book of Counted Sorrows*)
18	『리어왕』 (*King Lear*)
15	『이상한 나라의 앨리스』 (*Alice's Adventures in Wonderland*)

〈표 2〉 제사에 가장 흔히 인용된 작가

인용수	인용된 작품
323	윌리엄 셰익스피어(William Shakespeare)
74	에밀리 디킨슨(Emily Dickinson)
62	에드거 앨런 포(Edgar Allan Poe)
45	오스카 와일드(Oscar Wilde)
44	월트 휘트먼(Walt Whitman)
43	윌리엄 블레이크(William Blake)
37	프리드리히 니체(Friedrich Nietzsche)
36	루이스 캐럴(Lewis Carroll)
35	헨리 데이비드 소로(Henry David Thoreau)
35	존 밀턴(John Milton)

인용수	인용된 작품
34	랄프 월도 에머슨(Ralph Waldo Emerson)
33	알베르트 아인슈타인(Albert Einstein)
32	마크 트웨인(Mark Twain)
32	로버트 프로스트(Robert Frost)

〈표 3〉 제사에서 가장 많이 인용된 작품 유형

인용수	작품 유형
435	시
291	소설
173	희곡
149	노래
73	격언
66	성경 구절
29	서한
28	가상의 작품
24	연설문
24	영화
22	에세이
18	단어의 정의

〈표 4〉 가장 흔히 인용된 제사들

인용수	제사 텍스트	작가
6	The past is never dead. It's not even past.	윌리엄 포크너
5	If an injury has to be done to a man it should be so severe that his vengeance need not be feared.	니콜로 마키아벨리 (Niccolo Machiavelli)
5	We shall not cease from exploration And the end of all our exploring Will be to arrive where we started And know the place for the first time.	T. S. 엘리엇 (T. S. Eliot)
4	Truth is beautiful, without doubt; but so are lies.	랄프 월도 에머슨
4	Hell is empty and all the devils are here.	윌리엄 셰익스피어
3	What is a friend? A single soul dwelling in two bodies.	아리스토텔레스
3	All war is deception.	손자
3	If a man will begin with certainties, he shall end in doubts; but if he will be content to begin with doubts, he shall end in certainties.	프랜시스 베이컨 (Francis Bacon)
3	Time present and time past Are both perhaps present in time future, And time future contained in time past.	T. S. 엘리엇

가장 흔히 인용된 인용구는 모두 유명한 문학 작품들에서 따온 것으로, 아리스토텔레스나 손자와 같은 그리스, 중국 고전에서부터 윌리엄 포크너의 작품과 같은 현대 소설에 이르기까지 그 범위가 넓다. 성경과 셰익스피어의 작품들이 주를 이루는데, 그 중에는 『헤아린 슬픔들의 책』이라는 실제로는 존재하지 않는 작품도 있다. 이 작품의 출처는 한 청소년 소설 시리즈로, 이 시리즈의 작가인 딘 쿤츠(Dean Koontz)는 자신이 쓴 책들의 도입부마다 이 가상의 책에 실린 시들을 인용한다.[8] 이후 쿤츠는 2001년에 실제로 이 가상의 책을 출판했고, 이 책에서 다시 『헤아린 기쁨들의 책』(*The Book of Counted Joys*)라는 가상의 책을 인용하기도 한다.

2.2.1. 접근 권한

제사 데이터베이스는 크리에이티브 커먼즈(Creative Commons) 4.0(CC BY 4.0) 국제화 버전 라이선스 하에 배포되었다. 이 라이선스 하에서 이용자는 출처를 밝히고 라이선스의 링크를 기재하며 수정시 수정 사실을 명시하기만 하면 매체, 포맷, 목적에 무관하게 데이터를 공유하고 변용할 수 있다. http://compling.hss.ntu.edu.sg/projects/epigraph/에서 그 예시를 확인할 수 있으며, 추후에 배포될 데이터 및 분석 내용들 또한 이 페이지에서 확인할 수 있다.

3. 후속 작업

필자들은 후속 작업을 통해 제사 데이터베이스의 규모와 다양성을 키우고, 보다 심화된 분석과 시각화된 패턴 정보를 제공하고자 한다.

---

8 1992년 8월 10일자 편지에서 쿤츠는 다음과 같이 말한다. "사실, 그런 책은 없습니다. 제가 그것을 지어냈지요. 고등학교 시절 영문학 보고서들을 쓸 때 각주에 들어갈 출처들을 조작해댔던 것처럼 말이지요." http://flavorwire.com/135568/5-real-books-inspired-by-fake-books.

우선 필자들은 1년 이내에 1만여 개의 제사 정보를 추가할 예정이며, 누락된 정보들을 업데이트할 것이다. 개정된 데이터베이스는 일반 대중들과 연구자들이 이용할 수 있도록 오픈 액세스(open access) 방식으로 온라인에 탑재될 예정이다.

필자들은 링크드 오픈 데이터(linked open data, LOD)를 활용하여 지역 정보를 지오네임(GeoNames)[9] 데이터베이스와 연동시키고 남양이공대학교 소속 사서들과 협업하여 국제 표준 도서 번호(International Standard Book Number, ISBN)를 통해 작품 정보를 추가적인 메타데이터와 연동시키고자 한다. 이 작업은 데이터 검수와 표준화에 도움을 줄 것으로 예상된다. ISBN을 이용해 남양이공대학교 도서관 목록의 통제어휘에 접근할 할 수 있기 때문이다.

필자들은 또한 [그림 1]과 [그림 2]의 예시에서와 같이 컴퓨터를 통해 생성된 문학적 영향 관계 지도를 영국 국립 도서관(The British Library)이나 싱가포르 아트사이언스 뮤지엄(The Art-Science Museum of Singapore)과 같은 채널들을 통해 일반 대중들이 이용할 수 있는 방식으로 제공하고자 한다. 이 작업은 군집화와 시각화 작업을 모두 포함할 것이다.

필자들은 추가적으로 문학 작품들의 연관 관계와 밀집도를 측정하는데 있어 우리의 문학 제사 네트워크를 활용할 예정이다. 예를 들면, 찰스 디킨즈(Charles Dickens)와 제인 오스틴(Jane Austen) 같은 작가들이 얼마나 많은 수의 네트워크를 형성하는지를 살펴봄으로써, 이 작가들의 영향 관계를 지도화할 수 있다. 여성 작가들, 특정 국적의 작가들 또는 특정 사조를 대표하는 작가들의 영향 관계 또한 이와 같은 방식으로 추적해볼 수 있다. 다른 예로, 투르게네프(Ivan Turgenev), 톨스토이(Lev Tolstoy), 도스토예프스키(Fyodor Dostoevsky)와 같은 러시아 사실주의 작가들이 19세기 말 유럽 문학에 미친

---

9 http://geonames.org.

영향의 정도를 우리의 프로젝트를 통해 가늠해볼 수도 있을 것이다. 아울러 다음과 같은 질문들에 대해 답을 할 수도 있을 것이다. 고대 그리스·로마 시대 작가들의 영향력이 우세하였던 역사상의 시기는 언제였는가? 18세기 말의 풍자문학이 20세기 말의 포스트모더니즘 작가들에게 영향을 미쳤는가? 문학적 영향 관계가 대륙 간에 형성되었는가 아니면 유럽을 중심으로 군집화 되었는가? 또한 본 프로젝트는 현재 급성장중인 싱가포르 문예 운동을 주도하고 있는 작가들이 세계 어느 지역의 문학에서 영감을 얻었는지를 보여줄 수도 있을 것이다. 즉, 영문학 정전, 중국 고전, 인도 문학, 말레이시아 문학이 각각 독립적으로 싱가포르 문학에 영향을 미쳤는지, 아니면 이들이 영향을 미친 방식이 보다 상호 절충적이었는지를 확인해볼 수 있을 것이다. 나아가 세계 문학에 대한 싱가포르 문학의 영향력을 가늠해볼 수도 있을 것이다.

[그림 1] 아메리카–유럽간 영향 관계를 보여주는 제사 지도

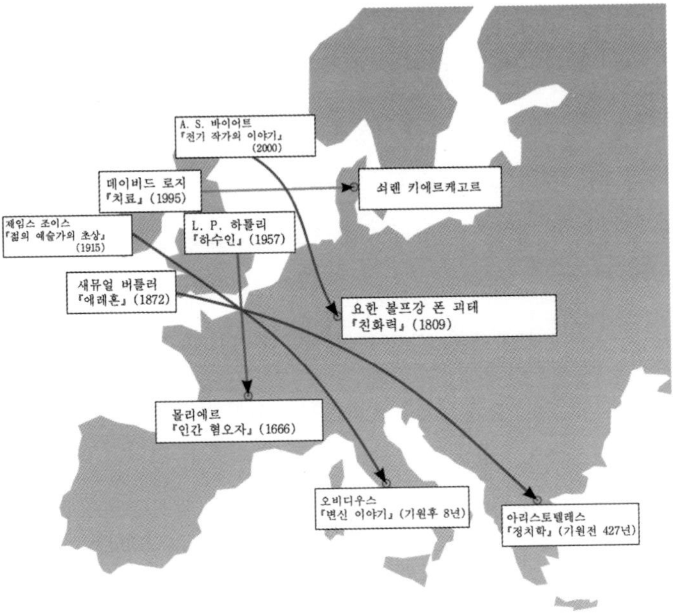

[그림 2] 다양한 유럽 문화권의 작품들이 20세기 영국문학에 미친 영향을 보여주는 제사 지도 (화살표는 제사의 출처를 가리킴)

윌리엄 셰익스피어와 같은 작가의 경우, 그 작품들이 지니는 의미가 깊고 논의거리도 많기 때문에 많은 문학 비평가들에 의해 두루 인정받는다. 하지만 셰익스피어를 문학적 영향 관계의 네트워크에서 떼어놓아 보면, 그로 인해 네트워크의 구조가 어느 정도까지 변경되는지를 직접 확인해볼 수 있다. 셰익스피어가 네트워크의 붕괴를 가져올 만큼 주요한 지점으로 역할하는가, 아니면 셰익스피어를 네트워크에서 제거하더라도 네트워크가 붕괴되지 않을 만큼 높은 빈도를 보이는 연관 관계들이 남는가? 이와 같은 일련의 사례 연구들을 수행함으로써, 문학·문화적 영향 관계와 사상의 전파, 사람들의 이동에 대한 새로운 통찰을 얻을 수 있을 것이다.

마지막으로, 제사 데이터베이스를 활용해 오인용의 영향 관계들을 또한 추적할 수 있다. 일부 연구자들이 인용 정보를 검토하지 않거나 읽어보지도 않은 채 복사해서 사용한다는 사실을 지적한 연구가 있었다(Simkin & Roychowdhury, 2003). 이와 유사하게 본 데이터베이스에서 6회 인용된 포크너의 "The past is never dead. It's not even past." (Faulkner, 1951)라는 문장은 〈표 5〉가 보여주는 바와 같이 수차례 오인용되었다. 필자들은 "never"를 "not"으로 똑같이 잘못 인용한 두 편의 작품 사이에 어떤 연관 관계가 존재하는지 조사해보고자 한다. 나아가 데이터베이스 내에 존재하는 같은 텍스트의 이형(異形)들 사이에 링크를 삽입할 것이다.

〈표 5〉 "The past is never dead. It's not even past."의 이형들 (변형된 부분 밑줄 표시)

이형	인용 출처
The past is never dead. It's not even past.	원문. 6명의 작가들이 그대로 인용함.
The past is never dead, it's not even past.	리 랭글리(2010)
The past is not dead. It is not even past.	피터 캐리(2012)
The past is never dead. It isn't even past.	이자벨 울프(2014)
The past is not dead; it's not even past.	알린 오하네시언(2015)
The past isn't over. It isn't even the past.	크리스틴 폴슨(2016)

4. 맺음말

필자들은 1만개의 제사들로 이루어진 데이터베이스를 구축하였고, 이를 오픈 라이선스 하에 배포하였다. 이 프로젝트는 제사들이 활용되는 방식뿐만 아니라 작품들 사이의 영향 관계를 연구하는데 기여할 수 있을 것이다.

번역: 박효원 (연세대학교 영어영문학과 대학원 박사과정)

참고 문헌

Faulkner, W. (1951). *Requiem for a Nun*. New York: Random House.

Genette, G. (1987). *Paratexts: Thresholds of Interpretation*. (J. E. Lewin, Trans.). Cambridge: Cambridge University Press.

Knuth, D. (1984). *The TeXbook*. New York: Addison-Wesley.

Koh, T. A. (Ed.). (2008). *Singapore Literature in English: an Annotated Bibliography.* Singapore: National Library Board Singapore and Nanyang Technological University. (now online and updated: https://eps.ntu.edu.sg/client/en_US/SingaporeLiterature/)

Koontz, D. (2001). *The Book of Counted Sorrows*. New York: Charnel House.

Poplawski, P. (Ed.). (2017). *English Literature in Context* (2nd ed.). Cambridge: Cambridge University Press.

Simkin, M., & Roychowdhury, V. (2003). Read before you cite! *Complex Systems*, 14, 269-274.

가치 탐구로서의 인문학
– 고유섭으로부터

이승종(연세대, 철학과)

우리는 오늘 사회속의 인문학이라는 주제에 대해 논의하기 위해 이 자리에 모였다. 발표자 각자가 이 주제에 대한 한국과 싱가포르의 견해를 발표하는 자리이다. 평상시에 우리가 스스로를 한국인, 싱가포르인, 동북아인, 동남아인으로 부르는 경우는 드물다. 우리는 통상적으로는 자신의 이름으로 스스로를 호칭한다. 하지만 최소한 오늘 이 자리에서 우리는 저마다 한국인, 싱가포르인, 동북아인, 혹은 동남아인이다. 각 술어들은 우리가 속해 있는 나라나 지역의 이름에서 유래한다. 이처럼 우리는 각자 살고 있는 장소와 연관되어 있다. 장소는 우리가 딛고 서있는 토대이다. 나는 이를 토착화 논제라고 부르고자 한다.

그러나 장소는 우리가 누구인지를 확정하는 기준이 되지 못한다. 예컨대 동북아인들이 공유하는 본질은 존재하지 않는다. 그들 사이에는 느슨한 가족유사성만이 있을 뿐이다. 나는 이를 비본질주의 논제라고 부르고자 한다. 그러므로 우리가 각각 한국과 싱가포르의 견해를 대변할 때 우리는 기본적으로 토착적 비본질주의자인 셈이다.

토착적 비본질주의의 적은 세계화주의이다. 세계화주의는 우리가 지역적 경계를 넘어서 단 하나뿐인 이 지구촌의 세계 시민이 되어야 한다는 견해라는 점에서 토착화에 반대하고, 세계 시민이라는 본질의 공유를 주장함으로써 비본질주의에 반대한다.

세계화주의가 주장하는 세계 시민이 갖추어야 할 조건은 두 가지이다. 첫째, 세계 시민은 자유 시장경제체제를 옹호해야 하며 최소한 그 체제의 적이어서는 안 된다. 둘째, 세계 시민은 세계화주의가 지구촌의 공식 언어로 간주하는 영어를 사용할 수 있어야 한다. 이 두 요구조건을 한데 묶어보면 본질주의적 세계화주의는 영어권의 가치에 경사된 지역주의임이 드러난다.

우리는 지구촌이 플라톤의 공화국과 같은 추상적이고 이상적인 공동체가 아님을 보았다. 그것은 자유 시장경제체제라는 현실적 질서와 영어라는 특정 자연언어를 차용한다.[1] 그런데 그 이유는 무엇인가? 자유 시장경제체제와 영어가 전 지구촌에 확산되어 있기 때문인가? 우리는 그 역이 사실에 더 가깝다고 본다. 즉 지구촌이라는 개념 자체가 자유 시장경제체제와 영어라는 영어권의 가치를 전 세계에 확산하기 위해 고안된 것이다. 지구촌은 이상적 목적에 붙여진 이름이 아니라 전 세계를 하나의 네트워크로 묶으려는 환원 근거에 붙여진 이름이다.

우리는 자유 시장경제체제가 고도로 발달한 싱가포르에서 영어로 인문학에 대한 한국과 싱가포르의 견해를 주제로 철학적 토론을 펼치기 위해 이 자리에 모였다. 우리는 환원이 아니라 토론을 목적으로 하고 있지만, 자유 시장경제체제나 영어와 같은 환원의 요소들은 이 자리에서도 불가피하게 영향력을 행사하고 있다. 세계화주의가 관철하고자 하는 환원의 침투는 실로 무소부재하다.

---

1 지구촌은 누구에게나 열려있지 않다. 그 촌은 영어를 사용하는 자유 시장경제체제 옹호자나 그의 친구만을 환영한다.

우리가 한국과 싱가포르 고유의 견해를 논의할 수 있기 위해서는 우리의 시계를 뒤로 돌릴 필요가 있다. 그러한 견해들이 작금의 세계화주의의 압도적인 공세에 직면해 급격한 변화를 겪기 이전으로 말이다. 그랬을 때 비로소 그러한 견해들이 두드러져보이게 된다. 시계를 뒤로 돌리는 동작은 세계화의 영향력이 가장 강력한 동아시아에서 그 지역의 가치를 찾기 위해서는 더욱 절실히 요구된다.

1. 윈도우[2]

「예술작품의 근원」」에서 하이데거는 예술작품을 진리의 구현물이라고 보았다. 예술작품이 건립하는 세계는 원래는 그가 대지라고 부른 질료적 성질에 의해 은폐되어 있었지만, 작품 속에서 바로 그 질료와의 투쟁을 통해 질료와 함께 스스로를 탈은폐해내고 있다. 이 탈은폐의 사건이 하이데거가 말하는 진리이다(Heidegger 1935-1936). 진리를 간직하고 있는 예술작품은 그러한 점에서 역사적이다. 대지와 세계 사이의 투쟁을 통해 작품이 탈은폐하고 있는 것이 다름 아닌 역사이기 때문이다. 역사는 전승과 계승의 계주(繼走)와 같은 것이다. 전하는 자가 조상이고 이어받는 자가 후손이겠지만 전함과 이어받음이 하나의 계통을 이루면서 펼쳐지는 역사의 계주에서 모든 인간은 저마다 조상으로부터 그 계통을 이어받는 후손이면서 다시 그 계통을 전해주는 조상이 된다. 그러나 이 모든 것은 결코 손쉽게 이루어지는 것이 아니다. 고유섭의 표현을 빌자면 "그것은 오히려 '피로써' '피를 씻는' 악전고투를 치러" "피로써, 생명으로써 얻으려 해야만 얻을 수 있는 것"이다(고유섭 1940b, 107쪽). 역사의 계통을 형성

2 1절부터 8절까지는 『인천학연구』, 10호(2009)에 게재된 나의 글을 수정 · 보완한 것이다.

하면서 그것을 주고받는 인간을 역사적 인간이도록 하게 해주는 것이 예술작품이다.

우리가 살펴보려는 예술과 역사에 대한 고유섭의 견해는 그의 짧은 글 「고대미술연구에서 우리는 무엇을 얻을 것인가」에 가장 선명한 방식으로 집약되어 있다. 그 제목 자체가 고유섭이 천착한 필생의 주제이기도 한 이 물음에 대해 그는 이렇게 대답한다.

> 잡다한 미술품을 횡(공간적)으로 종(시간적)으로 계열과 체차(遞次)를 찾아 세우고, 그곳에서 시대정신의 이해와 시대문화에 대한 어떤 체관을 얻고자 한다. […] 우리는 미술의 연구를 통하여 개별적으로 시대, 시대를 애무하고 관조하고 이해하려 하며, 전적으론 인생관 · 세계관을 얻으려 한다. (고유섭 1937a, 184-185쪽)

고유섭에게 고대미술은 곧 역사의 창과 같은 것이다. 고대미술연구를 통하여 그는 과거의 역사와 거기에 담긴 인생관, 세계관을 복원하려 한다. 우리 눈앞에 드러나 있는 고대의 미술작품이 간직하고 있는 보이지 않는 철학을 역사적으로 소급해내는 것이 그에게 주어진 과제이다. 고대미술연구는 보이는 미술의 연구이자 물러선 역사의 연구이며 보이지 않는 철학의 연구인 것이다. 보이지 않는 것과 물러선 것이 보이는 것을 통해 미치는 힘과 메시지를 체험하고 해독하는 작업이 고대미술연구의 알파와 오메가이다. 분화된 근대의 언어로 표현해서 달라 보일 뿐이지 사실 이 세 갈래의 분야들은 원래 서로 중첩되거나 밀접하게 연관되어 있던 영역이 아니었던가.

그런데 우리는 먼저 고유섭이 연구하는 고대미술이 구체적으로 어느 시간과 공간에 놓여 있는지를 물어야 한다. 그는 자신의 연구 주제를 조선의 고대미술로 방향 잡으면서 고대를 우리 역사가 단절된 1910년의 한일합방 이전으로

(고유섭 1932b, 79쪽), 조선을 현재의 반도를 지칭하는 영토 개념으로 각각 이해하였다(고유섭 1966, 54쪽). 이와 관련해 그는 조선을 민족과 동일시하는 견해에 대해 비판적 입장이다.

> 민족 문제는 상부구조의 역사적 사회적 이해에 대해 조그만 도움도 없는 것이다. […] 어느 종류의 민단이 조선 문화의 근원을 이뤘는가가 문제가 아니요, 조선이란 한계 […] 구역 내에서의 생활의 변천이 어찌 표현되어 왔는가가 문제이다. (고유섭 1966, 54-55쪽)

고유섭은 자신이 위에서 사용한 "조선이란 한계"에 대해 그것이 국가적 의미에서의 한계가 아님을 분명히 하고 있다. "만일 그러한 의미에서 본다면, 국가의 성패로 인해 변동되는 한계와 그로 말미암은 인종의 가감, 이합의 변화를 처리할 도리가 없을 것이다"(고유섭 1966, 54쪽). 조선을 하나의 민족이나 국가로 이해하지 않겠다는 그의 입장은 받아들일 만하다. 조선을 조선이게 하는 것은 자연과학적 개념인 혈통이나 사회과학적 개념인 국가에 앞서는 조선이라는 정체성을 형성하는 예술과 역사와 철학(文史哲)의 인문 정신이다. 정통성을 구성하는 진정한 계승의 대상은 이러한 정신적인 것이지 피나 체제가 아니다(고유섭 1940b, 106-107쪽).

그런데 고유섭은 "서술의 편의상" 조선의 한계를 현재의 반도를 중심으로 한다고 선언한다(고유섭 1966, 54쪽). 과연 서술의 편의라는 그야말로 편의적인 이유만으로 조선을 반도로 국한해도 좋은가? 그의 이러한 반도사관은 조선 역사의 정통 계보를 이루어 온 고조선, 부여, 고구려, 발해 등을 조선미술사 연구 영역 안으로 온전히 포용할 수 없다는 원초적 한계를 지닌다. 그가 조선미술사 연구의 선구자였음을 감안할 때 그의 사관이 갖는 이러한 한계는 이후의 조선미술사 연구에도 적지 않은 영향을 미쳤음을 부정할 수 없다.[3] 그러나 다른 한편으로 조선미술사 연구를 통해 조선의 역사와 인생관과 세계관을 드러내려 했다는 점에서 그는 조선미술사를 미술철학에 접목시키는데 결정적인 기여를 하였다. 이 글에서는 고유섭의 이러한 기여를 계승해 더욱 심화 확충하는 작업을 전개하고자 한다. 이 과정에서 그의 논지에서 발견되는 몇 가지 문제점들을 살펴보고, 글의 말미에서 반도사관이 조선미술사 연구에 초래한 왜곡을 적시해 바로잡을 것이다.

2. 동과 서

우리는 고유섭의 연구 주제가 조선의 고대미술임을 보았다. 그리고 동의할 수는 없지만 그가 조선을 한반도와 동의어로 간주함을 보았다. 그런데 조선은 반도이기에 앞서 동양에 속하고 미술은 예술에 속한다. 그러므로 조선의 고대미술은 동양의 예술이라는 문맥을 배경으로 이해되어야 한다. 그리고 동양의 예술은 서양의 예술과의 상대적 비교 하에 이해될 수 있다. 고유섭에 의하면 예술이 자신의 이법(理法)을 만들어 가는 과정과 방법에 있어서 동과 서에는 큰 차이가 있다. 서양에서는 예술이 자신의 독립적인 이법을 만들어 개별적으로 전개되지만, 동양에서는 자연과 인간을 포괄한 하나의 총괄적이고 보편적인 이법이 있고 예술도 이 이법과의 연계 하에 전개된다(고유섭 1943, 194-195쪽). 동양의 예술은 이러한 연계에 의해서 영속성과 포괄성을 확보한다. 영속성은 예술 배후의 전통이 새로운 정신으로써 부단히 연마됨을, 포괄성은 예술이라는

3 한반도의 자연에 대한 묘사로 시작하는 우리 시대의 대표적 한국 미술사인 김원용·안휘준의 『한국미술의 역사』도 고유섭의 미술사관이 지니는 한계에서 벗어나지 못했다는 평가를 면할 수 없다. 김원용·안휘준 2003, 14쪽 참조.

개체로써 전체의 이법을 표현함을 의미한다.[4] 반면 서양의 경우에는 예술이 전체적인 이법이 아닌 분별적인 이법의 자각에 그침으로써 그 자신 한낱 개체에 머물고 말아 종국에는 예술로서의 존재 가치마저 잃게 된다.

그러나 고유섭의 이러한 평가는 사실 동양 예술의 과거와 서양 예술의 현재를 비교함으로써 내려진 것이라는 점에 유의해야 한다. 서양 예술도 과거에는 그가 말한 총괄적 이법과의 연계 하에 전개되었다. 철학적 이법에 바탕을 둔 고대 그리스의 비극이나 종교적 이법에 바탕을 둔 중세 유럽의 미술이 그 대표적 예이다. 두 노인의 성격을 비교할 때 한 노인의 어린 시절의 성격과 다른 노인의 현재 성격을 비교하는 것은 일반적으로 적절한 비교라고 보기 어렵다. 특히 노인들의 현재 성격이 그들의 어린 시절과 판이하게 다를 경우 이러한 비교는 더욱 그 적실성을 잃게 된다. 그런 점에서 고유섭이 시도한 동서 예술의 비교는 양대 예술 전체에 대한 온전한 비교라기보다 동양 예술의 과거와 서양 예술의 현재의 일반적 특징을 나름의 관점에서 서로 대비시킨 것으로 보아야 한다.[5]

고유섭은 동과 서의 예술관에 대한 논의를 동양화와 서양화와의 차이를 예로 구체화시켜 나간다. 그는 비록 "술어의 엄밀한 내포와 외연을 무시하고 규정하자면"이라는 단서를 달기는 하지만, 동양화를 "황하와 양자강 중간의 비옥한 천지와 온화한 자연의 혜택 속에서 자라난 문명의 소산"으로서의 중국화로 간주한다(고유섭 1936c, 175쪽). 이러한 규정도 지나치게 자의적이라는 비난을

4 그러나 앞으로 보겠지만 예술이 철학이나 윤리에 종속될 때 예술은 고사하고 만다. 따라서 여기서의 연계는 예술의 "예술로서의 분한성(分限性)"을 부정하는 것으로 이해되어서는 안 된다. 고유섭 1943, 195쪽 참조.

5 예술을 포함하는 동양 문명 전체가 정체되어 있고 서양의 전통 예술은 이미 죽었다는 헤겔의 관점을 전제로 고유섭의 대비 구도는 불가피한 선택이었다는 답변도 생각해봄직 하다. 동양의 산 (그러나 정체된) 예술을 서양의 죽은 (그러나 위대했던) 예술과 비교할 수 없으므로, 산 예술들끼리 서로 비교하기 위해 차선책을 택한 것으로 말이다. 그러나 이러한 답변이 위의 비판을 비껴갈 수는 없다고 본다. 아울러 동양 문명 전체가 정체되어 있다는 헤겔의 견해는 동양화의 근본을 운동태로 보는 고유섭의 견해와 잘 어울리지도 않는다. 조선미술의 역사에서 커다란 변화들을 감지하고 이를 진지하게 탐침해 나가는 고유섭의 자세에서 우리는 동양을 정체된 공간으로 보는 헤겔의 모습을 찾기 어렵다.

면할 수 없다. 이 규정대로라면 그가 현재의 반도로 정의한 조선의 그림은 동양화에 속하지 못하거나 동양화로서의 대표성을 갖지 못하기 때문이다.[6]

고유섭은 중국미술이 "자연의 은총을 찬미하고 그와 일체되기를 욕구"했던 데 반해, 서양미술은 "자연에 대한 항쟁"과 "인간 자신의 끊임없는 노력"에서 출발하는 문명의 소산으로 본다. 그런데 그는 중국미술이 회귀하려 했던 자연은 "운동의 경향태"인 반면, 서양문명이 중심에 놓은 인간은 "완성태"라고 단언한다(고유섭 1936c, 175-176쪽). 서양문명이 인간을 경향태가 아닌 완성태로 간주했다는 그의 주장은 납득하기 어렵다. 고대 그리스의 비극에서부터 현대의 실존철학에 이르기까지 그 반대의 경우가 더 참에 가깝다고 할 수 있기 때문이다.

고유섭은 운동태를 근본으로 하는 동양화는 선(線)에서, 존재태(정지태)를 근본으로 하는 서양화는 면(面)에서 시작한다고 주장한다. 완성태인 인간의 신체(인체)도 "면의 가장 이상적인 집합체"이다. 선은 운동하고 면은 정지해 있는 까닭에 대해 그는 선은 방향성이 있고 면은 그렇지 않기 때문이라고 한다(고유섭 1936c, 176-178쪽). 일견 직관적으로 납득은 가지만 그것이 예술심리학적 차원을 넘어 과연 객관적으로 타당한 이유일 수 있는지에 대해서는 확신이 서지 않는다. 우리는 영화나 TV 등 각종 동영상물을 통해 면의 운동을 보는데 너무 익숙해졌기 때문이다. 동양화가 운동태를 근본으로 하고 서양화가 존재태를 근본으로 한다는 주장 역시 정당화되기 어려운 지나친 일반화라는 생각이 든다. 운동하는 선과 정지해 있는 면이 각각의 출발점이기 때문이라는 설명은 순환론이나 선결문제 요구의 오류를 범하고 있다. 그가 면의 집합체로 간주한 인간의 신체도 드로잉(drawing)에서처럼 선을 근본으로 운동의 경향태로 표현할 수 있을 것이다. 신체 자체가 선인지 면인지의 논쟁은 무의미하다. 신체는

---

6 이 문제에 대해서는 6절에서 보다 상세히 논하기로 한다.

선도 면도 아닌 3차원적 입체이기 때문이다. 신체를 어떻게 표현할 것인가에 대해서는 입체(조각), 면(회화), 선(드로잉) 등 다양한 선택이 가능할 것이다. 그 어느 경우에도 신체를 면으로 단정할 필연적인 이유는 없다고 본다.

3. 윤리와 유희

고유섭은 예술을 포괄하는 동양의 이법이 무엇인지에 대해서 구체적으로 서술하지는 않고 있다. 그러나 그것이 그가 고대미술연구를 통하여 얻으려 했던 인생관이나 세계관과 연관되어 있음을 짐작할 수 있는 근거들이 있다. 예컨대 동양의 도자와 서양의 도자를 비교하는 글에서 고유섭은 다음과 같이 말한다.

> 서양의 도자예술품에 대해서는 처음부터 예술을 감상하는 태도로써 임함을 요하나, 동양 도자는 처음부터 한 개의 생(生)의 역사를 들여다보려는 심리로써 보아야 한다. 서양 자기의 평가조준은 미술적 규범에 있으나, 동양 도자의 평가조준은 인생관이란 데 있다. (고유섭 1936b, 368쪽)

앞서와 마찬가지로 어느 시기의 어느 도자에 대한 언급인지가 밝혀져 있지 않다는 문제가 있기는 하지만 동양 예술이 인생관의 관점에서, 그것도 생의 역사라는 통시적인 관점에서 평가되어야 함을 역설하고 있는 중요한 구절이다. 또한 다른 글에서 고유섭은 고구려 쌍영총의 고분벽화나 신라 석굴암과 같은 "예술품에 대해 어떠한 규범에 입각하여 또는 순수 미학적 규범에 입각하여 비판하려는 우(愚)를 삼가고 오로지 그곳에서 역사성・사회성을 들여다볼" 것을 제안하고 있다(고유섭 1936a, 201쪽). 지금까지 살펴본 바를 이 글의 첫머리에서 인용한 「고대미술연구에서 우리는 무엇을 얻을 것인가」의 구절에 대입해보면, 그는 결국 예술을 횡(사회)과 종(역사)의 문맥에서 고찰하여 각각의 시대정신과 시대문화를 이해하고 궁극적으로는 인생관·세계관을 드러내려 한 것이다.

고유섭이 이해한 동양 예술은 예술을 위한 예술이 아니라 인생을 위한 예술이다. 이 구분으로써 예술의 동과 서를 가르는 것은 무리가 따르지만 적어도 그가 동양 예술을 어떻게 이해하고 있는지를 조명하는데 "인생을 위한 예술"은 유익한 출발점이 될 수 있다. 인생을 위한 예술은 "미(美)의 감계주의(鑑戒主義)"의 "변형된 연장"이다. 미의 감계주의란 "미를 미대로 결정시키려 하지 않고, 미를 광의의 윤리의 도가니 속에서 녹여내려는 운동이다"(고유섭 1940c, 117쪽). 그러나 인생을 위한 예술을 감계주의의 연장으로 간주하는 고유섭의 해석은 인생과 예술을 윤리적 관점에 고착시켜 이해하는 데서 한계를 드러낼 수 있다. 지나친 감계주의는 인생뿐 아니라 예술에도 장애가 되기 때문이다.[7]

이러한 문제점을 스스로 인식하고 있었던 고유섭은 예술을 유희에 결부시킴으로써 감계주의의 경직성을 완화할 계기를 마련한다. 그는 실러(Schiller 1794)가 언급한 유희를 "강압적인 의무이행 같은 속박을 느끼지도 않고" "자연히 도덕에 화순해지는 것"으로 해석한다.[8] 그리고 도덕적 인간만이 미를 유희하고 미에서만 유희할 수 있다는 점에서 쉴러의 유희론은 공자가 말한 "예에서 노닌다"[9]는 표현의 의미와도 동일하다고 본다(고유섭 1941a, 127-129쪽). 유희는 미와 윤리 사이의 건강하고도 탄력 있는 관계를 표현하는 개념이다. 미와 윤리를 유희와 양립 가능한 것으로 순화시켜, 인생을 위한 예술을 윤리와 미가 한데 어우러지는 즐거운 놀이로 해석해내고 있는 것이다.

고유섭의 예술 유희론은 조선의 고미술을 비애(悲哀)의 관점에서 파악한 야

---

7 이에 대해서는 4절에서 보다 상세히 논하기로 한다.

8 "自和順於道德." 『논어』의 「태백」(泰伯)편에서 "악에서 완성한다"(成於樂)는 구절에 대한 주희의 집주(集註)에서 인용한 표현이다.

9 『論語』, 「述而」, 遊於藝

나기 무네요시(야나기 무네요시 1920)나 궁핍의 관점에서 파악한 맥퀸(McCune 1962) 등의 조선미술사관을 극복하는 데에도 유용할 수 있다. 일제 강점기에 나라를 잃고 신음하던 조선의 모습에서 얻은 인상을 조선 미술사 전체를 보는 창으로 확대 고정시켰던 이들 외국인들의 조선미술사관에 비해, 예술의 유희성을 부각시키는 고유섭의 시도는 먼 옛날부터 춤과 노래를 즐겼던 우리 조상들의 신명 넘치는 예술관을 이해하는 데에도 결정적 실마리로 작용할 수 있다. 앞으로 보겠지만 이 신명은 고유섭의 사유 세계에서 생명의 예술철학과 애니미즘과 샤머니즘의 세계관으로 구체화되어 전개된다.

4. 생명으로서의 예술

고유섭은 자신이 예술에 결부시키는 유희는 "진실성이 없고 윤리성이 없고 항구성이 없는 감각적 오락"과는 무관한 것임을 분명히 한다(고유섭 1941a, 128-130쪽). 그가 보기에 예술을 이러한 상식적 의미의 유희로 해석하는 것은 자신의 화두인 조선의 고미술에는 특히 가당치 않은 견해이다. 그는 다음과 같이 말한다.

> 나는 지금 조선의 고미술을 관조하고 있다. 그것은 여유있던 이 땅의 생활력의 잉여잔재가 아니요, 누천년 간 가난과 싸우고 온 끈기있는 생활의 가장 충실된 표현이요, 창조요, 생산임을 깨닫고 있다. 그러함으로 해서 예술적 가치 견지에서 고하의 평가를 별문제하고서, 나는 가장 진지로운 태도와 엄숙한 경애와 심절(深切)한 동정을 가지고 대하고 있는 것이다. 만일에 그것이 한쪽의 '고상한 유희'에 지나지 않았다면 '장부의 일생'을 어찌 헛되이 그곳에 바치고 말 것이냐. (고유섭 1938, 89쪽)

조선의 고미술에 대한 진지하고 실존적인 태도에서 우리는 나라 잃은 식민지 지식인으로서의 고유섭이 지녔던 결연한 마음을 확인할 수 있다. 그렇다고 해서 그가 동양 예술의 관점에서 재해석해낸 유희의 의미를 조선의 고미술에 적용할 수 없는 것으로 속단해서는 안 된다.

다음에서 알 수 있듯이 고유섭이 앞서 유희로써 표현하고자 했던 바는 다름 아닌 생명이다.

> 예술을 유희같이 생각하는 사람이 누구냐. '유희'라는 말에 비록 '고상한 정신적'이란 형용사를 붙인다 하더라도 '유희'에 '잉여력의 소비'라는 뜻이 내재하고 있다면, 예술을 위하여 용서할 수 없는 모욕적 정의라 할 수 있다. 예술은 가장 충실한 생명의 가장 충실된 생산이다. 건실한 생명력에 약동하는 영원한 청년심(青年心)만이 산출할 수 있는 고귀하고 엄숙한 그런 것이다. [⋯] 예술은 가장 진지로운 생명의 가장 엄숙한 표현체가 아니냐. (고유섭 1938, 88쪽)

예술이 표현하고 창조하고 생산하는 생명이 살아 있고(生) 생기 있고(活) 힘찬(力) 것이라는 의미에서만 예술은 유희일 수 있다.[10] 이 역동적인 생명의 유희를 윤리로써 속박하려는 우리 조상의 지나친 감계주의에 대해 고유섭은 다음과 같이 통렬한 비판을 가하고 있다.

> 나는 우리의 조상이 한껏 자유로워야 할 생명을 너무나 윤리적인 편견으로 속박지어 고사시켜 버린 것을 항상 원망하는 자이다. 우리는 윤리적이기 전에 먼저 생명적이어야 하겠다. 자유로운 생명 그 자체에 약동하고 싶다. 생명을 잃은 윤

10 여기서 언급한 생명의 세 가지 성격, 즉 살아 있음(生), 생기 있음(活), 힘참(力)은 고유섭이 아름다움을 종합적 생활감정으로 정의할 때 '생활'의 의미를 형성하고 있다. 이에 대해서는 6절에서 다시 논의하기로 한다.

리는 절대 악 이외의 아무것도 아니다. 과거의 위대한 예술은 이 윤리를 무시한, 무시보다도 애초에 생각도 않던 자유인의 손에서 산출되었다. 진정한 예술은 진정한 생명에서만 나올 수 있는 것이므로, 진정한 예술은 곧 진정한 생명 그 자체이다. (고유섭 1938, 88쪽)

생명은 윤리에 앞선다. 동양의 예술이 지향하는 전체적인 이법도 생명의 하위 명제일 뿐이다. 그런 점에서 인생을 위한 예술로서의 동양의 예술은 궁극적으로 생명을 위한 예술이다. 유희와 생명은 예술을 전체적 이법에 연계 시키는 동양 예술의 전통이 빠지기 쉬운 경직된 감계주의에 대한 예방제요 해독제이다.

아울러 위의 인용문에서 고유섭이 원망의 대상으로 묘사한 "우리의 조상"은 조선 시대의 조상에 국한됨을 유의할 필요가 있다. 그가 보기에 생명으로서의 예술을 윤리적인 편견으로 속박지은 것은 다름 아닌 조선 시대의 유교이기 때문이다(고유섭 1966, 45쪽). 그의 이러한 견해는 조선 시대의 미술을 "가장 통일된 한국적인 미술"로 보는 우리 시대의 대표적 미술사(김원용 · 안휘준 2003, 15쪽)와 정면으로 배치되는 것이기도 하다.

5. 연세 애니미즘

고유섭이 묘사하고 있는 생명의 예술이 놓인 자리는 동양이고 그 중에서도 삼국시대의 조선이다. 생명의 예술은 흑선(黑線)에서 시작하는 운동태로 상징된다. 색으로써 "존재태를 표현하는 것"이 서양화라면, 흑선으로써 "만물의 자연의 도(道)의 운동태를 상징하는 것"이 동양화이다.[11] 이로 말미암아 "동양화

11 선에 대한 고유섭의 이러한 역동적 해석은 조선 고미술에서의 선을 "눈물로 충만된 선"으로 보는 야나

는 상징적이 되고 사의적(寫意的)이 되고 연역적이 된다.” 반면 “서양화는 사실적[12]이요 인상적이요 귀납적이다.” 원근법에 있어서도 대상을 존재태로서 보는 까닭에 서양화는 나와 대상이 한 점에서 일치한 채 정지되어 있는 관계로 “대상의 이동은 물론이려니와 눈의 이동도 용서할 수 없다.” 반면 “대상을 운동태에서 보고 경향태에서 보려는 동양화는 대상을 이동시키든지 또는 보는 나의 위치를 이동시킨다.” 그래서 같은 산에 대한 묘사라도 서양화와 달리 동양화는 산에 올라 내려다보고 바라보고 훑어보고 걸어본 것을 모두 표현하는 조감도식, 파노라마식이다(고유섭 1936c, 179-181쪽).[13]

생명의 예술이 지향하는 운동성은 고구려의 고분 벽화에서 공시적 공간을

기 무네요시의 해석(야나기 무네요시 1922, 190쪽)에 대한 비판으로 새길 수 있다.

12 이 낱말의 의미가 무엇인지에 대해서는 다음 각주의 하단에서 살펴볼 것이다.

13 고유섭의 글 「동양화와 서양화의 구별」을 요약해 정리해보면 다음과 같다(고유섭 1936c).

	동양화	서양화
이법의 성격	총괄적	분별적
예술의 위상	전체 속의 개체	낱낱의 개체
예술관	인생을 위한 예술	예술을 위한 예술
자연에 대한 태도	찬미와 합일	항쟁과 맞섬
근본 요소	선	면
존재론	운동태	존재태 (정지태)
존재론	경향태	완성태
표현 방법	(선을) 그림	(색을) 칠함
기법적 특징	상징적	사실적*
기법적 특징	사의적(寫意的)	인상적
기법적 특징	연역적	귀납적
묘사의 방식	조감도식/파노라마식	실체경식(實體鏡式)
원근법	삼원법(三遠法): 고원법(高遠法), 심원법(深遠法), 평원법(平遠法)	투시법
봄의 방식	보아감	보고 있음
초점	다수	단일
초점	이동	고정
화폭	횡축장축/권축(卷軸)	정방형
화가의 위치	화면 안	화면 밖
작품과 예술가	동일	독립

*원문이 한글로 표기되어 있어 ‘사실적’이 ‘事實的’인지 ‘寫實的’인지 확인할 수 없다. 전자라면 ‘상징적’에 대비되고 후자라면 ‘사의적’(寫意的)에 대비된다고 볼 수 있다. 후자의 경우라면 도표상의 ‘인상적’은 ‘상징적’에 대비되도록 그 위치가 변경되어야 할 것이다.

넘어 통시적 시간으로 확장된다. 덕흥리 고분의 전실(前室) 벽은 도리를 경계로 아래쪽에는 무덤 주인공의 생전의 생활상이 묘사되어 있고, 위쪽 천정 벽에는 그가 죽어서 돌아가는 타계(他界)인 천상계를 표현하는 각종 성수(聖獸)와 별자리들이 그려져 있다.[14] 이는 무덤의 주인공이 이 세계를 떠나 천상계로 이어지는 삶을 계속한다는 세계관을 반영하고 있다(변태섭 1958, 58-59쪽). 고분의 벽화가 표현하고 있는 세계관은 세속의 세계를 천상의 세계로 연장하고 그리로 이끌어 서로 통하게 한다는 점에서 늘임과 이끎과 서로 통합의 의미를 동시에 지니는 '연'(延)과 세계를 의미하는 '세'(世)를 조합한 '연세적'(延世的) 세계관으로 부름직하다.

[그림 1] 고구려 덕흥리 고분 전실 묘사도

무용총 현실(玄室) 왼쪽 벽에는 가창대와 무용수들이 양쪽에 늘어서서 춤과 노래를 하는 가운데 무덤 주인공의 혼령이 말을 타고 저승길을 떠나는 장면이 묘사되어 있다. 죽음이 종말이 아니라 새로운 세계로의 출발이기에 슬픔으로

14 도리를 경계로 한 지상의 세속적인 세계와 천상의 세계 사이의 구분은 무영총, 각저총에서도 발견된다. 장천 1호분처럼 도리를 따로 표시하지 않은 고분의 경우에도 천정벽과 그 아래 사방벽의 공간을 나누어 각각 천상계와 지상계를 상징하고 있다.

맞이하지 않고 춤과 노래로 저승길을 배웅하는 것이다. 사후 세계에 대한 명확한 인식이 없는 고대 중국의 세계관에 비해[15] 고구려의 고분 벽화는 영혼의 이동을 전제로 확장된 시공간과 거기에 담긴 웅혼한 중층적 세계를 생동적으로 묘사해내고 있다.

[그림 2] 고구려 무용총의 가무배송도

고유섭은 우리 미술에서 보이는 운동태에 대한 미의식이 형이하적인 물리적인 운동성에 대한 관심이라기보다 생명성을 고조하려는 데서 나온 형이상적인 "신교적(信敎的) 방면의 의식의 발로"로 간주한다. 그 신교의 핵심은 생물적인 것과 비생물적인 것에서 동시에 생명성을 보는 애니미즘(animism)이다. 통구 사신총의 귀기둥(隅柱)이 귀신으로 형상화되어 있다든지, 해와 달이 각각 세 발 달린 금 까마귀와 두꺼비로, 방위(方位)가 사신(四神)으로, 기(氣)의 움직임이

15 "삶도 잘 알지 못하는데, 어찌 죽음을 알겠느냐?"는 공자의 언명이 하나의 결정적 근거가 된다. 그에게는 아마 고구려 고분벽화가 괴력난신(怪力亂神)의 표현으로 비쳐졌을 것이다.
『論語』, 「先進」, 未知生 焉知死
『論語』, 「述而」, 子不語怪力亂神

구름의 흐름으로 형상화되어 있는 것이 그 좋은 예이다.[16] 우리의 애니미즘은 "정물적인 것을 동적인 것으로 용이하게 환치시킬 수 있게 한 동시에" "힘에 대한 초상식적인 해석을 강조시킨 수단이 되고," "이러한 생동적 운동성은 마침내 중국에 있어서 저 유명한 '기운생동(氣韻生動)'론을 낳게 한 선구적 경향이었"다고 본다(고유섭 1940a, 271-272쪽).

애니미즘의 예술관은 상징주의와 신비주의인데 이를 작품을 통해 해석한다면 그것은 직감적인 것이 아니고 설명적인 것이며 인상적인 것보다는 기억적인 것에 쏠려 있고, 사실적이라기보다는 관념적이고 개념적이다. 예컨대 수렵의 장면을 그릴 때에도 말 타고 활 쏘는 사람과 내닫는 사슴, 호랑이 사이에 그것이 산 속에서 일어난 일이라는 점을 표현하기 위하여 산을 그리고, 또 천지공간의 구별을 보이기 위하여 구름을 그리는 등 형태의 중복을 무릅쓰고라도 설명의 역할을 다하려는 의사가 작용하고 있다.

[그림 3] 고구려 무용총의 수렵도

16 강우방 교수는 고구려 벽화와 조선 단청의 구름무늬, 넝쿨무늬, 불꽃무늬 등이 우주의 신령한 기운(靈氣)을 형상화한 것이며 이 영기무늬가 추상무늬에 그치지 않고 영기화생(靈氣化生)의 세계관으로 전승되었다는 해석을 제시하고 있다(강우방 2007).

고유섭은 "사실(寫實)하려는 의욕"을 떠나 "사의화(似意化)"의 경지에 이른[17] 설명 구조가 당시에는 커다란 미의식으로 작용하고 있었던 것으로 본다(고유섭 1932a 294쪽; 1940a, 274쪽). 이 과정에서 기억의 재생(즉 설명을 위한 재현)과 구조의 환상적 흥미가 결합되어 환상, 괴기, 신비의 세계가 현실, 자연, 인상의 세계와 동일하게 취급된다. 상상과 현실, 괴기와 자연, 합리와 비합리가 서로 구별되지 않은 채 한데 어우러지는 생동적 추상주의는 확장되고 심화된 애니미즘의 세계관이자 예술관이다. 고유섭은 이러한 형이상적 성질이 민족의 신흥이라는 일종의 형이하적 기세와 적절히 부합되어 강조된 것이 곧 조선의 삼국 시기 미술의식의 중요한 한 계기를 이룬 것으로 평가한다(고유섭 1940a, 272-275쪽).

고유섭이 우리의 고미술에서 발견한 애니미즘은 샤머니즘과의 연관 하에 이해되어야 한다. 샤머니즘은 인간의 영(靈)이 죽음을 넘어 영원히 산다는 생명관, 죽음으로써 조상들이 머무는 천상계로 돌아간다는 타계관(他界觀), 타계로 간 조상의 혼령이 새로 태어나는 아기의 몸에 실려 다시 이승으로 돌아온다는 윤회관을 골자로 하는 북방적 세계관이다. 샤먼은 현실 세계와 천상의 타계, 산 자와 죽은 자, 자아와 타자가 서로 통할 수 있도록 해주는 소통의 매개자이다. 윤회론이 함축하는 순환적 시간론과 타계관이 함축하는 다층적 공간론을 양대 축으로 구성된 샤머니즘은 인간의 삶을 하늘과 땅 사이의 일상 세계에 한정시켜 이해하는 유교나 이 세상에서의 불로장생을 희구하는 도교의 세계관과 뚜렷이 구별된다. 샤머니즘의 세계관은 유교와 도교로 대표되는 고대 중국의 현실적이고 비종교적인 세계관보다(고유섭 1966, 37쪽) 불교의 세계관과 유사하다. 조선에 전래된 불교가 샤머니즘과 양립할 수 있었던 까닭도 이러한 유사성에 기인한 것이라고 할 수 있다(서정록 2001, 371쪽).

---

17 고유섭은 그러나 "삼묘리 벽화에 이르러서는 사실(寫實)과 사의(寫意)의 두 고개를 밟고 지나 혼연한 한 지경에 이르렀"다고 말하고 있다(고유섭 1932a, 297쪽).

6. 모순으로서의 삶

조선의 고미술에 투영된 생명으로서의 예술은 애니미즘과 샤머니즘의 세계관을 바탕으로 하고 있다. 특히 고구려의 미술에서 그것은 유희의 "힘 있는 운동"으로 전개된다. 고유섭은 이를 일컬어 '고딕적'이고 '요발적'(拗撥的)이라고 규정하고 있다(고유섭 1932a 294-295쪽). 괴기함과 혼융을 각각 의미하는 이 규정 중에서도 특히 후자는 한편으로는 조선의 특질인 잡다성과 연관되고(고유섭 1966, 30쪽), 다른 한편으로는 조선 고미술의 특징인 모순적 성격의 공존으로 확장된다. 모순적 성격의 공존 논제는 규율적인 데 미(美)가 있고 또 규율적인 데서 미가 상실된다는 역설로 표현된다. 이 역설은 형태미를 구성하는 제반 규율들을 섭렵하는 과정에서 고유섭이 내린 결론으로서, 바로 그 규율들의 위반을 통해 새로운 의미의 미가 성취될 수 있음을 함축하고 있다. 그는 이 역설을 공자의 "종심소욕불유구(從心所慾不踰矩)"를 패러디한 "종심소욕불유규(從心所慾不踰規)"로 요약하면서 다음과 같이 말한다.

> 욕(欲; pathos)과 규(規; logos)를 항상 생생하게 종합하도록 힘써라. 죽은 종합이 아니요, 창조적 종합을 힘써라. 최고의 예술은 그곳에 비로소 나오느니라. (고유섭 1937b, 112쪽)

여기서의 규율이 'logos'라면 그것은 형태미에 관한 규율을 넘어서 그것을 포함하는 총체적 이법으로 새길 수 있다. 상식의 문법에서 서로 모순의 관계를 이루고 있는 욕과 규는 유희정신에 의해 "종심소욕불유규(從心所慾不踰規)"라는 창조적 종합을 이루고, 그곳에서 예술은 최고의 경지에 이르게 된다는 것이다.

고유섭은 조선의 고미술에서 규율의 준수와 위반이라는 모순을 통해 욕과 규의 창조적 종합이 다양한 방식으로 성취되고 있다고 본다. 예컨대 조선의 건

축은 각 부의 세부비례가 중국이나 일본의 조형미술에 비해 완전히 나누어지지 않지만, 바로 이러한 이유 때문에 예컨대 '창살'의 구성같이 매우 환상적인 구성을 얻는다. 형태가 형태로서의 완형을 갖지 않고 왜곡된 기형과 파격을 이루는 비정제성(非整齊性)과 비균제성(非均齊性)에서 오히려 공상적이고 음악적인 율동성을 띠게 되는 것이다(고유섭 1941b, 87-89쪽).[18]

형식적인 제약을 탈피하는 풍부한 상상력과 구성력에서 우러나온 이러한 형태적 다양성 · 다채성으로서의 기교적 발작이 우리의 고미술작품에 부려져 있는 '멋'이다(고유섭 1940b, 109쪽). 고유섭은 이 멋과 어원적으로 연관되는 '맛'의 두 유형으로 구수한 큰 맛과 고수한 작은 맛을 조선 고미술의 대칭적 맛으로 꼽고 있다. 전자는 순박 · 순후(淳厚)한 데서 오는 온아한 맛으로서 조선미술 전반에서, 특히 신라의 미술품에서 현저히 느낄 수 있다. 후자는 적은 것으로의 응결된 감정으로서 예컨대 조선백자의 색조 같은 데서 그 구체적인 일반예를 볼 수 있는 단아한 맛이다(고유섭 1940b, 110쪽).[19] 이들 모순되는 맛들은 앞서의 불완전하고 선율적인 형태와 어우러져 조선의 고미술에서 적요(寂寥)와 명랑이라는 모순된 성격을 형성한다. 그는 "질박 · 둔후 · 순진이 형태의 파조(跛調)라는 것을 통해, 다시 '적요한 유머'를 통해, '어른 같은 아이'의 성격을 내고 있다"며 특히 조선의 불상조각에 이 어른 같은 아이가 많다고 말한다(고유섭 1941b, 88쪽). 그 외에 경주의 봉덕사종, 조선조의 청화자기(青華瓷器) 등도 구수히 크면서 동시에 단아하면서 우아한 모순적 성격을 한 몸에 이루어내고 있다고 본다(고유섭 1941b, 91쪽).

---

18 고유섭이 강조한 비정제성은 조지훈의 연구에도 수용되고 있다(조지훈 1964). 반면 에카르트는 조선의 고미술을 예술의 규범과 수학적 비례에 입각한 고전적 특성을 지니는 것으로 보아 고유섭의 견해와 대조를 이룬다(Eckhardt 1929).

19 고유섭은 단아한 작은 맛은 외부적 자연적 지리적 환경의 소치이고 구수한 큰 맛은 무관심, 체념 등의 생활 태도, 둔하면서도 땅에 뿌리 깊이 밀착해 있는 생활의 면 등의 소치라고 풀이한다(고유섭 1941b, 90-91쪽).

조선 고미술의 또 다른 모순적 성격으로 고유섭은 '무기교의 기교,' '무계획의 계획'을 꼽는다. '무기교의 기교,' '무계획의 계획'에 반대되는 '기교적인 기교,' '계획적인 계획'은 기교와 계획이 분별적 의식에서 나와 직접 여건인 구체적 생활에서 분리되고 추상되어 독자적인 의식을 갖게 된 기교요 계획이다. 반면 '무기교의 기교,' '무계획의 계획'은 기교와 계획이 생활과 분리되고 분화되기 이전의 것으로, 구체적인 생활 그 자체의 생활본능의 양식화에서 나오며 이 생활과 함께 운명을 같이하고 있다. 이 특징은 한편으로는 조선의 고미술이 반영하고 있는 "종심소욕불유규(從心所慾不踰規)"의 이념을 표현하고 있으며, 다른 한편으로는 조선의 고미술이 일반 대중적 생활의 전체 호흡을 그대로 담고 있는 민예적(民藝的)인 것임을 의미한다고 볼 수 있다. 그래서 고유섭이 보기에 조선의 고미술은 생활 및 신앙과 분리되어 있지 않다(고유섭 1941b, 85-87쪽). 그가 아름다움을 종합적 생활감정의 이해작용으로 간주하면서 이 생활감정이 시대를 따라 변화하고 있기에 그것이 풍부하게 담겨 있는 예술작품에 대한 역사적 관찰이 중요하다고 역설한 것도 같은 맥락에서이다(고유섭 1934, 116쪽). 예술작품이 표현하고 있는 아름다움에 심겨진 생활은 앞서 살펴본 생명의 맥락에서 생명의 살아 움직임으로 이해되어야 할 것이다. 논리가 모순의 배제를 이념으로 하는 모순율에 묶여 있다면, 조선 고미술의 화두인 생명은 이를 넘어선다는 점에서 윤리뿐 아니라 논리에도 앞선다.

애니미즘과 샤머니즘에서 시작한 조선 고미술에 대한 고유섭의 논의가 일련의 모순적 성격들을 거쳐 민예와 생활감정으로 귀결된다는 사실은 그가 이 모든 성격들을 조선의 일반 민중들의 삶에 녹아들어가 있는 것으로 파악하고 있음을 함축한다. 애니미즘과 샤머니즘의 연세적 세계관이나 조선 고미술의 이러저러한 모순적 성격들은 무당이나 예술가들만의 세계관이나 인생관이 아니라 조선 민중들 전체의 세계관이자 인생관인 것이다. 애니미즘, 샤머니즘, 모순 등은 모순율과 과학주의로 요약되는 서양의 이성과 학문이 배척해온 세계관이요 이념이다. 이들은 동양의 문화권역에서조차 중국의 유교적 세계관과도 뚜렷이 구분된다. 이는 지금까지 이 글에서 논의해온 동양이 중국으로 대표되는 단 하나의 문화권역이 아님을 의미한다.

7. 접화군생

조선의 토대를 이루는 고조선의 강역에서는 거석(巨石) 문화, 채도(彩陶) 문화, 빗살무늬토기 문화, 세석기(細石器) 문화 등 신석기 시대를 대표하는 4대 문화가 모두 발견된다(정수일 2001, 70쪽). 이 지역은 천손(天孫) 신화와 난생(卵生) 신화가 중첩되는 곳이기도 하고(김병모 2006, 1권 175쪽), 북방의 유목 문화와 남방의 농경 문화가 해양 문화와 중첩되는 곳이기도 하다. 고조선이 이 문화들의 총본산인지 아니면 총집결지인지에 대해서는 더 많은 연구가 있어야 하겠지만,[20] 이주 문화와 토착 문화가 어우러져 퓨전(fusion) 문화, 혹은 제 3의 새로운 문화를 형성하고 이들이 고조선과 같은 국가에 의해 균형적 평형과 발전을 유지하다가 고조선의 해체를 통해 부여, 고구려, 백제, 신라 등의 다양한 국가 체제와 문화들로 분화된 것으로 볼 수 있다.

우리 조상들은 하나의 문화로 다른 문화를 말살하지 않고 다양한 문화를 공존하게 하고 그를 통해 문화의 퓨전과 창조를 일구어내는 넉넉한 그릇과 지혜를 지니고 있었다. 이를 두고 최치원은 다음과 같이 말하고 있다.

> 우리나라에 현묘한 도가 있으니 이를 일러 '풍류'라 한다. 이 가르침의 연원은

---

20 전자가 최남선(최남선 1925)의 견해이고 후자가 정형진(정형진 2006)과 우실하 교수(우실하 2007)의 견해이다.

선사(仙史)에 상세히 실려 있거니와, 근본적으로 세 가르침[유교, 불교, 도교]을 이미 자체 내에 지니고 있는데 그 내용은 뭇 생명이 어우러져 성장함이다.[21]

뭇 생명이라는 표현이 함축하는 애니미즘은 나와 타자의 영적 성장이 서로 맞물려 있다는 성기성물(成己成物)의 의미를 이루면서 다양한 문화를 균형적으로 융섭(接化群生)하는 데까지 적용되고 있다. 고유섭이 조선의 고미술에서 발견한 모순의 공존은 삶이라는 사태에 대한 철학적 성찰을 넘어서 이 이질적 문화소(文化素)들을 융섭하는 문화 기획의 단면과도 연관된다고 볼 수 있다. 앞서 논의한 바 있는 샤머니즘의 샤먼은 횡으로는 이 융섭을 관장하면서 종으로는 조선 역사의 계통을 세워나가는 역할을 수행했을 것이다. 애니미즘, 모순의 공존, 샤머니즘을 바탕으로 우리의 선가(仙家)인 풍류도가 형성되었고 이를 매개로 유교, 불교, 도교 등의 사상이 조화로이 혼융하여 성장하게 되었던 것 같다. 범엽(范曄)이 『후한서』(後漢書)에서 우리의 옛 이름인 이(夷)에 대해 "어질어서 살리기를 좋아하니 천지만물이 땅에 뿌리박아 나오는 것을 말한다"[22]고 한 구절에서도 우리는 시원(始原)의 풍류도가 지닌 생명의 사상을 간접적으로나마 더듬어볼 수 있다.

조선의 고미술에 대한 고유섭의 성격 규정에 대해 한국미술의 영원히 불변하는 고유한 성격을 규정하려는 시도 자체가 환상이라는 비판이 있어 왔다. 한 나라의 미술은 각 시대와 사회의 상호관련 속에서 성격 지워지는 것인데 고유

---

21 金富軾, 『三國史記』, 券4 「新羅本紀」, 第4 「眞興王」, 國有玄妙之道 曰風流 設教之源 備詳仙史 實乃包含三教 接化群生

22 范曄, 『後漢書』, 卷85 「東夷列傳」 第75, 王制云 東方曰夷 夷者柢也 言仁而好生 萬物柢地而出 故天性柔順易以道御 至有君子不死之國焉
우리는 여기서 이(夷)를 설명하는 과정에서 유교와 도교의 중심 개념들인 인(仁), 도(道), 군자 등의 용어가 사용되고 있음에 주목할 필요가 있다. 『산해경』(山海經), 『설문해자』(設文解子), 『강희자전』(康熙字典) 등에 의하면 '夷'의 원래 글자는 '𡰥'인데 이는 본래 어질(仁) 이자로서 '夷'와 '仁'의 옛글자이다.

섭의 규정은 이를 무시한 몰역사적인 시도라는 것이다(문명대 1975, 348쪽; 1978b, 48쪽).[23] 이주형 교수는 심지어 "한국 사람들이 왜 그렇게 민족 단위의 미의 정의, 혹은 소위 한국미에 관해 비상한 관심을 갖고 호들갑인가"라고 반문하고 있다(이주형 2005, 257쪽).[24] 그러나 우리는 이미 고유섭이 말하는 조선이 국가나 민족을 단위로 하는 개념이 아님을 보았다. 그는 각 시대와 사회의 역사적 상호관련 속에서 각각의 미술작품에 대한 진지하고도 애정 어린 천착을 통해[25] 조선 고미술의 성격과 배경이 중국의 그것과 같지 않음을 규명하였다. 바로 그 이유만으로도 우리는 조선의 미에 관해 비상한 관심을 가질 충분한 권리가 있다고 생각한다. 서구에서 발간되는 미술사나 미학 관련 서적에 중국과 일본에 대한 논의는 찾아볼 수 있어도 코리아는 실종되어 있다는 엄연한 현실을 감안할 때, 조선의 미에 대한 우리 스스로의 부정과 폄하가 과연 누구를 위한 몸짓인지를 반성해야 한다. 그리고 우리가 조선의 미에 관해 갖는 정당한 관심을 호들갑이라고 비난하기 전에, 우리가 지나치게 중국의 눈으로 우리의 예술과 역사 혹은 동양 전체를 보려 하지 않았는지를 먼저 반성해야 한다.

8. 반도의 그늘

조선 고미술의 성격에 대한 값진 통찰에도 불구하고 고유섭은 사관의 문제에 있어서는 자신의 연구 영역인 조선미술사에서조차 시대의 한계를 벗어나지

---

23 고유섭 자신이 이러한 시도에 대해 거의 같은 비판을 하고 있다는 점은 흥미로운 사실이다(고유섭 1940b, 106쪽). 그는 미가 시대와 지역에 따라 그 양상을 달리하며 따라서 변화를 불변의 법으로 삼는다고 말하고 있다(고유섭 1935, 165쪽).

24 윤세진에 의하면 고유섭의 연구는 방법론이나 전체적인 체계에서는 그 의의를 인정받지만, 조선의 미적 특질론은 한계로 인식되거나 부정적으로 언급되어 왔다(윤세진 2005, 119쪽).

25 고유섭은 자신의 과제가 우리의 미가 무엇인지를 작품에서, 유물에서 실증하는 것이라고 말하고 있다(고유섭 1934, 114쪽).

못하였다. 미완의 유작 「조선미술약사」에서 그는 단군조선의 설정을 억측으로 간주하면서 문헌의 설립연대로는 이 억측이 기자조선의 설정이라는 억측보다도 뒤졌다는 것이 사계(史界)의 정론이라고 말한다. 그러면서 원시생활에 머물렀던 단군조선의 시대를 거쳐 기자조선 시대에 중국의 선진문화가 들어왔다고 본다(고유섭 1966, 55쪽). 조선의 고미술에 대한 그의 논의는 한사군시대라는 항목에서부터 본격적으로 전개된다. 이는 마치 조선이 역사적으로나 문화적으로나 처음부터 중국의 식민지였다는 그릇된 인상을 주기에 충분하다.[26]

실제로 고유섭은 조선의 전 문화를 '중국 = 조선적' 문화로 동치 시키며(고유섭 1941c, 228쪽) "조선 문화의 전반이 역사적 계통이 있는 전개를 보이지 않고 개별적 존재가치를 갖고서 인국 중국의 문화계급을 반영하고 있다"(고유섭 1966, 53쪽)고 평가한다.[27] 그는 이러한 시각을 조선의 미술문화사에도 그대로 적용하여 "조선의 미술문화도 다른 문화와 같이 철두철미 중국문화의 모방에서 끝나고 만 감이 있다"고 평가한다(고유섭 1966, 49쪽). 우리는 그가 말하는 조선이 반도로 국한되어 있음을 앞서 살펴본 바 있다. 조선의 고미술에 대한 자신의 작업을 스스로 부정하는 듯한 고유섭의 자조적인 평가는 조선을 반도로 한정하고, 중국을 대륙으로 확장하여 실체화할 때 이끌어져 나오는 거의 필연적인 귀결이다. 그러한 구도 하에서는 중국은 동아시아의 거대한 제국이고

---

26 일제 강점기의 대표적인 일본인 관학자였던 세키노 타다시의 『조선미술사』도 한사군의 하나인 낙랑군 시대로 시작한다(세키노 타다시 1932). 이 작품에 대해 비판적이었던 고유섭이 그 역사관을 답습하고 있다는 사실은 주목할 만하다.

27 이러한 편견은 2005년 개관 당시 국립중앙박물관의 고고학 연표에도 반영되어 있다. 그 표에 고조선은 보이지 않고 대신 원삼국시대라는 표현이 등장한다. 우리의 역사가 어떠한 역사적 계통이 없이 처음부터 삼국의 개별적인 각개약진으로 전개된 것 같은 그릇된 인상을 주고 있는 것이다. 국립중앙박물관측은 관람객들과 언론의 항의를 받고서야 이를 시정하였다. 우리 시대의 대표적 한국 미술사인 김원용·안휘준의 『한국미술의 역사』에서도 사정은 마찬가지이다. 선사시대가 그 미술사의 1장이고 그 뒤를 고구려, 백제, 신라에 대한 장들이 잇고 있다. 고조선에 대한 언급은 찾아볼 수 없고 위만조선이 한반도 최초의 고대국가로 간주되고 있다(김원용·안휘준 2003, 31쪽).

조선은 기껏해야 변방의 자그마한 나라에 불과하기 때문이다.[28]

고조선과 부여와 고구려와 발해를 무시하고 조선의 역사를 반도로 국한할 역사적 근거가 없는 것과 마찬가지로, 대륙을 중국과 동일시할 역사적 근거도 없다. 고유섭이 중국과 동일시하고 있는 동아시아 대륙은 우리의 옛 이름인 동이(東夷)를 비롯한 동아시아의 여러 세력이 이합집산하며 경합을 벌인 각축장으로 이해해야 한다. 하족(夏族)이라는 정체불명의 소수 종족에서 출발해 현재 56개 민족을 거느리는 대제국으로 성장한 중국이 스스로 중화의 공간으로 규정한 영토 전부가 중국이 이적(夷狄)이라 부른 세력에 의해 정복되어 다스려진 기간은 중국의 역사에서 무려 천여 년이나 된다.[29] 요컨대 하족이 대륙의 진정한 주인이라는 중화사관은 역사적 사실이 아니라 허구적 이데올로기일 뿐이다.[30]

동이의 지리적 기원이기도 한 현재의 요서 지역에서는 중국이 이제껏 자랑해온 황하문명보다 시대적으로 앞서 있는 여러 문명들이 차례로 발굴되고 있으며, 중원 지역에서는 발견되지 않는 북방문화 계통의 빗살무늬토기, 지자문(之字紋)토기, 평저형(平底形)토기, 비파형 동검 등이 출토되고 있다. 고조선을 건국하는 예・맥족계 사람들이 건설한 요하문명은 중국의 중원문명과는 뚜렷이 구별되는 독자적인 문명을 형성하고 있었으며, 이들의 선진문명이 중국의 문명에 영향을 미친 것으로 보인다(우실하 2007, 2, 4부 참조).

그동안 중국의 역사서술의 방향이 포용과 확장이었다면 우리의 역사서술의

---

28 김원용・안휘준은 중국의 미술을 위대한 무대 배우에, 우리의 미술을 수수한 가정부인에 비유하고 있다(김원용・안휘준 2003, 18쪽). 이들이 공저한 『한국미술의 역사』는 친절하게도 그 서론에서부터 한국미술이 “언제나 문화의 선두에 선 중국의 미술”로부터 얼마나 강한 영향을 받았는지를 상술하는 별도의 절을 마련하고 있다(김원용・안휘준 2003, 19쪽).

29 서진(西晉) 이후 수(隋)의 통일까지 약 250년, 요(遼), 금(金), 원(元)이 약 400년, 청(淸)이 약 360년이다. 이성규 2015, 1671쪽 참조. 이 기간 이외에도 중국은 이적들에 의해 시달려 왔다. 예컨대 디 코스모에 의하면 전한(前漢) 초기의 한나라는 사실상 흉노의 조공국이었다(Di Cosmo 2002, 5장). 중국이 순수 한족(漢族)에 의해 유지된 것은 한(漢), 송(宋), 명(明) 정도에 불과하다. 김운회 2006, 1권 41쪽 참조.

30 하족의 정체불명성과 이족의 복잡다기성에 대해서는 다음을 참조. 안호상 1971.

방향은 아쉽게도 배제와 축소였다. 중국이 동북공정이라는 이름하에 고조선과 고구려까지 자신들의 역사에 편입시키려는 왜곡을 감행하고 있는 마당에, 우리는 조선의 강역을 한반도로 축소시키는 자발적 역사왜곡을 고집하고 있는 것은 아닌지 되돌아보아야 한다. 현재의 강역 구분상 중국에 속해 있다는 사실 때문에 요하문명을 중국에 귀속시키는 것은 이러한 전철을 답습하는 것이다. 일제의 식민사관의 잔재인 반도사관을 탈피하여 요하문명에서부터 발해에 이르기까지 역사상 조선의 강역을 대륙으로까지 정당히 확장해 고미술사 연구에 포함시킬 때, 우리는 비로소 고유섭이 부딪쳤던 한계를 극복할 수 있을 것이다. 역사적으로 존재하지도 않는 중국의 그늘에 가려[31] 중국의 미에 대해서는 관대하고 조선의 미에 대해서는 논하는 것조차 꺼리는 것은 일제강점기라는 시대의 어두움을 뚫고 고유섭이 외로이 이룩한 업적을 퇴색시키는 처사이다. 그가 선구적으로 열어 밝힌 조선미술사에 대한 철학적 성격 규명의 작업은 다양한 이질적인 문화들을 창의적으로 융섭하여 뭇 생명이 어우러져 성장하는 길을 모색해야 하는 현재의 우리 상황에도 여전히 빛을 던져주고 있다. 그가 남긴 미완의 작업을 계승해 조선 사유의 진정한 독립을 쟁취하는 것은 우리의 몫으로 남겨진 역사적 과제요 소명이다.

31 우리가 그동안 중국이라 불러온 국가 명칭은 자신들의 나라가 세계의 중심이라는 의미를 내포하고 있다는 점에서 그 이름에서부터 중화적이다. 그들이 그렇게 생각하는 것은 자유이지만 우리가 그러한 생각을 받들어 그들의 나라를 중국이라 부를 필요는 없을 것이다. 1911년 신해혁명으로 손문(孫文)이 중화민국을 수립하기 전까지는 중국이라는 호칭을 공식 국명으로 사용하는 정체(政體)는 그들의 역사에서도 존재하지 않았다. 본래 중국이라는 말은 왕이 도읍하는 곳이라는 의미로* 그들뿐 아니라 우리의 문헌에서도 사용되어 왔다. 중국이라는 명칭으로 그들의 역사적 정체성을 이해하는 순간 우리는 스스로를 주변 오랑캐로 낮추는데 자발적으로 동의하는 셈이다. 중국이라는 명칭 자체가 자국 중심적 세계관을 타민족에게 부과하고 있다는 점을 경계해야 한다. 이승종 2009 참조.

* 司馬遷, 『史記』, 卷1 「五帝本紀」 第1, 帝王所都爲中 故曰中國

9. 궁핍한 시대의 인문학[32]

우리는 다시 우리 시대로 돌아와 이 시대를 성찰해보고자 한다. 우리는 인문학이 급격히 위축되는 시대에 접어들고 있다. 이 과정에서 인문학을 떠받치는 정신이 뿌리째 뽑히고 그 자리에 물질주의와 과학주의가 들어선다. 니체에서 시작해 푸코와 들뢰즈/가타리로 계승되는 유럽의 탈구조주의, 러셀과 카르납에서 시작해 콰인과 처치랜드로 계승되는 영미의 물리주의와 제거주의가 그 대표적인 예이다. 우리 시대는 인문학이 더 이상 미래에 대한 어떠한 비전을 제시하지 못하는 불임의 국면에 접어들었다는 점에서 정신의 모든 등불이 꺼져가는 암흑과 허무의 시대이다.

인문학은 애초부터 물질주의나 과학주의와 양립하기 어렵다. 물질주의와 과학주의는 정신과 역사성을 인정하지 않기 때문이다. 여기서 말하는 정신과 역사성은 다른 것이 아니다. 정신은 역사성을 매개로 통시적으로 이해될 때에만 정신을 모종의 실체로 간주하는 형이상학이나 뇌에서 발현하는 신경현상으로 간주하는 피상적 견해의 오류에서 벗어나 온전히 이해될 수 있으며, 역사성은 역사를 인간 실존의 정신사로 간주할 때 비로소 사회과학이나 실증사학의 오류를 벗어나 온전히 이해될 수 있기 때문이다. 물질주의와 과학주의는 정신과 가치와 의미와 신과 역사에 대한 회의와 부정을 함축한다. 따라서 이들 사조를 따르는 인문학은 필연적으로 회의주의와 허무주의에 빠질 수밖에 없다. 그 과정에서 정신과 가치와 의미와 신과 역사는 물리적 토대로의 귀화나(자연주의) 고사(제거주의)의 양자택일의 기로로 내몰린다.

인문학의 몰락은 가치와 의미의 전도를 수반한다. 인간의 삶과 세상을 두루

---

32 이 절은 나의 『크로스오버 하이데거: 분석적 해석학을 향하여』(서울: 생각의나무, 2010)의 들어가는 말과 9장의 일부에 기초해있다.

생각함을 뜻하는 사유(思惟)가 네이버의 '지식iN'처럼 어느 특정한 세부사항에 대한 도구적 지식에 의해 대체되고, 존재의 체험이 화두였던 존재론이 컴퓨터에서 사용하는 각종 개념에 대한 설명이나 정의의 의미로 전도된다. 삶의 가치와 실존의 틀로 기능하던 신앙이 기적과 신비체험으로 화하고, 신과의 교감을 통한 세상에 대한 깊은 이해를 담아낸 위대한 신화가 호기심과 재미의 읽을거리로 변모한다. 신이 떠난 기술사회에서 신비주의와 신화 관련 서적이 범람하고 있다. 이러한 변화는 기존의 의미를 연관된 새로운 국면에 접맥시키는 긍정적 효과도 있지만, 원래의 의미에 심어진 깊이를 상실한 채 단지 그것을 표피적으로 희화화한다는 점에서 전락에 가깝다.

니체는 이러한 징후에 유럽이라는 이름을 부여했지만 그것은 더이상 유럽만의 문제가 아니다. 그 징후는 전 지구, 생활세계의 구석구석, 심지어 우리의 몸과 마음속까지 빠른 속도로 침투하고 있다. 니체가 초인의 특징으로 찬양했던 망각 역시 철저히 왜곡된 형태로 완성되어 이제는 현재라는 시제와 그 시제를 주도하는 글로벌 스탠더드(global standard) 미국만이 영원히 존재할 것만 같은 착각이 만연되어 있다. 미국이 주도하는 세계화와 뉴미디어가 주도하는 정보화의 종착점은 같다. 세계를 하나의 전 지구적 네트워크로 묶을 때 세계 전체를 몰아세워 모든 존재자를 부품이라는 단일한 방식으로 탈은폐하는 작업은 더욱 체계적이고 효율적인 방식으로 수행될 수 있게 된다. 이러한 작업은 대세(메가트렌드)나 물결(제3의 물결)과 같은 자연의 용어로 수식되어 마치 자연스럽고도 당연한 것인 양 강요되고 있다. 그러나 뉴미디어 기술이 유포하는 이러한 신화의 실상은 기술의 몰아세움을 은폐하고 미화하는 이데올로기임을 잊어서는 안 된다(고현범 2007, 188쪽).

모든 개념과 이해에 왜곡과 착시현상이 범람하는 우리 시대는 그 명칭에서조차 현대라고 불러야 할지 탈현대라고 해야 할지 미정의 상태에 놓여 있다. 이처럼 지상의 인간과 언어는 모두 슈뢰딩거의 고양이와 같은 미결정과 애매성의 연옥에 빠져들고 있다. 이는 전통적 질서와 가치와 의미를 해체함으로써 치르게 되는 대가인지도 모른다. 정신적 가치의 헤게모니는 사라지고 그 자리에 자본이라는 익명의 수학적 물질, 그리고 그것을 구현하는 기술문명과 자유주의 시장경제체제가 들어섰다.

물질주의와 과학주의가 수반하는 허무주의와 망각이 초래하는 위기는 그것의 파괴력이 인간과 자연을 영원한 불임의 상태로 몰아세우고 있다는 점에서 찾아진다. 돌이킬 수 없는 자연의 훼손에 버금가는 근원적인 문제는 사유의 고사이다. 사유는 토착적 환경과 거기에 정주해온 전통과 착근했을 때 비로소 제대로 싹틀 수 있다. 따라서 모든 것이 일원적 질서로 포맷되고 그 이전의 전통이 삭제된 상황에서 사유는 발붙일 곳이 없다. 앞서 살펴본 의미의 전도는 이러한 상황에서 생겨나는 현상이다.

낯선 표현이지만 우리는 사유하는 사람을 사유가라 부를 수 있을 것이다. 그에게 주어진 과제와 운명은 두 가지로 요약된다. 첫째는 그의 앞에서 펼쳐지는 사태의 근원을 소급하여 그 시원에서부터 사유하는 것이다. 둘째는 이를 바탕으로 앞으로 펼쳐질 사태를 맞이할 채비를 그 사유로부터 길어내는 것이다. 전자가 현재를 과거로 소급해낸다는 점에서 역사적 사유라면, 후자는 현재로부터 미래를 투사한다는 점에서 계시적 사유일 것이다. 두 사유는 과거, 현재, 미래를 인과가 아닌 반복에 의해 이어나간다. 인과는 반복의 한 측면이자 미시적 계기일 뿐이다. 그리고 반복은 기계적이고 수동적인 되풀이가 아니라 창의적이고 능동적인 개입을 요하는 현상으로 재해석되어야 한다.

역사가 끝났다는 후쿠야마(Fukuyama 1992)의 주장은 옳다. 그러나 이 말로 그가 의미했듯이 민주주의가 승리해서가 아니다. 민중의 주인 됨이 민주주의를 의미한다면 민주주의는 패배했다. 역사가 끝난 까닭은 역사를 움직이는 근본동력인 반복이 더 이상 작동하지 않기 때문이다. 역사가 끝난 시대에는 모두가 패배자이다. 이 시대의 사람들은 과거를 망각한 채 현재만을 살아야 하는 시지프스의 운명에 처해 있다. 시지프스의 삶은 앞서 말한 역사의 원동력으로서의 반복과는 구별되는 기계적이고 소모적인 되풀이일 뿐이다. 모든 존재자가 소모되는 시지프스의 시대에는 신뿐 아니라 사유가도 추방될 수밖에 없는 운명이다.

사유의 부재는 인문학이 직면한 최고의 위기상황이다. 이 궁핍한 시대의 과거와 현재를 온몸으로 사유한 사유가 하이데거에게서 우리는 더 많이 배우고 더 많은 것을 물어야 한다. 그 까닭은 그의 말처럼 물음이 사유의 경건함이기 때문이다. 존재는 사유를 통해서 사유가에게 말을 건넨다. 그러나 이 시대에 존재는 부품이라는 단일한 종류의 존재자로, 사유는 계산으로, 존재와 사유 사이에 성립했던 동일성의 상호관계는 몰아세움의 일방적 관계로 왜곡되고 있다. 우리는 존재와 사유가 서로를 초과하지 않는 건강한 동근원적 관계가 존재에 대한 사유를 가능케 함을 기억해야 한다. 이것이 우리가 하이데거의 존재 사유에 더욱 귀를 기울이고 그에게 말 건네야 하는 이유이기도 하다. 그 과정에서 멈춰진 역사의 반복운동을 되살려내 역사가 새로이 전개되도록 돕는 것이 우리에게 주어진 사유의 반시대적 과제이다.

인문학은 인간과 그의 삶에 대한 진정한 사유가 존재하는 한 멈출 수 없는 과제이다. 인문학의 주제인 인간의 삶과 세계는 결코 마르지 않는 생생불식(生生不息)의 사태이다. 그럼에도 작금의 인문학이 고사위기에 처한 까닭은 가까이는 그 풍성한 사태성을 단 하나의 방식으로 포맷하는 이 시대의 일차원적 기획에 적절히 대처해지 못했기 때문이며, 멀리는 그 풍성한 사태성의 의미를 그 사태성 자체에 자리매김하는 데 실패했기 때문이다. 전자의 기획은 근대 이래의 유물론적 과학주의가 이끌었고, 후자의 실패는 허무주의의 대두를 초래하였다. 앞서 보았듯이 양자는 동전의 양면과 같이 불가분리의 관계에 놓여 있다. 우리는 지금 약할 대로 약해진 인문학의 조종(弔鐘)소리가 희미하게 들려오는 시대를 건너고 있다. 고유섭은 "종소리는 때리는 자의 힘에 응분하여 울려지나니"라고 말한 바 있다(고유섭 1937a, 185쪽). 우리의 사유가 인문학이라는 종을 더욱 강한 힘으로 때려 사방에 큰 울림으로 메아리치게 할 때 인문학은 부활할 수 있을 것이다.

참고문헌

『康熙字典』.
孔子.『論語』.
金富軾.『三國史記』.
范曄.『後漢書』.
司馬遷.『史記』.
『山海經』.
朱子.『論語集註』.
고유섭. (1932a)「고구려의 미술」, 고유섭 2007a에 재수록.
_____. (1932b)「조선 고미술에 관하여」, 고유섭 2007a에 재수록.
_____. (1934)「우리의 미술과 공예」, 고유섭 2007a에 재수록.
_____. (1935)「미의 시대성과 신시대예술가의 임무」, 고유섭 2013a에 재수록.
_____. (1936a)「고구려의 쌍영총」, 고유섭 2007b에 재수록.
_____. (1936b)「고려도자」, 고유섭 2007b에 재수록.
_____. (1936c)「동양화와 서양화의 구별」, 고유섭 2013a에 재수록.
_____. (1937a)「고대미술연구에서 우리는 무엇을 얻을 것인가」, 고유섭 2013a에 재수록.
_____. (1937b)「형태미의 구성」, 고유섭 2013a에 재수록.
_____. (1938)「아포리스멘(Aphorismen」, 고유섭 2013b에 재수록.
_____. (1940a)「고대인의 미의식」, 고유섭 2007a에 재수록.
_____. (1940b)「조선 미술문화의 몇낱 성격」, 고유섭 2007a에 재수록.
_____. (1940c)「현대미의 특성」, 고유섭 2013a에 재수록.
_____. (1941a)「유어예」(遊於藝), 고유섭 2013a에 재수록.
_____. (1941b)「조선 고대미술의 특색과 그 전승문제」, 고유섭 2007a에 재수록.
_____. (1941c)「조선미술과 불교」, 고유섭 2007a에 재수록.
_____. (1943)「불교미술에 대하여」, 고유섭 2013a에 재수록.
_____. (1966)「조선미술약사」, 고유섭 2007a에 재수록.
_____. (2007a)『우현 고유섭 전집 1: 조선미술사 상』. 서울: 열화당.
_____. (2007b)『우현 고유섭 전집 2: 조선미술사 하』. 서울: 열화당.
_____. (2013a)『우현 고유섭 전집 8: 미학과 미술평론』. 서울: 열화당.
_____. (2013b)『우현 고유섭 전집 9: 수상 기행 일기 시』. 서울: 열화당.
강우방. (2007)『한국미술의 탄생』. 서울: 솔.
권영필 외. (2005)『한국의 미를 다시 읽는다』. 서울: 돌베개.
고현범. (2007)『휴대전화, 철학과 통화하다』. 서울: 책세상.
김병모. (2006)『김병모의 고고학 여행』. 서울: 고래실.
김원용 · 안휘준. (2003)『한국미술의 역사』. 서울: 시공사.

김운회. (2006) 『대쥬신을 찾아서』. 서울: 해냄.
문명대. (1975) 「한국미술사의 특수성격론」, 『문학과 지성』, 20호.
_____. (1978a) 『한국미술사학의 이론과 방법』. 서울: 열화당.
_____. (1978b) 「한국미술사학의 특수성시론」, 문명대 1978a에 수록.
변태섭. (1958) 「한국 고대의 계세(繼世)사상과 조상숭배신앙」, 『역사교육』, 3집.
서울대학교 역사연구소. (편) (2015) 『역사용어사전』. 서울: 서울대학교출판문화원.
서정록. (2001) 『백제금동대향로: 고대 동북아의 정신세계를 찾아서』. 서울: 학고재.
세키노 타다시. (1932) 『조선미술사』. 심우성 옮김. 서울: 동문선, 2003.
안호상. (1971) 『배달 · 동이는 동아문화의 발상지』. 서울: 한뿌리, 2006.
야나기 무네요시. (1920) 「조선의 친구에게 보내는 글」, 야나기 무네요시 1984에 재수록.
_____. (1922) 「조선의 미술」, 야나기 무네요시 1984에 재수록.
_____. (1984) 『조선을 생각한다』. 심우성 옮김. 서울: 학고재, 1996.
우실하. (2007) 『동북공정 너머 요하문명론』. 서울: 소나무.
윤세진. (2005) 「근대 너머에서 근대를 사유하기: 고유섭 연구에 대한 몇 가지 문제제기」, 인하대학교 한국학연구소 2005에 수록.
이성규. (2015) 「중화질서」, 서울대학교 역사연구소 2015에 수록.
이승종. (2009) 「번역의 고고학을 위하여」, 『대동철학』, 49집.
_____. (2010) 『크로스오버 하이데거: 분석적 해석학을 향하여』. 서울: 생각의나무.
이주형. (2005) 「김원용: 미추를 초월한, 미 이전의 세계」, 권영필 외 2005에 수록.
인하대학교 한국학연구소. (엮음) (2005) 『한국 근대 미학과 우현 미학의 현재성』. 인천: 인하대학교 출판부.
정수일. (2001) 『고대문명교류사』. 서울: 사계절.
정형진. (2006) 『천년왕국 수시아나에서 온 환웅』. 서울: 일빛.
조지훈. (1964) 「멋의 연구」, 조지훈 1996에 재수록.
_____. (1996) 『한국학 연구』. 조지훈 전집 제 8권. 서울: 나남출판.
최남선. (1925) 『불함문화론』. 정재승 · 이주현 옮김. 서울: 우리문화역사재단, 2008.
Di Cosmo, N. (2002) *Ancient China and Its Enemies*. Cambridge: Cambridge University Press.
Eckhardt, A. (1929) *Geschichte der koreanischen Kunst*. Leibzig: Karl W. Hiersemann.
Fukuyama, F. (1992) *The End of History and the Last Man*. New York: Free Press.
Heidegger, M. (1935-1936) "Der Ursprung des Kunstwerkes," Heidegger 1950에 재수록.
_____. (1950) *Holzwege*. Frankfurt: Klostermann, 1977.
McCune, E. (1962) *The Arts of Korea*. Vermont: Charles E. Tuttle Company.
Schiller, F. (1794) *Über die ästhetische Erziehung des Menschen in einer Reihe von Briefen*. Schiller 1962에 재수록.
_____. (1962) *Schillers Werke. Nationalausgabe*. Bd. 20. Weimar: H. Böhlaus Nachfolger.

토론[33]

백영서 : 두 가지 질문을 드립니다. 첫째, 풍류의 의미를 좀 더 해명해주었으면 합니다. 둘째, 풍류의 사유는 이승종 교수님이 구분한 역사적 사유와 계시적 사유 중 어느 쪽과 연관되는지 궁금합니다.

이승종 : 고대 동북아의 애니미즘과 샤머니즘의 전통에 한국이 기여한 바가 있음을 알리고자 풍류에 대한 최치원의 언급을 인용하였습니다. 하지만 그는 풍류가 유불도(儒佛道) 3교(敎)를 포함하고 있음을 말하고 있을 뿐 이에 대해 더 이상 상론하지는 않았습니다. 저 풍류의 사유를 계승하고 심화시키는 것은 우리와 같은 후대의 과제입니다. 풍류는 고대의 사유였다는 점에서 역사적 사유입니다만, 그것이 다시금 점화되어 미래로 전승될 때 그것은 계시적 사유로 피어날 수 있을 것입니다. 계시적 사유의 출발은 역사적 사유입니다. 그리고 양자 사이에 우리가 놓여 있는 것입니다.

곽사이항 : 고유섭의 철학은 과학적/계산적 사유의 압제에 대항하는 대륙의 아방가르드 철학과 밀접하게 연관됨을 볼 수 있습니다. 아시아의 문화에서 저러한 유익한 소재를 찾을 수 있다는 점이 놀랍습니다. 그것은 다양한 역사와 공동체의 맥락에서 인류가 처한 전 지구적 위기에 대한 성찰의 가능성과 필연성을 조명하고 있습니다.

그러나 저는 가치에 대한 탐구가 어떻게 예술의 사용에 의해 가능한지 궁금합

33 2018년 1월 13일에 싱가포르 남양이공대에서 있었던 남양이공대 문과대-연세대 문과대 공동학술심포지엄에서의 토론을 옮긴 것이다. 토론 참가자는 다음과 같다. 백영서(연세대 사학과 교수), 곽사이항(郭世恒, 홍콩과학기술대 철학 박사/남양이공대 박사후 펠로우), 크리스토퍼 슐러(Christopher Suhler, 남양이공대 철학과 교수), 안드레스 루코(Andres Luco, 남양이공대 철학과 교수).

니다. 이승종 교수님의 발표에 대한 저의 해석이 옳다면, 이 기획은 예술작품, 존재, 역사성에 대한 하이데거의 성찰과 어우러집니다. 차이가 있다면 고유섭은 하늘과 대지 사이의 관계를 강조하고 있는 반면, 하이데거는 인간이 예술작품을 통해 대지 위에 세계를 건립하는 것으로 이해하고 있다는 점입니다. 이 근소한 차이로부터 저는 고유섭의 철학이 하이데거의 전기와 후기 철학을 연결하는 모종의 가교를 제시하고 있다는 인상을 받았습니다. 한편으로 천계(天界)에 대한 상상의 사용은 인간의 작업을 통한 역사성의 개시를 닮았습니다. 샤머니즘은 순환론적 시간관을 지니고 있기 때문에 그것이 현존재의 결단으로 하여금 죽음의 한계를 넘어서게 하며, 욕동(欲動; conatus) 대신에 환상의 세계로부터 의미를 창조해내는 것 아닐까요? 다른 한편으로 예술과 유희의 사용 역시 인간의 탈중심화와 인간 의지에 대한 재평가(혹은 저평가)를 닮았습니다. 사실 제가 이교수님의 발표로부터 이해한바 '풍류'의 개념은 다양한 문화의 공존을 가능케 하는 탈중심화의 훌륭한 상징입니다. 하이데거는 자신의 철학에서 전회를 이루었는데 '풍류'와 고유섭의 철학이 한편으로는 역사성에 대한 능동적 개시와 가치 탐구, 다른 한편으로는 '무기교' 및 '무계획'과 타자의 수용 사이에 어떻게 가교 역할을 하게 되는지요? 이는 애니미즘과 샤머니즘에 의해 윤곽 잡힌 생활세계 내에서만 가능한지, 아니면 다른 문화도 참조할 수 있는 전 지구적이거나 보편적인 자원일 수 있는지요? 그리고 이는 예술작품을 통해서 성취될 수 있는지요?

이승종 : 한편으로는 전통과 (포스트)모더니티 사이의 통시적 간격을, 다른 한편으로는 과거에는 서로 밀접하게 연관되어 있었지만 이제는 분리되어버린 천지신명(天地神命)이라는 존재의 4방세계(Geviert) 사이의 공시적 간격을 각각 메꾸는 가교 역할을 수행하고 있는 하이데거가 중요한 사유가라는 데 대해 동의합니다. 저는 그의 철학에서 네오샤머니즘의 가능성을 봅니다. 그가 수행하

는 가교의 역할은 고대에 샤먼이 했던 것과 닮았습니다. 절박한 과제이면서도 일방적으로 수행되기 일쑤인 상호문화적 대화를 풍부히 하는데 네오샤머니즘적 소통이 적용될 수 있다고 생각합니다.

크리스토퍼 술러 : 과학주의가 의미와 가치를 침해한다고 보지는 않습니다. 예컨대 창조론자들은 진화론이 인간의 중요성을 경시한다고 비판하지만, 진화론은 이승종 교수님이 인문학의 특징으로 꼽은 역사성을 중시하고 있습니다. 의미와 가치의 위상을 기준으로 가른 과학과 인문학 사이의 구별도 이교수님이 주장한 것만큼 선명하지는 않습니다. 이교수님이 언급한 콰인이나 처치랜드의 자연주의나 물리주의는 과학주의 중에서도 특수한 경우입니다. 이교수님은 의미와 가치의 탐구를 침해하지 않는 과학주의의 길이 있다고 보십니까?

이승종 : 과학 방법론으로서의 과학주의 자체를 비판하려는 것이 아닙니다. 그것이 과학의 경계를 넘어 인문학에까지 군림하려는 경향, 혹은 인식론의 자연화를 주창하는 콰인의 경우처럼 인문학자가 과학주의에 백기를 드는 것을 비판하려는 것입니다. 전자는 인문학자에게 사태 자체를 이해하려면 양자역학을 위시한 과학을 공부해야 한다고 권고하고, 후자는 인식론은 과학의 자기반성과 다르지 않으므로 철학에 특권을 부여할 필요가 없다고 단언합니다. 그 결과 철학을 위시한 인문학 고유의 주제와 분야는 사라지게 됩니다. 인문학에 대한 이러한 진단은 미성숙할뿐더러 인문학의 본질을 놓치고 있습니다.

안드레스 루코 : 과학주의를 신봉하는 학자들이 의미, 가치, 신, 정신성, 역사성을 회의하거나 부정하는 것은 아닙니다. 상당수의 과학주의자들은 이러한 주제들에 대한 신념과 과학주의적 신념을 양립 가능한 것으로 믿고 있습니다. 초자연적인 현상은 인정하지 않지만 자연에 대한 경이감으로부터 자연에 대한 탐구

를 시작한 과학자들도 있습니다. 진화론이나 우주발생론 등 과학의 분야에서는 역사성은 매우 중요하게 취급됩니다. 이처럼 위에 열거한 주제들에 대한 과학주의적인 관심과 접근이 있음에도 불구하고 이승종 교수님은 왜 과학주의자들을 잘못되었다고 보는지요.

이승종 : 그들이 모두 잘못되었다는 게 아닙니다. 저와 함께 연구를 진행해 온 연세대 물리학과 교수님 중에 독실한 기독교인이 계십니다. 그 분은 자신의 학문과 신앙 사이에 아무런 모순이나 불화도 없다고 봅니다. 저는 그 분의 학문과 신앙을 모두 존중합니다. 제가 비판하고자 하는 것은 과학주의가 함축하곤 하는 환원주의입니다. 존재하는 모든 것이 물리적 기반으로 환원 가능하다는 믿음이 그 한 예입니다. 이것조차도 과학의 영역에서라면 문제 삼을 것이 적습니다. 문제는 환원주의를 과학주의자들이 인문학에 적용하거나 인문학자들이 이를 자발적으로 수용할 때 발생하며 저는 이를 비판하려는 것입니다. 환원주의는 빈곤한 인문학이요 그릇된 철학이라는 것입니다.

안드레스 루코 : 그러나 이교수님은 오늘 과학주의가 가치와 의미에 대한 회의와 부정을 초래한다고 말하였습니다.

이승종 : 과학주의가 자신의 영역을 넘어설 때 그런 오류를 범한다는 것입니다. 과학과 인문학은 다르다고 봅니다.

인종, 성, 그리고 개념공학

크리스토퍼 술러(남양이공대)
Christopher Suhler

1. 현대 세계에서 철학은 확실한 지위를 점하고 있는가?

오늘날 학계의 철학은 전세계적으로 중요한 귀로에 서 있다. 갈수록 과학과 기술에 의해 추동 되고 있는 자본주의 제도 아래에서 철학을 전공으로 선택한다는 것은, STEM (물리학, 수학, 공학, 컴퓨터공학 등) 학문 혹은 비즈니스 관련 분야들 (예를 들어, 경제학, 재무, 마케팅, 회계학 등등)을 전공하는 것과 비교해 볼 때, 기껏해야 비실용적인, 최악으로는 무모한 선택으로 비춰질 수 있다. 철학을 전공하고자 하는 학생들은 거의 필연적으로, 친구들, 혹은 걱정하는 친척들로부터 다음과 같거나 비슷한 질문들을 마주하게 된다: "철학은 말이야, 흥미 있게 들리긴 해. 그런데 그걸로 뭘 하려고 그러니?" 이 질문 저변에는 철학 교육은, 공학이나 재무와 같은 분야와 다르게, 배우는 사람들에게 직업을 가지는 데 있어서, 또 현대 세계에서 성공하기 위해서 필요한 현실적이고 실용적인 기술들을 가르치지 못한다는 생각이 깔려 있다.

위와 같은 우려들은 직접적으로는 학교에서 행해지는 철학 교육을 겨냥하고 있지만, 연구 분야로서의 철학에도 비슷하게 적용될 수 있다. 연구 분야로서의 철학 역시, 일반인은 물론이고 다른 분야의 학자들에게마저도 난해한 지적인 퍼즐과 용어의 정의 등에 대해 말다툼- 중요한 학문세계에서 그리고 실용적인 이슈들로부터 유리돼 있는 논쟁-이나 벌이는 분야로 인식될 수 있다.

철학을 가르치고 연구하는 것에 대한 이러한 부정적인 인식들은 단지 때때로 주고 받는 농담의 대상이 되거나 혹은 (역주: 철학전공자들이나 철학자들로부터) 당혹해 하는 표정을 이끌어 내는 데에 그친다면 상대적으로 쉽게 무시해 버릴 수도 있을 것이다. 그러나 이러한 인식들은 오늘날 대학에서 더 나아가 전 사회적으로 철학이 처해 있는 위태로운 지위를 반영하고, 또 촉진한다. 대학들이 예산 부족에 허덕이거나 예산을 줄이려고 할 때, 철학과는 예산감축을 당하거나 심지어 폐지가 되기 쉬운 학과이다. 철학 학위 과정은 실제로 폐지되기 딱 좋은 학과라는 인식이 있는데, 그것은 철학 전공을 통해 배우는 지식과 기술들이 시장에서 팔리지 않는 것들이라고 생각하기 때문이다. 이와 대조적으로 STEM과 비즈니스 관련 학문들은 졸업생들에게 직접적이고 구체적으로 현대의 경제에 초점 맞춘 지식과 기술들-공학 전공자들은 졸업해서 엔지니어가 되고, 회계학 전공자들은 회계사가 되고 등등-을 가르친다고 인식된다. 연구 분야로서의 철학 역시 STEM과 비즈니스 관련 학문들과 달리 산학협력, 고액의 보조금, 상용 기술, 그리고 기타 양으로 환산될 수 있는 가치나 영향력을 가지고 있지 못하다는 인식이 있다. 그리하여 철학은, 어떠한 대학 행정가들도 반색하며 학생 수를 줄이려고 하지는 않겠지만, 만약 비용을 아끼기 위해 어쩔 수 없이 줄여야 된다고 한다면, 자연적으로 고려해 볼 만한 대상이 된다. 말하자면 철학과 같이 비실용적인 분야는 학생들에게나 학교에게나 그다지 투자수익률이 높지 않는 것이다 (e.g., Baggini 2018).

물론, 철학자들은 상황이 위와 같은 전개되는 것에, 그리고 그러한 현상을 촉진하는 철학에 대한 부정적인 묘사들에 대해 무저항적으로 받아 들이지는 않는다. 철학이 "시장성 있는" 기술을 개발 시키지 못한다는 주장에 대해, 그들은 철학 전공자들은 사실 분석적 사고 및 작문 기술처럼 직장에서 매우 가치 있는 기술을 가지고 있다고 항변한다. 이러한 기술들은 예를 들어 항공 우주 공학 졸업생의 기술처럼 특정 경력에 특화된 기술들은 아니지만, 다양한 경력에서 가치를 발하는 일반적인 기술들이라는 것이다. 철학이 현대 사회에서 직업 경력을 쌓는데 적절한 관련성을 지니고 있다는 이러한 주장은 통계에 의해서도 뒷받침 된다. 학사 학위 소지자들의 소득을 비교한 연구에 따르면, 철학 전공 졸업생들이 보다 안전하고 실용적이라고 여겨지는 많은 학과 전공자들에 비해서도 더 좋은 실적을 보이고 있다 (e.g., Chideya 2015).[1]

이러한 방식으로 철학을 변호하는 것은 학문의 가치를 수량화하는 비평가들의 방법을 역으로 이용해, 철학 학위가 사실은 "시장성 있는 기술"과 예상 소득의 기준으로도 취득할 만한 이유가 충분하다는 것을 보여주려는 것이다. 그러나 몇몇 철학 변론자들이 기술하듯이 (e.g., Baggini 2018), 철학을 오직 도구적 가치, 예를 들어 고소득 직업을 가질 수 있는 가능성이라는 관점으로만 변호하려 할 때, 철학의 중요한 가치에 대한 변론을 놓칠 수 있다. 철학의 주요 목적은 질문들을 검토하는 것이다. 그리고 이러한 검토는 질문들이 지니는 실용적이고 경제적인 가치 때문에 중요한 것이 아니다. 예를 들어, 철학은 참과 거짓의 본질, 올바른 정치 시스템을 만드는 방법, 세계와 우리 자신에 대해 우리가 무엇을 진정으로 알 수 있는지에 대한, 그리고 이 외에도 많은 질문들을 검토한다. 이러한 관점에서 철학은 단순히 (혹은 심지어 가장 주된 이유로서) 그것이 우리를 보다 나은 입사 지원자 혹은 직원으로 만들어 주기 때문에 중요한

---

1 해당 데이터는 학사 학위 소지자들만을 비교하고 있고, 철학 학사를 딴 다음에 고수입을 보장하는 대학원, 전문 학위 과정 (예를 들어 로스쿨)까지 마치는 사람들은 포함돼 있지 않다. 따라서 후자의 사람들을 포함함으로써 철학 학위 소지자들의 평균 수입이 더 높아지는 효과는 애초에 배제돼 있다.

것이 아니라, 우리로 하여금 더 나은 사람, 더 나은 사상가, 더 나은 시민으로 만들어주기 때문에 중요하다.

위에서 소개된 철학에 대한 변론은 주로 학위 전공, 특히 학부 수준의 철학 공부가 가지는 가치에 초점이 맞춰져 있다. 그러나 연구 분야로서의 철학은 어떨까? 이 에세이에서 나는 철학이 이 질문에 어떻게 답을 하는 지를 살펴볼 것이다. 먼저 섹션 2에서 철학적 연구가 왜 필요한지에 대한 논증과 철학적 연구에 대한 대안적인 접근 방식들에 대해 살펴볼 것이다. 이러한 논증과 대안들은 각기 저마다의 방식으로 유용한 면이 있다. 그러나 나는 이들이 철학이 사회에 기여할 수 있는 잠재력에 대해 제대로 관심을 두지 않거나 철학을 괴롭히는 지속적인 불일치의 문제를 해결하지 못하는 등 다른 방식으로는 부족하다는 것을 주장하고자 한다. 이는 우리의 주의를 이 논문의 주요 주제로 돌리게 하는데, 그것은 바로 개념공학(conceptual engineering) (e.g., Cappelen 2018)이라고 알려진 최근의 철학적 움직임에 대한 논의로서, 이 개념공학은 철학적 연구의 목적과 방법에 대한 대안적 틀로 부상했다. 섹션 3에서 나는 철학이 오랫동안 관심을 가져온, 개념에 대한 연구를 들여다 볼 것이다. 이는 다음 섹션에서 내가 제시하고자 하는 주장의 배경이 될 것인데, 섹션 4에서 나는 개념공학이 여태껏 행해진 개념에 대한 오랜 철학의 연구와 어떻게 연속적이면서도 동시에 그것과 구별되는지를 논하고자 한다. 섹션 5에서 나는 개념공학이 제시하는 약속들에 대해 논하고 싶다. 구체적으로 개념공학이 어떻게 사회적 개념들, 특히 인종과 성에 적용되는지를 살펴보겠다. 섹션 6에서는 개념공학이 당면한 몇 가지 장애물에 대해 논의하고 싶다. 마지막 섹션 7에서는 철학과 개념공학이 사회에서 인문학이 차지하는 위상과 관련된 폭 넓은 이슈들에 대해 어떻게 조명하고 있는 지를 간단하게 논하고자 한다.

2. 철학적 연구의 방법과 목표

이 섹션에서는 다음 질문에 대한 다양한 대답을 살펴볼 것이다. 섹션 1에서 이미 언급한 이 질문은 바로 "철학적 연구의 지속적인 존재를 정당화하는 이유는 무엇인가"라는 것이다.

이 질문에 대한 한 가지 분명한 해답은 다른 학문 분야들과 마찬가지로 철학 역시 교수(teaching) 및 연구(research)가 서로 밀접하게 얽혀 있다는 것이다. 한 가지 없이 다른 한 가지를 가질 수는 없다. 만약 철학적 연구를 중단한다면, 철학을 가르치는 일은 정체될 것이다. 가르쳐봤자 사상 및 철학적 문제들에 관한 역사에 대해서만 가르칠 수 있지, 그러한 문제들(그리고 오래된 문제를 연구하는 중에 생겨나는 새로운 문제들)에 대해 지속적이며 살아 있는 방식으로 접근하기는 힘들다. 물론 역사에 대해 배우는 것, 특별히 철학사에 대해 배우는 것은 잘못된 것이 아니다. 그러나 단순히 예전 학자들이 제시한 사상을 공부만 하고, 그들의 사상을 바탕으로 새로운 것을 더하지 못한다면 철학은 이전 것의 빛 바랜 모방만 될 것이다. 과연 이런 식으로 실행되고 가르치는 철학이 철학을 커리큘럼에 남겨 두는 것을 정당화하기 위해 종종 언급되는, 위에서 논의된 것 같은 혜택들을 가질 수 있을 지는 의문이다.

철학적 연구의 필요성을 주장할 수 있는 또 다른 논거는 철학자들이 연구하는 이슈들이 실제로 중요하다는 점이다. 비록 그 중요성을 외부인들이 지각하기에는 힘들더라도 말이다. 철학이 그것을 전공하지 않은 비전문가들에게 접근하기 힘든 학문이라는 점은 비단 철학 고유의 문제는 아니다. 대부분의 학문 분야에서 논의의 활기를 불어 넣는 이슈들과 방법들의 세부 사항은 해당 분야에서 훈련을 받거나 지식이 없는 사람들에게는 이해하기 힘들고 중요해 보이지 않을 것이다. 예를 들어 사람들은 물리학과 경제학이 인간탐구의 중요한 분야인 점은 알고 있지만 물리학과 경제학과 관련된 최신 학술 저널의 글들을 읽어보면 무슨 말을 하고 있나 싶을 것이다. 이는 연구분야로서의 물리학이나 경제학을 비판하려는 것은 아니다. 이 분야들을 이해하고 연구를 하기 위해서는 해당 이슈들에 대해 많은 전문 지식을 가져야 하고 이 분야에서 통용되는 많은 도구들 (예를 들어 수학, 공식 모델링)을 가지고 있어야 한다. 같은 비유를 철학에 적용한다면, 대부분의 사람들이 철학적 질문(적어도 그 질문들의 일부)의 중요성을 알고는 있지만—예를 들어, "지식이란 무엇인가?" 혹은 "정의란 무엇인가?"—그러한 주제에 대해 현재 진행되고 있는 학문적 수준의 논의에 대해서는 훨씬 덜 친숙하고, 또 잘 이해하지 못한다. 왜냐하면 그러한 주제들을 조사하는 과정에서 보다 나은 대답을 도출하기 위해 유용하다고 간주되는 다양하고 특별한 개념들과 방법들을 쓰고 있기 때문이다.

철학 연구에 대한 이러한 방식의 변론은 일말의 진실이 있다. 철학을 비판하는 많은 외부인들이 철학이 무엇인지에 대해 부분적이고, 왜곡됐으며, 혹은 아예 완전히 부정확한 개념들에 의존하고 있다. 그러나 이 변론은 철학자들이 아래와 같이 자인하는 사실, 다시 말해 철학자들이 그들 학문 분야의 주요한 질문들 어느 하나에 대해서도 결론을 내릴 수 없다는 사실에 의해서 다소 설득력을 잃는다. 이것은 다음과 같은 이유로 인해 문제적이다. 물리학이나 경제학처럼 과학적 분야의 경우, 중요하고 이론적이고 실제적인 문제들에 대해 답하려 하는 연구자들은 그들의 아이디어와 방법의 실행 가능성을 변호하기 위해 이들 학문 분야들이 지금까지 걸어온 길을 참고할 수 있다. 일반인들이 물리학자들이나 경제학자들이 연구하는 것을 거의 이해하지 못한다고 할지라도, 이들이 이들 분야에서 여태껏 쌓아 온 성공적인 성과들은 무엇이 중요한 이슈이며 어떤 방법을 취해야 하는지 등등에 대한 이 전문가들의 판단을 따를 충분한 이유가 된다. 대조적으로 많은 철학자들은—최근 가장 권위를 인정받는 학자들을 포함해서 (e.g., Chalmers 2015, Lycan 2013, van Inwagen 2008) —철학을 가시적인 진보—적어도 주요한 질문들을 대답하는 데 있어 도출되는 합의라는 측면에서 봤을 때—가 없는 학문으로 보고 있다. 이러한 시각은 철학적 진보라는 주제에 대해 쓰여진 최근의 많은 문헌들에서 보인다. 이 글들은 철학이 그것이 다루는 주요한 이론적 질문들에 대해 진보를 이루지 못한다(혹은 적어도 그렇다고 인식되는)고 하는 것을 논의의 출발점으로 삼고 있다.[2]

진보가 부족하다는 것에 대한 우려는 최근 철학적 방법론에 대해 폭발적으로 관심이 늘어나는 것의 주요 요인이다. 그 대략적인 연유는 다음과 같다. 만약 현재 쓰이고 있는 철학적 방법들 (혹은 적어도 그들 중 일부)이 그들이 다루고 있는 질문들에 대해 답을 주지 못한다면—지금까지 풀리지 않고 있는 질문들이 잘 보여주듯—우리가 밟아야 할 첫 번째 단계는 어떤 방법론이 잘못됐는가를 (그리고 잘못됐다면 왜 잘못됐는가)를 밝히는 것이다. 이처럼 오류가 있는 방법론들을 밝힌 다음에 우리는 이제 이 방법론들을 질문들에 대해 더 나은 대답을 줄 수 있는 방법론으로 대체할 차례라고 여기게 된다.

그러나 이러한 접근법은 문제가 있는데, 왜냐하면 철학자들이 철학적 질문들에 대해서와 마찬가지로 철학적 방법론에 대한 질문들에 대해서도 좀처럼 합의하지 못하고 있기 때문이다. 데일리(Daly)는 새로운 방법론을 고안하면 철학적 불일치를 피할 수 있다고 하는 이러한 생각이 가지는 문제점을 다음과 같이 표현한다.

> 기존의 방법을 대체하거나 보완해 줄 수 있는 '용감하고 새로운 방법'(brave new method)을 고안해 내면 문제가 해결될까? 방법론적 혁신의 가능성은 배제돼서는 안 된다. 그러나 그렇다고 해서 그것이 우리의 철학적 운명에 돌파구를 마련할 것이라는 전망에 지나치게 매달려서는 안 된다……새로운 방법의 타

2 예를 들어 Brennan (2010), Lycan (2013), Chalmers (2015), Daly (2017), Frances (2017), Shand (2017), and Stoljar (2017)를 참고하라.

> 당성, 신뢰성, 그리고 그것이 다른 방법들과 비교할 때 가지는 상대적 지위에 관한 점들은 논의되고 해결될 필요가 있다. 그러나 그럼에도 새로운 방법이 우리가 여태 다뤄 온 방법들에 비해 이러한 이슈들을 보다 잘 다룰 것이라고 생각할 이유는 없다 (Daly 2017, p. 36).

이 단락에서 데일리는 새로 제안된 방법이 오랜 방법들에 비해 덜 논쟁적일까라는 관점으로 문제를 접근하고 있다. 그러나 이를 보다 일반적으로 적용해, 방법론적 논의가 비방법론적 논의와 어떻게 관련되는가라는 관점에서도 살펴볼 수 있다. 일부의 철학적 질문—가령 "지식이란 무엇인가?" 혹은 "정의란 무엇인가?"—에 대한 대답을 강구할 때 철학자들은 해당 질문에 대해 지속되고 있는 불일치의 문제에 당면하게 된다. 그리고 이에 대한 저항을 줄이기 위해 논의의 초점을 방법론으로 옮기고자 하는 유혹을 느낄 수도 있다. 그러나 이러한 희망은 거의 항상 착각임이 드러난다. 방법론적 논쟁은 방법론적 탐구가 돕고자 설계된 원래의 철학적 질문들에 비해 더 논쟁적이지 않을지는 몰라도 그렇다고 덜 논쟁적이지도 않다.

만약 주요한 철학적 질문들을 둘러싸고 당면한 불일치의 문제, 그리고 그러한 질문들을 대답하기 위한 방법론에 대한 불일치의 문제를 해결할 방법이 없다면, 우리에게 어떤 선택권도 남아 있지 않은 것처럼 보일 수도 있다. 그러나 방법을 바꾸는 것 이외에도 가능한 해결책이 있다. 바로 철학의 목표를 바꾸는 것이다. 철학적 방법론에 관한 많은 (그러나 모든 경우는 아닌) 논의에 있어서, 대부분의 토론자는 대체로 목표—예를 들어, "무엇이 도덕적 올바름인가"라는 질문에 대해 답하는 것—에 대해서는 대체적으로 동의하지만 이 질문에 대해 어떤 방법을 써야 하는가에 대해서는 동의하지 않는다. 예를 들어, 많은 철학 분야에서 전개되는 방법론적 논의 중 한 가지는 과학 분야에서 쓰이는 연구 결과와 방법이 철학의 이론화 작업에 어떤 역할을 하는 지에 관한 것이다. 어떤 철학자들은 철학과 과학을 서로 겹치고 깊이 관련돼 있는 학문으로 보는가 하면, 어떤 이들은 철학을 과학과 구별되고 과학으로 대답할 수 없는 방법과 질문을 가지는 자율적인 학문으로 보기도 한다. 그러나—철학에 있어 가장 뜨거운 논쟁 중 하나일 수 있는—이러한 논의는 참석자들이 특정한 철학적 질문에 대답하고자 하는 목표 자체는 공유하고 있다는 사실을 가린다. 논의의 참석자들은 해당 질문을 제기하기 적절한 질문이라고 받아 들이고, 거기에 대한 올바른 답이 있다고 생각한다. 다만 무엇이 올바른 답인지에 대해 그리고 어떤 방법을 써야 그러한 답이 도출되는 것인지에 대해 이견이 있을 뿐이다.

철학적 질문들에 오직 하나의, 보편적으로 옳은 답이 있다는 가정은 철학에 있어 불일치의 문제가 지속되는 핵심 원인이다. 다양한 철학적 이슈들—가령 부르제(Bourget)와 채머스(Chalmers)가 살펴본 (2014) 것 같은—에 있어서 존재하는 불일치는 단지 철학자들이 절반이라도 올바른 답을 도출할 수 없기 때문에 일어나는 것이 아니다. 실제로 그렇다면—가령 철학자들이 두 손 들고 포기한 듯이 "모르겠다"라고 하는 상황—철학적 연구는 정말 구제불능이라는 생각이 들 수도 있다. 그러나 실제로 그렇지 않다. 오히려, 철학적 불일치들은 철학자들이 주어진 질문에 대해 많은 답—각각의 대답이 다 그럴듯하지만 완전히 만족스럽지는 않는—을 제안하기 때문에 일어난다. 철학적 질문들이 하나의, 보편적으로 옳은 답을 가져야 된다는 가정과 어떤 이론이 가장 좋은가라는 질문에 대해 방법론적 고려가 가지는 무능력이 결합해서 풀릴 수 없는 불일치가 발생한다 (Daly 2017).

특정 주제에 대한 철학적 연구의 목표가 하나의, 보편적으로 옳은 대답을 찾는 것이라는 가정이 이처럼 지속적인 불일치의 문제에 기여하는 역할을 고려할 때, 우리는 이제 이 가정 자체에 대해 의문을 지녀야 한다. 철학적 질문에 대한 답은 다원적일 수 있다는 이러한 가능성은 최소한 탐구해 볼 가치는 있다. 그렇지 않으면 철학자들은 해당 질문들에 대해 해결의 가능성 없이 계속해서 더 큰 불일치의 문제에 당면하게 될 것이다. 이제부터 나는 개념공학 운동이라고 하는, 철학에서 새로 나타난 움직임과, 철학의 목표와 방법에 관한 다원주의적 접근의 개념공학적 버전에 대해 기술할 것이다.

3. 개념에 대한 철학적 연구

개념공학 운동을 설명하기 전에 철학이 그 동안 개념에 대해 어떻게 연구를 해 왔는지에 대해 알 필요가 있다. 그러나 그것을 설명하기 전에 먼저 개념이 인식(cognition)과 관련해 수행하는 역할에 대해 조금 설명해야겠다. 대략적으로 말해서, 개념은 존재하는 종류의 것들과 그것들이 지니는 특징에 관한 일반화를 포착하는 정신적 재현이다. 개념을 통해 우리는 물건들을 분류하고 그것들의 특징을 예측할 수 있으며, 그 외에도 여러 가지를 할 수 있다. 개념이 없다면 우리의 정신 세계는 엉망진창이 될 것이다. 개념으로 인해 우리의 정신 세계는 (적어도 일부의) 구조를 갖추게 된다. 개념심리학의 전문가 그레고리 머피 (Gregory Murphy)는 우리의 삶에 개념이 가지는 중심성을 다음과 같이 설명한다.

> 개념은 우리의 정신 세계를 연결시키는 접착제다. 우리가 방에 들어가거나, 새로운 식당을 시도해 보거나, 식료품을 사기 위해 슈퍼마켓에 가거나, 진료를 받거나, 이야기를 읽을 때 우리는 일어나고 있는 일을 이해하기 위해 세상에 대해 정립돼 있는 개념에 의존해야 한다. 우리가 똑같은 토마토를 두 번 먹는 경우는 거의 없으며, 종종 새로운 대상, 사람 및 상황에 접하게 된다. 다행히도, 새로운 것들은 일반적으로 우리가 이미 알고 있는 것들과 유사하며, 종종 우리가 잘 알고 있는 범주에 속한다. 전에 이 특정 토마토를 본 적이 없음에도 불구하고, 아마도 다른 토마토들과 비슷할 것이고, 그래서 먹을 수 있다고 생각한다. 우리가 그 범

주(세계의 사물의 부류)에 해당하는 개념(정신적 표현)을 가지고 있다면, 이 개념은 우리가 그 범주에 속한 새로운 실체를 이해하고 적절하게 대응하는 것을 도울 것이다. 과거의 우리의 경험을 현재의 우리와 세계 사이의 상호 작용에 연결시킨다는 점에서, 또한 개념 자체가 우리의 더 큰 지식 구조와 연결되어 있기 때문에, 개념은 일종의 정신적인 접착제라고 할 수 있다. (Murphy 2002, p. 1)

인식에 있어 개념이 수행하는 역할은 토마토라는 개념에 대한 머피의 설명처럼 일상적인 사물 개념을 빌어 가장 쉽게 설명할 수 있다. 그리고 개념에 대한 심리학 연구의 대부분 역시 단순성을 이유로 일상의 대상개념(예: 의자, 야채, 자동차)에 초점을 맞추고 있다.

그러나 우리가 가지고 있는 개념의 목록들이 일상의 사물들에 국한 되는 것은 아니다. 우리는 가족 개념(어머니, 아버지, 딸, 아들 등)과 직업 역할 개념(회계사, 의사, 택시 운전사, 목수 등)과 같은 사회적 세계를 이해하는 데 도움이 되는 수많은 개념을 가지고 있다. 토마토와 같은 일상적인 사물 개념과 마찬가지로 우리는 이러한 개념을 사용하여 우리가 보는 것들을 범주화하고 그에 따라 우리의 기대와 행동을 맞춰나간다. 또한 우리는 정의, 도덕적 정당성 및 의식의 개념과 같이 보다 추상적인 개념을 가지고 있다. 여기서도 우리는 형사 피고에 대한 유죄 판결이 정당하다거나 정치인의 부패가 부도덕하다고 판단할 때처럼 관련 개념을 사용하여 우리가 당면한 사안을 분류한다.

이러한 배경 설명을 염두에 두면서, 이제 철학적 연구가 개념과 관계를 맺는 구체적 방식에 대해 이야기해보기로 하자. 철학적 연구의 한 중요한 흐름은—특히 서양 철학적 전통에서—개념 분석으로 알려진 방법을 이용한다. 철학자들은 개념 분석 방법을 어떻게 설명할 지에 대한 세부적인 견해에 대해서는 동의하지 않지만, 일반적으로 철학적으로 중요한 현상—정의, 도덕적 정당성, 의식, 지식 등—에 대한 개념을 신중하게 연구함으로써 그러한 현상에 대한 통찰력을 얻을 수 있다고 믿는다. 예를 들어 지식에 대한 개념을 자세히 조사함으로써 지식 자체에 대해 더 잘 이해할 수 있게 된다. 개념에 대한 연구는 전형적으로 개념이 어떤 특정한 경우들에 적용될 수 있는지에 대한 판단을 통해 진행된다. 철학자가 종종 직관이라고 부르는 이러한 사례별 판단은 각각 적절한 분석(또는 이론)이 포착해 낼 필요가 있는 데이터 지점을 구성한다. 퍼스트(Pust)는 철학적 개념 분석에 있어서 사례별 판단이 하는 역할을 다음과 같이 요약하고 있다.

> 현대의 분석 철학은 직관에 기반한다. 직관은 지식, 정당화된 신념, 옳고 그른 행동, 설명, 합리적인 행동, 의도, 의식 그리고 이 외에 수많은 철학적 관심 영역을 분석할 때 주요한 증거 역할을 한다. 해당 관심 영역에 대한 이론이나 분석은 대체로 그것들이 직관적인 판단을 포착 할 수 있는 능력이 있는지 없는지를 토대로 공격받거나 방어된다. (Pust 2001, p. 227)

철학자가 개념 분석을 통해 연구하는 많은 개념들은 규범적 개념(예: 도덕적 정당성, 합리적 행동)이다. 그러나 이들에 대한 개념 분석 방법 자체는 주로 기술적인(descriptive) 프로젝트인데 이는 중요한 사실이다. 내가 말하고자 하는 바는 개념 분석에서 직관은 해당 개념에 대한 적절한 이론/분석으로 설명해 낼 수 있는 고정된 데이터 포인트가 된다는 사실이다. 주어진 개념에 대한 적절한 분석은 그 개념이 어떻게 적용될 지에 대한 우리의 직관과 완전히 일치하는 분석이 되야 할 것이다.[3] 이러한 의미에서, 철학자들이 지식, 도덕적 정직성 등과 같은 철학적 개념들에 대해 시도하는 개념적 분석은 심리학자들이 의자, 야채, 개 같은 일상적인 개념에 대해 수행되는 개념적 분석과, 적어도 원칙적으로는, 크게 다르지 않다: 두 경우 모두, 최종 목표는 우리 판단의 패턴을 이해하고

3 관련 이슈에 대해 더 알고 싶으면 Mizrahi (2015) and Suhler (출간 예정)를 참고하라.

그러한 판단 패턴을 설명하는 이론을 제시하는 것이다.[4]

개념에 대한 서술적 설명은 의심의 여지없이 유용하다. 그러나 그것은 또한 중요한 한계점도 지닌다.

한 가지 중요한 한계는 이전 섹션에서 설명한 철학적 의견 불일치의 문제와 관련이 있다. 기술적 개념 분석에 참여한 철학자들은 일반적으로 주어진 개념에 대해 하나의 올바른 분석이 있다고 가정한다. 그러나 위에서 설명한 것처럼 그들은 올바른 분석 방법이 무엇인지에 대해서는 동의하지 못하는 것처럼 보인다. 예를 들어, 지식이라는 개념에 대해 무수한 분석이 제안되었고, 대부분은 지식으로 간주되는 것에 대한 우리의 판단을 일정 정도 담고 있기는 하지만 어떤 것도 그러한 판단을 전부 포착할 수는 없다 (Weatherson 2003). 지식의 개념을 적절히 분석하려는 시도가 성공하지 못하게 되면서 일부 철학자들은 과연 그러한 분석이 애초에 가능한지에 대해 의문을 표하게 된다 (Williamson 2000, Weatherson 2003). 이는 도덕적 정당성, 인과 관계, 자유 의지, 도덕적 책임감, 인지와 같이 철학의 주요 관심사와 관련된 다른 많은 개념들에 대해서도 마찬가지다. 철학자들이 포착하기를 기대하는 모든 판단/직관을 포착 할 수 있는 분석은 없다. 그러나 이처럼 적절한 서술적 개념 분석을 수행하려는 시도의 실패에도 불구하고, 많은 철학자들은 철학이 진전하기 위한 다른 대안적인 방법이 부족하다고 인식하기 때문에 그러한 분석을 계속 시도하려고 노력하고 있다.

이는 서술적 개념 분석의 두 번째 한계로 이어지는데, 즉, 어떤 개념들에 대해서는 단순히 개념을 서술하는 것만으로는 충분하지 않을 수 있다는 것이다. 앞에서 우리는 개념 분석의 기본 가정이 개념을 연구하면 개념이 추적하는 현

---

4 그러나 철학자들의 방법론이 그들이 연구하고 있는 개념들을 묘사하는 데 적합한지에 대해서는 확실한 답이 없다. Machery (2017, Ch. 7)는 만약 철학자들이 우리가 쓰는 개념들을 보다 서술적으로 분석하려고 한다면 심리학자들이 이용하는 엄격하고 실증적인 방법론을 채택할 필요가 있다고 주장한다.

상에 대한 통찰력을 얻을 수 있다는 것이라고 배웠다. 그러나 만약 개념에 대한 서술로 인해 개념 자체에 결함이 있다는 결론이 도출된다면 어떻게 될까? 예를 들어, 개념은 내부적으로 모순된다든지, 혹은 매우 모호하거나 부정확할 수 있다. 또는 거짓 가정들에 의존하거나 때로는 어떤 사물에 대해서도 제대로 설명해 내지 못할 수도 있다. 또 어떤 개념은 생각과 행동으로 실행할 경우 도덕적/사회적/혹은 기타 다른 방면에서 문제적인 결과로 이어질 수 있다. 그러한 경우, 우리는 이처럼 결함 있는 개념을 계속 사용해서는 안 될 것 같다. 오히려 우리는 그것들을 개선하려고 노력해야 한다. 이처럼 철학자가 개념을 설명할 뿐만 아니라 개념을 수정하고 개선해야 한다는 주장은 개념공학으로 알려진 신흥 철학적 운동에 동기를 부여하고 있다.

4. 개념공학

개념공학 운동은 아주 최근 현상으로서, 이것이 등장한 것은 고작 5년여 전이다. 그러나 개념공학의 지지자들이 강조하듯이, 비록 개념공학이라는 명칭과 철학에 관한 포괄적 접근 방식으로서의 개념공학의 의미는 새로울 지 몰라도, 그것의 기조를 이루는 아이디어, 즉 개념은 결함이 있을 수 있으며 철학자는 그러한 불완전한 개념을 개선해야 한다는 생각은 새로운 것이 아니다. 허먼 캐플런(Herman Cappelen)은 그의 저서 『언어교정: 개념공학에 관한 소고(*Fixing Language: An Essay on Conceptual Engineering*, 2018)』의 두 번째 장에서 20세기 철학의 역사에서 시행된 다양한 철학 기획들을 들여다보고 있는데, 이 기획들은 (프로젝트를 수행하는 철학자를 포함하여) 일반적으로는 서로 무관하다고 여겨지지만, 실제로는 단순히 개념을 설명하기보다는 개념을 개선하려는 의지를 보여준다는 점에서 공통적이다.

왜 그렇다면 지금까지 이러한 기획들이 일관된 프로그램의 일부로 인식되지 않았던 걸까? 주된 이유는 방금 언급했듯이 이 기획들이 서로 이질적인 철학적 주제들을 다루었고 그 주제들에 대한 전문 토론적 맥락에서 발생했다는 점이다. 이와 관련해, 이러한 기획들의 동기와 범위는 철학의 목표와 방법에 대한 일반적인 제안들이라기보다는 특정 주제, 그리고 정신의 본질이나 도덕성의 본질에 대한 논쟁과 같은 특정 논쟁의 변증법적 맥락의 관점에서 모색되는 경향이 있었다. 그럼에도 불구하고 그러한 기획들은 개념공학의 본질적인 특징을 공유하는데, 그것은 그들이 서술적인 개념을 자동적으로 답습하기보다는 그 개념 중 일부가 결함이 있을 수 있으며, 또 그럴 경우 개선되어야 한다고 주장하기 때문이다. 예를 들어, 클락과 채머스(Clark and Chalmers) (1998)는 정신의 개념(그리고 신념, 욕망 등의 정신 상태 개념)을 바꿔서 신체 너머로 확장해야 한다는 제안을 했다. 이를 검토하면서 캐플런은 "클락과 채머스의 목표는 신념에 대한 기존의 개념을 묘사하는 것이 아니라, 우리가 현재 가지고 있는 개념(만약 그것이 그들이 제안한 개념이 아니라고 한다면)을 수정하기를 바란 것"이라고 지적한다 (Cappelen 2018, p. 11).

그렇다면 어떤 개념들이 개념공학에서 다뤄지는 걸까? 대답은 모든 개념들이 개념공학의 후보가 될 수 있다는 것이다. 어떤 개념이든 어떤 면에서는 결함이 있을 수 있고, 따라서 개선될 여지가 있다. 물론 개념공학을 시도할 때 (역주: 대상 개념을 제외한) 대부분의 개념은 고정시킬 필요가 있다. 왜냐하면 우리가 가지고 있는 개념들의 정의를 모두 한꺼번에 바꾸려고 하면, 엄청난 혼란이 있을 것이기 때문이다. 왜냐하면 개념이란, 머피 (2002)의 용어를 빌린다면, 우리의 정신적 삶을 한데 묶는 "접착제"이기 때문이다.

모든 개념이 개념공학의 잠재적 후보자라는 생각은 개념공학 프로젝트의 범위와 야망을 보여주는 점에서 유용하다. 그러나 단순히 모든 개념이 잠재적 후보라고 말하는 것은 의욕 넘치는 개념공학자들로 하여금 그들이 어디에 주의를 기울여야 하는 지를 알게 해 주는 데 도움이 되지 않는다. '개념적 결함(conceptual deficiencies)'이라는 개념이 유용 할 수 있는 이유는 다음과 같은데, 즉, 우리가 찾아야 할 결함을 미리 안다면 개념들을 점검하여 그러한 결함이 있는지 확인할 수 있다. 패트릭 그리너프(Patrick Greenough)는 발생할 수 있는 여러 가지 유형의 개념적 결함에 대해 다음과 같이 설명한다.

> 개념적 결함은 많고 다양하다. 개념(및 용어)은 불완전하거나(오픈텍스트적이거나 'open-textured'), 혼란스럽거나, 만족스럽지 않거나, 모호하거나, 일관적이지 못할 수 있다. 또 너무 포괄적이라든지 좁다든지, 아니면 아예 알멩이가 없을 수도 있다. 그것들은 너무 복잡하거나, 너무 단순할 수도 있고, 어떤 유용한 설명에 적합하지 않을 수 있다. 그들은 대체 될 수 있거나, 오래되거나, 진부하거나, 체계적으로 잘못 적용될 수도 있다. 그들은 너무 편협하고, 너무 엘리트적이거나, 너무 심오할 수도 있다. 그들은 부적절하고, 어감 나쁜 이데올로기로 가득 차 있을 수도 있고, 속임수, 차별 또는 억압을 지속시키는 장치로 쓰일 수도 있다. 하나의 개념은 두 개 이상의 차원에서 결함이 있을 수 있고, 다양한 면에서 손상돼 있을 수 있다. (Greenough m.s., Simion 2018에서 인용, p. 916)

그리너프가 있을 수 있는 개념의 결함을 전부 보여주고자 한 것은 아니다. 그는 오히려 개념이 결함을 가지게 되는 몇 가지 중요한 차원을 예증하고 있다. 개념이 가질 수 있는 가능한 모든 결함을 사전에 특정하는 것은 거의 불가능하다. 이러한 결함들이 또 어떻게 서로 결합할 수 있는 지를 특정하는 것은 더 말할 것도 없다.

이러한 상황을 조금 더 복잡하게 만드는 것은 바로 문맥인데, 아래에서도 설명 하겠지만 개념공학의 가치는 맥락에 매우 민감하다. 이러한 문맥에 대한 민감성은 어떤 개념이 결함이 있는지 아닌지에 대한 판단을 할 때도, 그리고 결함이 발견된 경우 그것을 어떻게 개선해야 할 것인지에 대한 판단을 할 때도 적용된다. 예를 들어, 어떤 개념이 너무 단순하다거나 너무 복잡하다는 판단은 그 개념을 사용하는 집단에 따라 달라질 수 있다. 행성이나 궤도에 대한 일반인들의 개념은 일상적 목적(예를 들어 태양계 모델 또는 계절의 변화를 이해한다는 등의)에 완벽하게 적합할 수 있지만 천체 물리학자에게는 너무 단순하고 부정확 할 수 있다. 반대로, 천체 물리학자의 행성 또는 궤도의 개념은 일반인이 이해하기에는 지나치게 복잡 할 수 있으며 일반인이 만약 그것을 이해한다고 해도 너무 많은 불필요한 세부 사항과 기술적인 지식들을 포함할 수 있다.

이 예시는 개념공학의 또 다른 중요한 특징을 보여준다. 즉, 결함이나 개선이라고 하는 것이 개념을 사용하고자 하는 용도와 관련이 있다는 것이다. 행성과 궤도에 대한 일반인의 개념은 천체 물리학적 맥락에서는 부족한데, 그것은 그러한 일반적 개념이 절대적인 기준에서 정확하지 않거나 엄격하지 않아서가 아니라 천체 물리학을 수행할 정도로는 정확하거나 엄격하지 않기 때문이다. 마찬가지로, 천체 물리학자의 행성 및 궤도에 대한 개념은 절대적으로 복잡하고 단순하기 때문에 결함이 있는 것이 아니라 일상적인 목적에 쓰이기에는 너무 복잡하고 다루기 힘들기 때문에 결함이 있는 것이다.

이러한 맥락적, 목적적 민감성은 개념 공학의 중요한 특징인데, 이를 통해 개념 공학은 철학자들이 자주 빠지고 철학의 유용성을 저해하는 불일치의 문제, 그리고 철학이 실생활에 무관하다는 비판을 피할 수 있는 수단을 제공할 수 있다.

개념공학이 어떻게 철학의 불일치 및 진보의 결핍이라는 문제들을 해결하는 데 도움이 되는지부터 시작해 보자. 섹션 2와 섹션 3에서 본 것처럼, 철학자들의 견해가 계속 분산되며 철학의 논의가 앞으로 나아가지 않는 주된 이유가 철학적 질문들에 대해 보편적으로 정확한 답이 있어야 한다는, 널리 받아들여지고 있는 가정 때문이라는 사실을 떠올려보라. 그러나 개념공학적 접근은 그러한 가정에 의해 발목 잡히지 않는다. 대신 개념공학은 많은 철학적 질문들-가령, 어떤 개념들을 사용해야 하는지에 대한 질문들-이 맥락에 따라 많은 다양한 대답이 있을 수 있다는 것을 명백하게 인정한다. 예를 들어 지식 개념에 대해 우리의 판단과 관행을 모두 포착하는 식의, 단지 한 개의 올바른 분석이 있어야 한다고 가정하기 보다는—이는 수많은 철학자들의 광범위한 노력에도 불구하고 성공하지 못했다 (Williamson 2000, Weatherson 2003)—다른 상황에서 서로 다르게 작동하는 다양한 지식의 개념이 있을 수 있는 것이다. 이는 진실, 인과 관계, 자유 의지, 종(species)과 같은 다른 개념들에 대해서도 마찬가지인데, 철학자들은 이들 개념들 안에 존재하는 상이한 제안들을 조화시키기 위해 많은 논문을 써 왔지만 그리 성공적이지 못했다. 철학자들은, 예를 들어 파핏(Parfit) (2011)이 도덕적 정당성에 대한 개념을 설명하면서 시도한 것과 같이, 가장 성공적인 개념을 찾거나, 혹은 다양한 대안들을 하나의 개념으로 통합하기 위해 많은 에너지를 허비할 수 있다. 개념공학은 이러한 노력을 기울이는 대신 "지식이란 무엇인가?" 그리고 "자유 의지는 무엇인가?"라는 질문들에 대해 복수의 대답들이 있을 수 있다는 것에 대해 전적으로 만족한다. 어떤 개념이 가장 좋은가는 그 개념이 쓰여지는 맥락과 목적에 달려있다.[5]

개념공학이 철학의 불일치성을 줄이는 또 다른 방법은 철학자가 기존 개념들에 종속되는 정도를 줄이는 것이다. 왜 철학자들 사이에 계속적으로 의견 충돌이 일어나는가를 설명하는 한 가지 방식은 철학자들이 분석하려고 하는 개념

5 이는 개념공학이 불일치문제를 완벽하게 제거해 줄 것이라는 것을 의미하지는 않는다. 어떠한 개념이 주어진 개념과 목적에 적합한 지에 대해서 어느 정도의 불일치가 있을 수 있는 가능성은 농후하다—실제로는 거의 확실히 그렇다. 그러나 불일치의 범위가 줄어든다거나 또는 토론 당사자들이 보다 많은 공감대를 가질 수 있게 돼 관련 토론이 적어도 보다 다루기 쉬워지는 점은 있다 (가령, 해당 개념이 지향하는 목적이 가치가 있다는 데 동의를 하면서도 그 목적을 이루는 데 있어 과연 그것이 가장 적합한 개념인가 하는 데는 동의하지 않을 수 있다). 나는 이러한 예를 성이라는 개념을 다루면서 섹션 5에서 논의하고자 한다.

들이 실제로 일관성이 없다는 것이다. 이것은 왜 철학자들이 개념들에 대해 일관된 분석을 내놓지 못하거나 혹은 그 개념들을 이용하는 일관된 이론/판단에 대한 공식을 만들지 못하는지를 깔끔히 설명한다.[6] 설사 우리가 쓰는 개념들이 일관성이 없는 것이 아니라고 할지라도, 세계를 재현하는데 있어서 개념이 가지는 부정확성 혹은 그것이 초래하는 문제적 결과들과 같이 다른 방식으로 문제가 될 수 있는 것이다. 그러한 경우, 충분히 결함이 있다고 생각되는 개념을 그대로 따르는 것은 부적절할 것이다. 대신 우리가 해야 할 일은 이러한 개념을 개선하는 것이다.

철학이 다루는 문제가 배타적이고 협소하다는 비판은 어떠한가? 이에 대해서도, 개념공학은 철학에 대한 이전의 접근 방식에 비해 우리의 삶에 보다 깊고 광범위하게 관여할 수 있는 잠재력이 있다. 이는 앞에서 설명한 것처럼 잠재적으로 모든 개념이 개념공학의 대상이기 때문이다. 개념공학자들은 지식과 인과관계 같은 "전통적" 철학적 개념에만 매달리지 않는다. 이들은 또 철학 학계에서 다뤄지고 제시되는 맥락과 목표 내에서만 개념의 장점과 단점을 평가하지 않는다. 개념공학자들은 과학, 법률, 의학 및 심지어 일상 생활의 맥락에서 쓰이는 개념을 개선하기 위해 노력할 수 있다. 따라서 개념공학이—개념공학 지지자 중 일부가 그렇게 주장한 것처럼(예: Cappelen 2018)—철학의 기본 조직 원리가 된다면, 철학은 더 이상 고립되고 삶과 무관한 학문이 아니라 사실상 모든 인간의 삶과 탐구 영역에 있어 밀접하게 관련된 학문이 될 것이다.

6 예를 들어 van Inwagen (2008, pp. 327-8)는 이것이 자유 의지라는 개념을 둘러싸고 일어나는 문제라고 주장한다.

5. 사회적 개념을 공학하기: 인종과 성의 경우

물론, 개념공학이 모든 것을 할 수 있고 해야 한다고 말하는 것은 쉬운 부분이다. 어려운 부분은 이것이 실제로 어떻게 성취될 수 있는 지에 대해 말하는 것이다. 이 섹션과 다음 섹션에서 나는 불완전한 사회적 개념을 파악하고 개선하는 것과 관련된 기회와 도전에 대해 설명할 것이다.

앞서 논의한 것처럼 잠재적으로 모든 개념이 개념공학의 대상이 될 수 있다. 그러면 우리는 왜 특별히 사회적 개념에 관심을 가져야 하는가? 대답은 사회적 개념이 삶을 정의하는 데 도움을 주는 정체성, 기회, 장벽 등을 형성함으로써 우리의 삶에 특히 큰 영향을 미친다는 것이다. 간단히 말해서, 사회적 개념들은 존재하는 가장 중요한 개념들 중 일부이며, 그래서 그러한 개념들이 결함이 있을 경우에는 잃을 것(도덕적으로나 실질적으로 등)이 많고, 반면 개선이 될 경우에는 얻을 것이 많다.

예를 들어 결혼에 대한 개념을 고려해 보라. 결혼 개념은 많은 사람들의 삶과 정체성, 그리고 그들에게 부여 된 권리와 기회(예: 세금 및 상속 목적에 대한 정부의 인정, 아이를 입양할 수 있는 지의 여부)를 형성하는데 중요한 역할을 한다. 대부분의 인류 역사에서, 그리고 대부분의 사회에서 결혼의 개념은 결혼 당사자들이 서로 다른 성별(즉, 여성-여성 또는 남성-남성이 아닌 남성-여성)을 지녀야 한다는 것이다. 동성 결혼을 반대하는 사람들은 종종 이러한 "전통적" 개념을 가리킴으로써 동성 결혼이 개념적으로 앞뒤가 맞지 않는다고 주장해 왔다. 결혼은 이성 사이에서 이루어 지는 것이 원래 결혼의 개념에 합치된다고 하면서 말이다. 그러나 결혼 개념의 역사에 대한 이러한 주장이 옳다고 인정한다고 해도—나는 여기서 이 문제에 대한 논증을 시도하려 하지는 않을 것이다—개념공학적 관점에서 볼 때는 이 주장은 해결책을 제공해 주지 않는다. 이 "전통적 결혼 개념"은 단순히 결함이 있을 뿐이다. 실제로 이것은 동성 결혼을 옹호하는 사람들이 해 온 주장인데—이들은 철학적 운동으로서 출현한 개념공학보다 오래 전부터 이러한 주장을 했다—다시 말해 결혼의 개념이 동성 조합을 포함하도록 변해야 할 필요가 있다는 것이다.[7]

이 예시는 개념공학의 몇 가지 흥미로운 특징들을 강조하고 있다. 첫 번째는 철학자가 아니어도, 또 철학적 운동으로서의 개념공학에 대해 알지 못한다 할지라도 누구나 개념공학의 실천에 참여할 수 있다는 점이다. 두 번째는 개념공학이 실용적 차원, 즉 수정 제시된 개념을 전파 할 수 있는 구체적인 방법(예: 법적인 변화, 공공 옹호)을 지녀야 한다는 것이다.[8]

그러나 어떤 개념이 개념공학에 적합한 지를 어떻게 결정할 수 있는가? 앞에서 설명한 것처럼 개념이 결함이 있을 수 있는 방식은 다양한데, 이는 결함 있는 개념들을 맥락에 상관 없이 고정된 리스트로 열거할 수는 없다는 것을 논증하는 이론적 포인트이면서도 동시에, 개념공학의 대상이 될 만한 개념을 찾는 것을 더 힘들게 만든다. 여기에서 나는 기존의 사회적 개념에서 우리가 찾아야 할 주요 결함들이 크게 두 가지 주요 유형으로 분류될 수 있다고 제안하고 싶다.

1. 세계를 재현하는 데 있어서의 결함: 해당 개념은 세상이 실제로 어떠한지를 명확하게/정확하게/등등 드러내고 있는가?
2. 세계에 대한 영향에 있어서의 결함: 해당 개념을 사용하는 것이 세계에 부정적인 영향(도덕적, 사회적, 정치적 등)을 미치는가?

---

7 관련 이슈 및 유사한 예를 알고 싶으면 Cappelen (2018, pp. 28-30)을 참고하라.

8 이런 실용적인 차원은 가령, 섹션 6에서 내가 개념공학에 대한 기존의 철학적 접근방식들의 한계점을 논하는 데 있어 중요할 것이다.

이 두 범주가 모든 결합을 포괄할 것이라고 주장하는 것은 아니다. 두 범주 중 어느 부분에도 잘 들어 맞지 않는 개념적 결함이 있을 수 있다. 또한, 이들은 서로 독립적이지 않다. 아래에서 자세히 설명 하겠지만, 첫 번째 유형의 결함은 매우 자주 두 번째 유형의 결함으로 이어진다. 그럼에도 불구하고 그들은 사회적 개념의 결함을 찾는 두 가지 주요 차원을 포착하고 있으며 따라서 개념공학에 적합한 사회적 개념을 식별하게 한다.

이 범주화 방식이 지금까지 많은 철학자들이 수정하고자 시도해 왔던 두 가지 사회적 개념 인종과 성에 어떻게 적용되는지 살펴 보자. 먼저 세계에 대한 재현으로서의 결함을 살펴 보면, 예를 들어 콰메 아피아(Kwame Appiah)(1996)와 같은 철학자들은 일상적으로 통용되는[9] 인종 개념이 그것에 대한 우리의 해석과 상관 없이 현실을 재현하는 데 있어서 형편 없이 실패해 왔다고 주장해 왔다.

> 요점은 이것이다. 관념적으로 이야기해서 이러한 전통들 중 어떠한 것들로부터도 인종 개념을 제대로 파악하기 힘들다. 인종을 지시하는 참조적 개념들 중에서 여러 가능한 후보들을 발견할 수 있을 지 모르지만, 그들 중 어느 것도 우리의 사회적 심리적 삶을 제대로 설명하는 것은 없으며, 미국에서 우리가 "인종들"이라고 부르는 어떤 사회 집단들과도 일치하지 않는다. (Appiah 1996, p.101)

9 인종에 대한 "일상적인 개념"이라고 하는 것은 물론 단순화된 것이다. 왜냐하면 단 하나의 인종 개념이 있기 보다는 보다 국지적인 인종 개념이 많을 것이기 때문이다. 여태껏 많은 논문들이 다뤄왔던 인종 "개념"은 서유럽/미국에서 사용되는 개념에 초점을 맞추고 있다 (가령, Appiah 1996). 그러나 이 "개념"이 가지는 주요 특징들-특히 생물학적 본질주의와 인종 서열에 두고 있는 강조점-은 다른 지역에서 쓰이는 인종 개념들에 대해서도 일반화할 수 있을 것이다.

인종에 관한 일상적인 개념이 현실을 잘 재현하지 못한다는 것은 정확히 어떤 의미일까? 아주 간단히 말하자면 인종 개념을 이루는 두 가지 주요 믿음들, 즉 인종이 생물학적 본질주의적 용어로 기술될 수 있다는 점, 그리고 인종들 간에 지성, 도덕적 인성, 충동 등과 같은 특성에서 체계적인 차이가 있다는 점은 둘 다 인간 차이에 관한 생물학과 인종 불평등의 원인에 대해 우리가 알고 있는 어떤 지식으로도 지지 받지 못한다 (Appiah 1996). 세계에 끼치는 영향이라는 측면에서 인종 개념이 가지는 결함에 대해 살펴보자면, 일상적인 인종 개념—서로 다른 인종들이라고 추정되는 집단간의 본질주의적 차이를 노정하는—은 노예제도, 식민주의, 대량 학살, 인종 분리 등과 같은 모든 종류의 문제 많은 사회 및 정치 기획들에 토대를 제공했다. 간단히 말해서, 일상적인 인종 개념이 없다면 세계가 더 살기 좋은 곳이 될 것이라고 생각할 충분한 이유가 있는 것이다.

성(gender) 개념도 거의 같은 식의 분석이 가능하다. 실제로, 이러한 인종과 성 개념간의 유사성으로 인해 몇 몇 철학자들—샐리 해슬랭어(Sally Haslanger) (2000)가 대표적—은 이 두 개념을 특정 분석적 목적을 위해 평행 범주로 취급하기도 했다. 성(gender)에 대한 그 동안의 상식적인 접근방식은 성이 생물학적 성(sex)과 동일하고, 따라서 체계적으로 다른 특성과 능력을 가진 남성과 여성의 이분법적 범주로 사람들을 분류할 수 있다는 것이다. 그러나 젠더와 섹스를 동일시하는 방식으로는 세계를 재현하려는 시도가 형편 없이 실패할 수 밖에 없다. 예를 들어, 상식적인 젠더 개념을 가지고서는 젠더 정체성이 명확히 이분법이 아닌 단계적(graded)인 본성을 지니고 있다는 것을 설명하지 못하며, 섹스 역시 흔히 주장되듯이 뚜렷하게 이분법적으로 나타나는 것이 아니라는 사실을 설명하지 못한다. 세계에 끼치는 영향의 측면에서 성의 개념이 가지는 결함에 대해 말하자면, 남성과 여성이 체계적으로 다른 특성을 가지고 있다는-그리고 남성적인 특성이 일반적으로 여성의 특성보다 우월하다는—상식적인 가정이 역사상 수많은 사회에서 여성에 대한 수많은 형태의 억압을 초래했다 (권리 및 기회의 거부 등).

이상은 일상적인 인종 및 성 개념들이 가지는 결함에 대한 간략한 개요에 지나지 않지만, 이를 통해 이러한 개념들이 명확하게 결함이 있다는 것을, 그래서 이들이 개념공학의 주요 연구 대상이 되고 있다는 것을 보여 주기를 바란다. 그러나 개념이 어떻게 결함이 있는지 확인하는 것은 어떤 면에서 개념 공학의 쉬운 부분이다. 어려운 부분은 문제 있는 개념을 그렇다면 어떤 새로운 개념으로 대체할 것인지 결정하는 것이다.

일부 철학자들은 결함 있는 개념을 다루는 올바른 방법은 그러한 개념을 개선하는 것이 아니라 철저히 제거하는 것이라고 주장한다. 이러한 관점을 취하는 철학자들을 “제거주의자” (eliminativists)라 부른다. 우리가 이전에 보았던, 일상의 인종 개념이 가지는 결함에 대해 견해를 펼친 아피아는 아마도 일상의 인종 개념에 대해 가장 잘 알려진 제거주의자일 것이다.

원칙적으로 개념공학자들은 제거주의를 배제해서는 안 된다. 제거주의가 적절할 수 있는 한 가지 경우는 개념이 너무 심하게 잘못돼 있어, 개념의 주제를 근본적으로 바꾸지 않고서는 이러한 결함을 해소할 수 있는 방법이 없을 때다 (아래에서 이 점에 대해 다시 설명할 것이다). 제거주의를 선택하는 것을 고려해 볼 수 있는 또 다른 경우는 개념이 결함이 있으면서 더 이상 유용한 기능을 제공하지 않을 때다. 현재 존재하지 않는 과학 이론의 일부로 정의된 개념이 이에 대한 예가 될 수 있다 (예: 지금은 쓰이지 않는 칼로리 열 이론 (caloric theory of heat)의 중심 개념인 칼로리 유체의 개념). 마지막으로 적절한 대체 개념을 설계 할 수 없는 경우에도 제거주의를 선택할 수 있다. 여기서, 제거주의는 개념공학이 실패할 경우에 마지막 보루로 쓰여질 것이다.

개념을 제거하는 것이 선택 가능한 옵션이라고 하더라도, 처음부터 쓰여서는 안 될 것이다. 여기서 우리는 개념공학의 실용적인 측면을 들여다보게 되는데, 이러한 실용적인 측면은 개념공학 운동의 이론적 측면에 비해 덜 연구돼 있는 영역이다. 개념공학의 실용적인 차원은 인종 및 성별과 같은 사회적 개념의 경우에 특히 명확하게 살펴볼 수 있다. 인종 개념의 결함을 해결하는 장기적인 접근 방식으로서 인종 개념을 아예 제거하는 것이 가지는 장점이 무엇이든 간에—그리고 인종 개념이 전혀 없으면 세계가 보다 나아질 것이라는 아피아(1996)의 주장이 맞을 수도 있겠지만—제거주의는 실제적으로 취할 수 있는 현실적인 선택이 아니다. 인종 개념은 우리의 언어, 생각, 정체성 및 제도들에 너무 깊이 뿌리내리고 있어서 이 개념을 제거하는 것은 수세기 내에 이룰 수 있는 목표가 아니다. 그래서 아피아의 주장과 대조적으로 우리의 중단기적 목표는 인종 개념을 완전히 제거하는 것이 아니라 그것을 개선하는 데 두어져야 한다. 성 개념에 대해서도 같은 주장을 할 수 있다. 비록 오랫동안 우리는 성(gender)의 개념을 제거하려고 노력했지만 (일부 이론가들이 "degendering" 사회에 대한 논의에서 제시했듯이), 중단기적으로는 이 개념을 개선하는 데 목표를 두어야 한다.

따라서 인종과 성의 개념들과 관련하여 수행할 수 있는 적절한 기획은 제거주의가 아니라 오히려 그 개념들이 지닌 결함을 수정하는 새로운 개념들을 제안하고 실행하는 것이다. 그러나 그러한 기획을 수행하는 것 역시 어려움이 없지 않을 것이다. 그 중 한 가지 어려움은 개념 수정 작업에 임할 때 어떠한 목표를 가져야 하는 지를 결정하는 데 있다. 예를 들어, 해슬랭어(2000)는 사회 정의의 목표를 추구하는 데 있어 더 나은 인종 및 성별 개념들을 제안한다. 이와 더불어 해슬랭어는 그녀가 제안한 새로운 개념들을 통해 기존의 인종과 성 개념들에 깊이 뿌리 박혀 있고, 또 그러한 개념들에 힘입어 생명을 연명해 온 종속과 특권의 제도들을 조명하고 있다. 그러나 해슬랭어는 그녀가 제안한 개념들이 인종 및 성별 개념들을 향상시키는 유일한 개념들은 아니라는 점과, 목적에 따라 다른 새로운 개념들도 사용될 수 있다는 점을 분명히 하고 있다(Haslanger 2000, p.33).

이러한 다원적 입장은 앞에서 논의 된 이유들로 인해 개념공학적 접근법이 가지는 중요한 장점이다. 서로 다른 상황과 목표에 대해 서로 다른 개념 분석을 허용함으로써, 단지 하나의 "옳은" 버전의 개념만이 존재한다고 가정하는 전통적인 철학에서 일어났던 불일치의 문제를 줄일 수 있다. 그러나 개념 공학이 불일치를 완전히 제거하지는 않는다. 가장 극명한 예로, 우리는 특정 개념을 바꾸고자 하는 목표와 그것의 정당성에 대해 서로 다른 의견을 가질 수 있다. 그리고 비록 목표가 정당하다는 것에 동의한다고 하더라도 새로 제안된 개념이 실제로 이러한 목표를 달성하는 최선의 방법인지 여부에 대해서 의문을 표할 수 있다. 예를 들어, 캐서린 젠킨스(Katharine Jenkins, 2016)는 해슬랭어(2000)가 디자인한 성 개념이 비록 불의와 싸우는 데 있어 유용하다는 점은 인정하지만, 트랜스 여성을 소외 시키기 때문에 문제가 있다고 주장한다. 나아가서 젠킨스는 해슬랭어의 성 개념만을 취하기 보다는 다양한 성의 차원들을 포착하기 위해 복수의 성 개념을 취해야 한다고 주장한다.

6. 사회적 개념 공학의 도전과 기회

해슬랭어와 젠킨스 사이에 펼쳐진 담론은 어떤 의미에서 성공적인 개념공학의 모델이라고 할 수 있다. 개념들이 어떻게 결함이 있고 또 그것들을 어떻게 개선할 수 있는지에 대해 생산적 담론을 창출할 수 있음을 보여주기 때문이다. 그러나 또 다른 의미에서는 개념공학이 목표를 달성하기 위해서, 보다 구체적으로 개념 공학이 학계 철학의 맥락에서 직면하고 있는 장애물을 극복하기 위해서 얼마나 먼 길을 가야 하는 지에 대한 사례도 된다.

해슬랭어와 젠킨스와 같은 철학자들은 성(gender)과 같은 사회적 개념을 어떻게 개념공학화 할 것인가에 대한 이론화 작업만 하는 것이 아니라 실제로 그러한 사회적 개념에 대한 개념공학 작업도 수행하고 있다. 그러나 사실 이 두 가지 활동은 서로 뚜렷이 구별된다. 절대 다수의 경우, 개념에 대한 학문적 이론화는 사회적 개념의 일상적 사용이나 내용을 변화시키는 데 아무런 도움이 되지 않는다. 그것은 학술 토론에 영향을 미칠 수 있으며 심지어 그러한 개념을 학문적으로 사용하는 데도 영향을 줄 수 있지만, 단지 그 뿐이다. 이 이론화 작업의 제한된 범위는 개념공학 기획의 대상이 철학자 또는 일부 다른 학문적 전문가 그룹에만 사용되는 기술적 개념이라면 받아들일 수 있을지 모른다. 그러나 사회적 개념의 경우, 이러한 제한된 영향력은 심각한 문제가 된다. 앞에서 설명한 바와 같이 부족한 사회적 개념을 수정하는 것은 중요한데, 왜냐하면 이러한 사회적 개념은 매우 광범위한 용법과 결과를 가지기 때문이다. 인종과 성 같은 개념들은 전 세계 수십억 명의 사람들에 의해 사용되고 또 그들의 삶에 영향을 준다. 학술의 장에서 이러한 개념들을 이론화하는 것은 학계 바깥의 보다 넓은 세상에서 이러한 개념들이 실제로 어떻게 사용되고 있는지에 대해 사실상 아무 역할도 하지 못한다. 캐플런은 개념 변화에 대한 철학적 이론화와 실제로 개념 변화를 가져 오는 것 사이의 이러한 격차를 다음과 같이 설명한다.

> [그의 저서]의 제1부에서 언급된 종류의 개념공학자들은 지적인 지형도에서 보자면 가운데 낀 자리를 점유하는 경향이 있다. 그들은 부분적으로는 이론가로서, 개념공학을 묘사하고 특정 개념들-인종, 성, 진리, 자유, 신념 등-이 어떻게 개선돼야 하는 지에 대해 긍정적이고 구체적인 제안들을 하는 것을 목표로 삼는다. 동시에 그들은 스스로를 그러한 과정에 공헌을 하는 사람들로 간주한다. 다시 말해 그들은 스스로를 단순히 이론가만이 아니고 활동가로 여긴다. 이처럼 이론가와 활동가 사이에 낀 사람들에게, 이 두 역할을 통합할 수 있다는 것은 구미가 당기는 발상이다. 한 마디로 이론화 작업이 행동주의의 중요한 일부가 될 수 있다는 것이다. 그렇게 되면 삶도 한결 편해 질 것이다. 논문, 책, 블로그 포

> 스트, 세미나 토론 등이 개념공학(단순히 개념공학의 이론화 작업만이 아닌)에 기여할 것이다. 그러나, 내 예상이 맞는다면 이러한 생각은 환상에 지나지 않는다. 특정 개념 변화에 대한 논쟁을 제시하는 것이 개념 변화에 미치는 영향은 볼티모어의 범죄율을 낮출 수 있는 방법에 대해 프리젠테이션을 하는 것이 볼티모어의 실제 범죄율에 미치는 영향보다 크지 않다. 두 경우 모두 아무런 효과가 없다. (Cappelen 2018, pp. 59-60)

이는 우리의 주의를 다시 이 논문의 서두에서 소개된 철학적 연구에 대한 우려로 돌린다. 크게 두 가지 우려가 있었던 것을 기억해보라. 그것은 첫째, 주요 철학적 질문에 대해 철학자들이 지속적으로 의견의 불일치를 겪고 있는 문제와 둘째, 철학이 "현실 세계"에 미치는 영향력의 부족이다. 우리는 개념공학이 첫 번째 우려에 대해 어떤 해결책을 제시하는 지 살펴봤다. 개념공학의 틀은 하나의 보편적인 답을 찾는 대신, 다양한 맥락에서 서로 다른 목표에 따라 다른 대답이 가능하다는 점에 대해 열려 있다. 그러나 우리는 또한 개념공학이, 비록 사회적 개념과 그 효과에 대해 보다 명백한 관심을 지니고 있음에도 불구하고, 위에 언급된 두 번째 우려에 해당하는 문제, 즉 여전히 학계라고 하는 소그룹(academic bubble) 내에 머무르며 실생활에 영향을 미치지 못하는 채로 철학을 하고 있는 상황을 목도하고 있다.

이와 관련해 나는 이제부터 개념공학 연구에서 상대적으로 충분히 검토되지 않은 이슈에 대해 살펴보고자 한다. 그것은 바로 대체 개념을 개발하고 평가하는 데 있어서 실행 제한 요인들이 갖는 중요성이다. 개념을 얼마나 손볼 필요가 있는 지에 대한 논의는 개념에 있어 주제의 연속성이 지니는 정도에 따라 제한을 받는다(예: Simion 2017; Cappelen 2018 Chs. 9-11; Haslanger 2000). 이러한 논의는 수정 개념이 기존의 (결함이 있는) 개념에서 벗어날 수 있는 정도가 주제의 연속성이 유지되는지 여부에 따라 주로 제한된다는 것을 가정한다. 다시 말해 만약 "수정된" 개념이 기존 개념의 내용에서 너무 멀리 벗어나면 그것은 수정된 개념이 되기를 멈추고, 대신 완전히 새로운 개념이 된다는 것이다. 예를 들어 만약 내가 구두라는 개념을 의식이라는 개념의 "수정된" 버전이라고 제안하려 한다면 이러한 시도는 분명 주제의 연속성이라는 면에서 실패할 것이다. 구두라는 개념은 의식이라는 개념과 너무 다르므로 의식이라는 개념의 수정된 버전이 될 수 없다. 오히려 그것은 그저 다른 개념인 것이다.

주제의 연속성은 개념공학의 중요한 제약 요인으로서 이는 철학적 관심을 끌만한 이슈다. 그러나 이러한 제약에 대한 관심은 좀 더 평범한—그렇지만 내가 믿기에는 더 중요한—제약에 대한 관심을 희생시킴으로써 얻어졌는데, 그것은 과연 제안된 수정 개념이 실행될 수 있는지, 그리고 실행되면 어떻게 실행될 수 있는지에 대한 관심이다. 이 문제를 설명하는 한 가지 방식에 대해서는 위에서 캐플런이 이미 기술한 바 있다. 개념공학에 대한 이론화가 실제로 개념공학을 하는 것과 같은 것이라고 가정함으로써, 철학자들은 실행에 관한 문제를 깡그리 무시했다. 그들은 사실상 책이나 학술논문에서 연속성 제약 조건을 충족시키는 수정된 개념을 제안하면 거의 모든 것이 다 된 것이라고 가정한다. 그러나 수정 제안된 개념이 연속성을 가진다고 해서 반드시 일반 대중에 의해 채택되는 것은 아니다. 학술지의 편집위원들과 심판들의 평가를 통과해 출판될 수 있을 정도로 충분히 복잡하고 상세하며 이론적으로 기초가 잘 놓여진 등등의 개념이라고 하더라도, 학자가 아닌 일반인들에게는 이해하기 너무 복잡할 수도 있다는 것-인종과 성이라는 사회적 개념이 수십억의 사람들에 의해 사용된다는 사실을 기억하라-은 완전히 가능한 일이다. 이해하기도 복잡한데 하물며 그것을 채택하려 하겠는가? 예를 들어, 해슬랭어가 제안한 여성이라는 개념의 수정 개념 (그녀는 남자라는 개념에 대해서도 병렬적인 개념을 제안했다)을 살펴보도록 하자.

i) S는 번식에 있어서 여성의 생물학적 역할의 증거라고 여겨지는, 특정한 신체 특징을 가지고 있다고 정기적으로 그리고 대개 관찰되거나 상상된다.

ii) S가 이러한 특성들을 가지고 있다는 것이 S로 하여금 S가 속한 사회의 지배적인 이데올로기 내에서 사실상 종속적인, 특정한 종류의 사회적 지위를 점유해야 하는 사람으로 위치시킨다 (그래서 S로 하여금 그러한 지위를 점유하도록 동기를 부여하고 정당화한다).

iii) S가 (i)와 (ii)를 만족시킨다는 사실은 S의 체계적인 종속 상태에 일정 역할을 한다. S의 사회적 지위가 억압적이고 S가 (i)와 (ii)를 만족시킨다는 사실은 종속의 차원에 있어 일정 역할을 한다. (Haslanger 2000, p.42)

성(gender)과 사회 정의(social justice) 문제에 관심이 있는 학계 철학자들에게는, 여성이라는 개념에 대한 이러한 수정적인 이해가 매우 그럴 듯하고 흥미롭다. 그러나 사회 전반적인 차원에서 여성 개념을 어떻게 수정할 지에 대한 제안으로는 훨씬 덜 그럴 듯하다. 또한 대중이 널리 이것을 받아들이기에는 너무 복잡하고, 또 이론으로 가득 차 있다. 이 새로운 여성 개념이 그저 형편 없는 것일 뿐이다라고 말하려는 것은 아니다. 비전문가들에게 널리 받아들여지기에는 과도한 복잡성과 과중한 이론적 수하물이라고 하는 것이 학계 철학의 맥락에서는 완벽하게 정상적이고 심지어는 필요한 일일지도 모른다. (궤도와 행성에 대해 일반인들과 천체물리학자들이 사용하는 개념의 차이를 가지고 비유를 들었던 것을 떠올려보라)

실행 제한에 대한 이러한 논의를 통해 우리는 또한 주제의 연속성을 유지해야 하는 이유를 다른 방식으로 이해할 수 있다. 연속성 제약에 대한 논의는 보통 연속성 제약을 형이상학적 또는 인식론적 제한으로 간주한다 (Simion 2017을 참조하라). 그러나 지금의 관점에서 볼 때 연속성은 무엇보다도 실행 수준의 제약으로 볼 수 있다. 만약 새로 제안된 개념이 그것이 대체하려는 개념과 너무 다르다면, 실용적인 관점에서 그것이 널리 채택 될 가능성은 낮다. 새로운 제안이 우리가 가지고 있는 개념들의 목록을 너무 급격하게 변경하려 한다면, 대부분의 사람들은—정당하든 그렇지 않든—그것을 분명히 잘못됐거나 관련성이 없는 것으로 간주해 무시해 버릴 것이다.

요컨대, 나는 개념공학에 대한 제약 요인으로서 실행이라는 이슈에 대해 더 많은 관심을 기울일 필요가 있다고 제안한다. 좀 더 구체적으로 말하자면, 나는 사회적 개념을 개정하려고 하는 학자들로서 우리가 주의해야 할 실행 제약으로 크게 두 가지가 있음을 제안하고 싶다. 이러한 제약 요인과, 또 우리가 그것들을 적용하려고 할 때 제기해야 하는 질문들의 예시는 다음과 같다.

1. 복잡성: 해당 개념이 얼마나 복잡한가? 그것을 파악하고 실행하는 데 있어서 얼마나 많은 배경 이론적 지식과 교육 등이 필요한가?
2. 급진주의: 새로 제안 된 개념은 현재 개념이 쓰이는 용도에서 얼마나 멀어져 있나 (how far removed)? 현재 일반인들이 가지고 있는 개념들의 목록과 이론적 배경을 고려할 때 일반인들이 새로운 개념을 인지할 가능성이 있는가? 그리고 이전 개념에서 새로운 개념으로 옮겨갈 때, 사람들이나 집단이 가치를 부여하는 정체성과 같은 무언가가 상실될 수 있는가?

이러한 실행 제약 조건에 대해 민감하다는 것은 어떤 것일까? 정확한 세부사항은 상황에 따라 달라질 수 있지만 몇 가지 일반적인 사항에 대해 이야기해 볼 수 있다.

하나는 이 접근법에 따르면 개념공학은 점진적인 작업이 될 가능성이 크다. 개념을 극적으로 한번에 개선하기 보다는 많은 작은 단계를 거치며 각 단계에서 특정 개념(예: 인종)을 조금씩 고쳐나가는 것이다. 급진적인 개념 변화도 여전히 가능하지만 그렇다고 하더라도 그것은 한 순간에 달성되기 보다 오랜 시간 동안 많은 작은 변화가 누적된 결과가 될 것이다.

이것은 우리가 실제로 개념 개정을 제안하는 방법에 대해 영향을 미친다. 앞에서 설명한 것처럼 개념공학 전통에서 행해지는 많은 작업들의 핵심 단점은 개념 공학에 대한 이론화 작업을 실제 개념 공학 수행 작업과 구분하려 하지 않는 것이다. 실행 문제를 개념 수정 방법에 대한 이론화 과정의 일부로 삼게 될 때, 이 이론과 실제 변화 사이의 격차는 개념공학 과정의 가장 중요한 문제로 부상한다. 급진적인 개념 변화를 위한 이론적 제안을 할 때, 이러한 변화가 어떻게 실행될 수 있는지에 대한 논의가 수반되어야 한다. 구체적으로 이것을 어떻게 할 수 있을 지에 대한 예로서, 바로 앞에서 제시된 것처럼, 개념 수정을 할 때 이상적인 대상 개념뿐만 아니라 가교 개념(bridging concepts)이라고 하는 여러 가지 중간 단계의 개념을 설정하는 것이다. 그래서 기존의 (결함이 있는) 개념, 예를 들어 인종이나 성에서 수정 개념으로 전환하는 데 있어 그것들을 이용하는 것이다.

이를 위해 철학자들은 개념과 관련된 심리학에 대해 잘 알고 있어야 할 것이다.[10] 그들은 현재의 개념이 무엇인지를 자세히 알아야 할 필요가 있고, 그래서 그것이 부족한 점을 이해하고 어떤 종류의 변화가 가능할 지에 대해 평가할 수 있어야 한다 (유사한 지적에 대해서는 Machery 2017, Ch.7 참조). 이와 더불어 철학자들은 개념의 구조에 대한 심리적 이해 역시 가지고 있어야 하고, 개념 변화가 어떻게 일어나는 지를 알고 있어야 한다. 그래서 사람들이 제안된 수정 개념들, 그리고 그것들을 동반하는 가교 개념들을, 쉽게 받아들일 수 있도록 해야 한다. 예를 들어 개념을 연구하는 철학자들은 개념들이 그것들의 응용에 필요하고 충분한 정의들로 구성되어 있다고 오랫동안 가정 해왔다 (예:

10 이 부분이 내가 Cappelen (2018)의 견해와 동의하지 않는 지점이다. Cappelen은 개념공학이 심리적 수준에서 우리가 쓰는 개념들이 무엇인지에 대한 논의는 우회할 수 있다고 믿는다.

Haslanger 2000, Jenkins 2016). 그러나 실제로 이러한 견해는 실험 심리학에 의해 보편적으로 거부되었다. 철학적 가정과 심리적 현실 사이의 이러한 격차는 개념과 관련되는 철학적 기획이 직면한 많은 어려움을 설명하는 데 도움이 된다.[11]

내가 이 글에서 제안한 것 중 어떤 것도 개념공학을 쉽게 만들어주지는 못한다. 오히려 이미 어려운 기획에 더 많은 요구 사항과 복잡성을 추가한 셈이다. 그러나 실행이 개념공학의 핵심 관심사라고 하는 나의 제안이, 개념공학이 종종 철학의 성격을 결정 짓는 우려, 즉 철학이 고립된 학문적 이론화 경향으로 재차 빠져들 것이라는 우려를 해결하는 데 도움이 될 것이라고 믿는다.

7. 사회의 인문학에 대한 결론적 생각

사회에서 인문학이 처한 위치에 관한 좀 더 일반적인 논평으로 에세이를 마무리하고자 한다. 이 글에서 나는 내 전공인 철학의 관점에서 논의의 틀을 잡았지만, 그러한 논의에 동기를 부여한 많은 이슈들은 다른 인문학 분야에도 동일하게 적용된다. 철학은 과학과 같은 다른 비 인문학 분야와 비교할 때 그 교육과 연구에 있어 모두 부적합하고 비실용적이라고 인식되는 유일한 인문학 분야가 아니다. 여기에 큰 아이러니가 있다. 인문학 분야는 다양한 측면에서 볼 때 많은 사람들이 일상적으로 관여하는 아이디어, 문화 상품 등을 가장 직접적으로 다루는 분야다. 그럼에도 불구하고 인문학은 가장 관련성이 낮고 비실용적인 학문영역으로 간주된다. 이는 특히 과학과 비교하면 더욱 그러한데, 과학은 사실 그것이 다루는 연구의 대상이 사람들의 일상적인 경험에서 훨씬 더 멀리

11 관련 이슈에 대해 더 알고 싶으면 Suhler (출간 예정) and Machery (2017, Ch. 7)를 참고하라.

떨어져 있다.

이러한 어려움을 해결하는 한 가지 방법은 인문학을 STEM 및 비즈니스 분야와 보다 밀접하게 통합하는 것이다. 의료 인문학처럼 새로 성장하는 분야가 보여주듯, 그러한 학제 간 연구를 통해 얻을 수 있는 것이 많다. 그러나 동시에 우리는 인문학의 가치를 비 인문학 분야와의 관련성으로만 재단하는 것에 대해서는 조심해야 한다. 마찬가지로, 과학에서 통계적, 실험적 방법을 가져와 인문학에서 다루는 문제에 적용할 때 상당한 진전을 거둘 수 있지만, 이런 시도를 하는 기획만이 유일하게 가치 있는 인문학 기획은 아니다. 간단히 말해서, 인문학과 다른 학문 분야 간 접촉이 늘어나는 것은 일반적으로 바람직하지만, 단지 인문학을 "과학화"하는 것만이 인문학을 사회와 보다 연관성 있는 학문으로 만드는 유일한 방법은 아니다. 오히려 인문학은 그것이 가지는 아이디어와 가치에 대해 계속 집중해야 한다. 변해야 하는 부분이 있다면, 이 에세이에서 내가 제시한 것처럼, 인문학 분야의 학자들이 아이디어와 가치를 어떻게 바꿀 것인가에 대해 제안을 할 때, 그러한 제안들이 그 아이디어와 가치가 출현한 사회적 맥락으로 어떻게 다시 되돌려 질 수 있는지에 대해 더 세심하게 주의를 기울여야 된다는 것이다. 이렇게 함으로써 우리는 인문학이 단지 학계에 갇혀 있지 않고, 사회에서 오래 지속되는 위치를 보장받는 것을 도울 수 있을 것이다.

번역: 문광립 (연세대학교 영어영문학과 대학원 박사과정)

참고문헌

Appiah, Kwame Anthony (1996). Race, culture, identity: misunderstood connections. In Peterson, Grethe B., *The Tanner Lectures on Human Values XVII*. University of Utah Press, 51–136.

Baggini, J. (2018, Dec. 21). If universities sacrifice philosophy on the altar of profit, what's next? *The Guardian*. Retrieved from: https://www.theguardian.com/commentisfree/2018/dec/21/universities-philosophy-profit-business-partners

Bourget, D., & Chalmers, D. J. (2014). What do philosophers believe? *Philosophical Studies*, 170(3), 465–500.

Brennan, J. (2010). Scepticism about Philosophy. *Ratio*, 23(1), 1–16.

Cappelen, H. (2018). *Fixing Language: An Essay on Conceptual Engineering*. Oxford: Oxford University Press.

Chalmers, D. J. (2015). Why Isn't There More Progress in Philosophy? *Philosophy, 90*(1), 3–31.

Chideya, F. (2015, Nov. 11). Philosophers Don't Get Much Respect, But Their Earnings Don't Suck. *FiveThirtyEight*. Retrieved from: https://fivethirtyeight.com/features/philosophers-dont-get-much-respect-but-their-earnings-dont-suck/

Clark, A., & Chalmers, D. (1998). The Extended Mind. *Analysis, 58*(1), 7–19.

Daly, C. (2017). Persistent Philosophical Disagreement. *Proceedings of the Aristotelian Society, 117*(1), 23–40.

Frances, B. (2017). Extensive Philosophical Agreement and Progress. *Metaphilosophy*, 48(1–2), 47–57.

Greenough, P. (m.s.). *Against Conceptual Engineering*.

Haslanger, Sally (2000). Gender and race: (what) are they? (what) do we want them to be? *Noûs* 34(1): 31–55.

Jenkins, K. (2016). Amelioration and Inclusion: Gender Identity and the Concept of Woman. *Ethics*, 126(2).

Lycan, W. G. (2013). On Two Main Themes in Gutting's What Philosophers Know. *Southern Journal of Philosophy*, 51, 112–20.

Machery, E. (2017). *Philosophy Within Its Proper Bounds*. Oxford: Oxford University Press.

Mizrahi, M. (2015). Don't Believe the Hype: Why Should Philosophical Theories Yield to Intuitions? *Teorema: Revista Internacional de Filosofía*, 34(3), 141–158.

Murphy, G. L. (2002). *The big book of concepts*. Cambridge, MA: MIT Press.

Parfit, D. (2011). *On What Matters* (Vol. 1). New York: Oxford University Press.

Simion, M. (2017). The 'should' in conceptual engineering. *Inquiry: An Interdisciplinary Journal of Philosophy*, 61(8), 914–928.

Pust, J. (2001). Against Explanationist Skepticism regarding Philosophical Intuitions.

Philosophical Studies, 106(3), 227–258.
Shand, J. (2017). Philosophy Makes No Progress, So What Is the Point of It? *Metaphilosophy*, 48(3), 284–295.
Simion, M. (2017). The 'should' in conceptual engineering. *Inquiry: An Interdisciplinary Journal of Philosophy*, 61(8), 914–928.
Stoljar, D. (2017). *Philosophical Progress: In Defence of a Reasonable Optimism.* Oxford: Oxford University Press.
Suhler, C. (forthcoming). Why the Method of Cases Doesn't Work. *The Review of Philosophy and Psychology*.
van Inwagen, P. (2008). *Metaphysics* (3rd edition). Boulder, CO: Westview Press.
Weatherson, B. (2003). What Good are Counterexamples? *Philosophical Studies*, 115(1), 1–31.
Williamson, T. (2000). *Knowledge and Its Limits*. Oxford: Oxford University Press.

저자약력

백영서

서울대학교 동양사학과를 졸업한 후 서울대 대학원 동양사학과에서 중국현대사로 박사학위를 받았다. 연세대 사학과 교수로 재직했고, 문과대학장직을 맡았으며, 현재 연세대 명예교수이다. 학술 활동으로는 현대중국학회 회장, 중국근현대사학회 회장을 역임하였고, 사회활동으로는 계간 창작과비평 주간직을 맡았다. 저서로 『中國現代大學文化硏究』(1994), 『동아시아의 귀환: 중국의 근대성을 묻는다』(2000), 『思想東亞』(臺北: 2009, 北京: 2011), 『핵심현장에서 동아시아를 다시 묻다: 공생사회를 위한 실천과제』(2013), 『사회인문학의길』(2014), 『橫觀東亞』(臺北: 2016), 『共生への道と核心現場』(東京:2016)을 출간했다. 현재 진행중인 작업은 중국 대두란 세계사적 난제를 동아시아적 관점에서 분석하면서 동아시아론을 재구성하는 것이다.

백문임

연세대학교 국어국문학과 교수. 저서로 〈줌-아웃: 한국영화의 정치학(2001)〉, 〈춘향의 딸들: 한국여성의 반쪽짜리 계보학(2001)〉, 〈형언(形言): 문학과 영화의 원근법(2004)〉, 〈월하의 여곡성: 여귀(女鬼)로 보는 한국 공포영화사(2008)〉, 〈임화(林和)의 영화(2015)〉 등이 있다.

위완링 (C. J. W.-L. Wee)

시카고대학교에서 박사학위를 받았고, 현재 싱가포르 남양이공대학교의 영문학교수로 재직 중이다. 인도의 델리에 소재한 The Centre for the Study of Developing Societies와 미국 코넬대학교의 The Society for the Humanities 등 기관의 방문교수로 재직하였다. 연구분야는 근현대아시아미술 전시기획과정, 동아시아지역의 대중문화, 부와 세계화의 혜택을 누리는 동(남)아시아에서의 문화소비과정에서 "고급"문화와 "대중"문화의 접점형성 등을 포함한다. 저술로는 *The*

Asian Modern: Culture, Capitalist Development, Singapore (2007), *Contesting Performance: Global Genealogies of Research* (2010; 편역서)이 있다.

차혜원

연세대학교 사학과와 같은 과 대학원을 졸업하고 일본 교토대학에서 문학박사 학위를 받았다. 현재 연세대학교 사학과에 재직 중이며 연구 분야는 근세 중국 관료제도의 운영과 해당 사회와의 관계, 동아시아 문화교류 및 국제관계사 등이다. 저술로는 『저울 위의 목민관 : 명대 지방관의 인사고과와 중국사회』(서강대 출판부, 2011 문화관광부 우수학술도서), 공저 『조선시대 한중관계사』(동북아역사재단, 2018). 『동아시아 역사 속의 여행 : 경계 · 정보 · 교류』(산처럼, 2008) 등이 있으며 번역서로 宮崎市定 저,『鹿州公案』(이산출판사, 2010) 등이 있다.

안드레아 나네티 (Andrea Nanetti)

싱가포르 남양이공대학교의 예술, 디자인 미디어 대학의 부교수이며, 부학부장으로 재직중이다. 디지털인문학 분야의 사료아카이브 과제연구를 선도하고 있으며, 베니스 국가 아카이브, 1997-1999, 라비나 국가 아카이브, 2005-2010 작업을 선도하였고, 베니스연대기 가상도서관, 2002-2004; 역사지도 (레오나르도 다 빈치에서 오늘까지의 이몰라, 2000-2019), 아프리카와 유라시아의 근대 이전1차사료 클라우드 플랫폼 제작등의 연구를 진행하고 있다.

정슈안 (Cheong Siew Ann)

싱가포르 남양이공대학교 수리물리학부 부교수로 재직 중이며, 현재 부학과장, 복잡성 연구소(Complexity Institute)의 부소장을 맡고 있다. 주 연구분야는 전산물리학, 복잡계역학, 생물정보학을 포함하며, 통계물리학의 재규격화군(Renormalization Group)의 개념들을 초대형 데이터베이스 (very-large-scale database)의 데이터마이닝에 적용하는 작업을 시행하고 있다.

송민

미국 Drexel대학교 School of Information Science and Technology에서 박사학위를 취득하였고 현재 연세대학교 문헌정보학과에 정교수로 재직 중이다. 관심 연구분야는 텍스트마이닝이다.

허고은

연세대학교 문헌정보학과에서 박사학위를 취득하였고 현재 동대학의 연구교수로 재직 중이다. 관심 연구분야는 텍스트마이닝, 계량정보학, 데이터 사이언스이다.

프랜시스 본드 (Francis Bond)

싱가포르 남양이공대학교의 인문학부에 재직 중이며, 언어학 및 다중언어연구를 가르치고 있다. 호주 퀸즈랜드(Queensland)대학교에서 일본어와 수학을 전공하고, 일본전신전화회사에서기계번역 및 자연어의 이해에 관한 일을 하고, 퀸즈랜드대학교에서 박사학위를 받았다. 2006년에서 2009년 일본정보통신연구소에서 자연어 처리에 관한 연구를 했다. 저술로는 *Translating the Untranslatable* 외에 70편이 넘는 학술논문이 있다.

그레이엄 존 매튜즈 (Graham John Matthews)

현재 싱가포르 남양이공대학교에서 조교수로 재직중이며 남양이공대 인문학부의 의료인문학 연구클러스터의 조직자이며, *Constellations: Humanities at NTU* 저널의 편집위원장을 맡고 있다. 저술로는 *Will, Self, and Contemporary British Society* (2016), *Ethics and Desire in the Wake of Postmodernism* (2013) 등이 있고 편역서인 *Violence and the Limits of Representation* (2013)을 편집하였다.

이승종

연세대 철학과와 동 대학원을 졸업했고, 뉴욕주립대(버팔로) 철학과에서 철학 박사 학위를 받았다. 캘리포니아 어바인대 철학과 풀브라이트 방문교수와 카니시우스대 철학과 겸임교수를 역임한 바 있다. 현재 연세대 철학과 교수로 있으며 같은 대학의 언더우드 국제대 비교문학과 문화 트랙에서도 강의하고 있다. 저서로 『비트겐슈타인이 살아 있다면』(문학과지성사, 2002, 문화관광부 선정 우수학술도서), 『크로스오버 하이데거』(생각의나무, 2010, 연세학술상 수상작), 『동아시아 사유로부터』(동녘, 2018), 뉴턴 가버(Newton Garver) 교수와 같이 쓴 *Derrida and Wittgenstein*(Temple University Press, 1994)과 이를 우리말로 옮긴 『데리다와 비트겐슈타인』(민음사, 1998; 수정증보판 동연, 2010)이 있으며, 연구번역서로 비트겐슈타인의 『철학적 탐구』(대우고전총서, 아카넷, 2016)가 있다. 페리 논문상, 우수업적 교수상, 우수강의 교수상, 공헌 교수상, 우수연구실적 표창을 수상한 바 있다.

크리스토퍼 술러 (Christopher Suhler)

미국 아리조나 대학교 (The University of Arizona)에서 철학과 인류학을 전공하고, 캘리포니아주립대학 샌디에고캠퍼스 (The University of California, San Diego)에서 철학과 인지과학을 전공하여 박사학위를 받았다. 현재 싱가포르 남양이공대학교의 인문학부에서 조교수로 재직중이며 주 연구 분야는 개념, 직관, 철학적 방법론과 함께 철학과 인지과학의 융합, 도덕심리학, 윤리학등을 포함한다. 저술로는 "Why the Method Doesn't Work" *The Review of Philosophy and Psychology* (2019) 등 다수의 학술 논문과 학회발표문들이 있다.